소비자심리학

Consumer Psychology, 1st Edition

2 3 4 5 6 7 8 9 10 Sigma 20 20

Original: Consumer Psychology, 1st Edition © 2010
By Catherine Jansson-Boyd
ISBN 9780335229284

This authorized Korean translation edition is jointly published by McGraw-Hill Education Korea, Ltd. and Sigma Press. This edition is authorized for sale in the Republic of Korea

This book is exclusively distributed by Sigma Press.
When ordering this title, please use ISBN 978-89-6866-204-1
Printed in Korea

소비자심리학

Cathrine V. Jansson-Boyd 지음
양병화 | 김재휘 | 이병관 옮김

McGraw Hill
Σ 시그마프레스

소비자심리학

발행일 | 2014년 8월 25일 1쇄 발행
2020년 2월 10일 2쇄 발행

저 자 | Cathrine V. Jansson-Boyd
역 자 | 양병화, 김재휘, 이병관
발행인 | 강학경
발행처 | ㈜시그마프레스
디자인 | 이상화
편 집 | 남혜주

등록번호 | 제10-2642호
주소 | 서울특별시 영등포구 양평로 22길 21 선유도코오롱디지털타워 A401~402호
전자우편 | sigma@spress.co.kr
홈페이지 | http://www.sigmapress.co.kr
전화 | (02)323-4845, (02)2062-5184~8
팩스 | (02)323-4197
ISBN | 978-89-6866-204-17

* 책값은 책 뒤표지에 있습니다.

이 도서의 국립중앙도서관 출판예정도서목록(CIP)은 서지정보유통지원시스템 홈페이지(http://seoji.nl.go.kr)와 국가자료공동목록시스템(http://www.nl.go.kr/kolisnet)에서 이용하실 수 있습니다.(CIP제어번호 : CIP2014023920)

역자 서문

소비자를 주제로 한 책은 무수히 많을지라도, 국내외를 막론하고 심리학적 접근보다는 대부분 경영학과 마케팅에서의 접근이다. 심리학에서 소비자를 본격적으로 다루기 시작한 것은 그리 오래되지 않았지만, 물적 소유가 인간 삶과 행동에 중요한 역할을 한다는 주장은 이미 1890년 심리학자인 윌리엄 제임스의 심리학의 원리라는 책에 구체적으로 다루어졌다. 이후 많은 심리학자가 소비와 광고에 관심을 갖고 큰 업적을 남겼다. 특히 행동주의의 창시자로 잘 알려진 존 왓슨은 1920년대 미국의 가장 큰 광고회사인 제이월터톰슨(J. Walter Thompson)과 인연을 맺으면서 광고산업에 심리학을 응용하였으며, 미국심리학회장을 역임한 알버트 포펜버거는 응용심리학으로 광고를 다룬 여러 권의 책을 출간하였다. 이 밖에도 쿠르트 레빈, 어니스트 디터, 조지 캐토너와 같은 심리학자들이 20세기 후반 소비자심리학의 발전에 기여했다.

이처럼 지구촌 곳곳에서 많은 소비자심리학자들이 왕성하게 활동할 수 있었던 것은 실험심리학의 발전과 더불어 소비와 관련된 사회문제를 보다 체계적으로 해결하는 심리학의 과학적 역량 덕분일 것이다. 과학으로서 인간의 정신과 행동을 이해하는 심리학이 소비행동을 다루는 것은 극히 당연하다. 특히 현대사회는 미디어의 영향과 더불어 보다 복잡한 소비자사회로 나아가고 있으며, 이미 인간의 삶 자체는 소비로부터 벗어날 길이 없다. 이 책의 저자가 지적했듯이, 결국 소비 주체로서 인간을 이해하지 않는다면 진정한 의미에서 인간을 이해했다고 보기 어려울 것이다. 이것이 아마도 소비자를 과학적으로 연구하는 소비자심리학의 본질일 것이다.

역자일동은 이 책을 번역하면서 다른 관련 서적에서 찾아보기 힘든 몇 가지 중요한 가치를 발견하였다. 첫째, 심리학으로 소비자를 이해하는 만큼 핵심적인 심리학 이론과 체계적인 해설을 담았다. 방대한 심리학 이론을 모두 다룰 수는 없지만, 소비자를 이해하는 핵심 이론이 체계적으로 잘 구성되어있을 뿐만 아니라 광고 및 마케팅적 시사점에 대한 설명이 풍부하다.

둘째, 심리학을 공부하는 독자들에게 소비와 관련한 인간행동에 대한 다양한 통찰을 제공한다. 이 책을 공부하는 심리학도들은 자신이 알고 있는 심리학이 인간 삶을 지배하는 '소비'를 이해하는 데 얼마나 중요한지를 깨닫게 될 것이다. 예컨대 사람들은 왜 정신적 성숙을 중요하게 생각하면서도 신체적 매력을 가꾸는 데 투자를 아끼지 않는가? 아이들은 왜 TV 광고를 현실이라고 믿는가? 소비자는 진정 이성적인 존재인가? 소비란 인간을 행복하게 만드는가 아니면 불행하게 만드는가? 독자들은 소비와 관련된 인간행동에 대해 더 많은 궁금증을 품어도 좋다. 아마도 이 책은 독자들의 궁금증에 대해 다양한 관점을 제공할 것으로 기대한다.

마지막으로 이 책은 마케팅 담당자나 광고자의 입장에서만 소비자를 다루지 않는다. 말하자면 소비를 인간행동의 단면으로 보고 중립적인 견해를 취하려고 노력한 흔적이 많이 보인다. 소비는 인간의 삶을 풍요롭게 하는 수단인 반면 좌절이나 사회적 소외감을 줄 수 있는 양날의 검과 같다. 이처럼 소비의 양면을 다루고 있다는 점에서 이 책은 소비를 통해 인간행동을 이해하려는 독자들에게 도움이 될 것이다. 특히 이 책은 소비를 인간행동의 핵심요소로 간주하고 심리학의 이론체계를 관통하여 설명한다는 점에서 대학에서 교재로 사용하기에 적합하다.

또한 다른 소비자행동의 저서들처럼 이것저것을 모두 늘어놓거나 화려하게 꾸며져 있지 않다. 명확하고 간결하다. 그러나 흥미롭고 핵심적이다. 그리고 위대한 소비자 심리학자들이 그러했듯이, 수수께끼와 같은 소비자행동과 사회적 문제를 심리학 이론으로 비교적 명쾌하게 설명하고 있다. 심리학의 전공자든 비전공자든 모두 이 책을 학습할 수 있을 것이다. 특히 심리학 개론 수준을 이해하고 있다면 더욱 이 책을 흥미롭게 이해할 수 있을 것이다. 심리학 전공자이면서 고학년이라면 이 책을 가장 잘 소화해낼 것이고 나아가 새로운 현상에 대한 아이디어를 스스로 발견해나갈 수 있을 것이다.

역자일동은 교육과 현장에서 오랜 경험을 가지고 있지만 대학에서 소비자심리학을 적절하게 가르칠 교재가 없음을 늘 고민해왔다. 그리고 이 책의 번역이 그 답이 될 것이라고 믿는다. 이 번역서가 출간되기까지 오랜 시간이 걸렸지만 그만큼 많은 분들의 도움이 컸다. 모든 분들에게 깊은 감사의 뜻을 전하며, 특히 기꺼이 출판을 맡아주신 (주)시그마프레스 강학경 사장님과 꼼꼼한 교정과 편집에 노력을 아끼지 않으신 편집부 선생님들께 감사드린다. 그리고 누구보다도 역자들의 각 실험실에 원고를 챙기고 수고해준 대학원생들에게 특별한 고마움을 전한다.

소비자는 제품을 구매하지만 편익을 소비한다! 제품이란 나름의 이름을 갖고 물리적으로 존재하지만 소비란 소비자의 마음속에 존재하는 다양한 심리적 기제의 작용인 것이다. 그 기제가 무엇인지 이 책을 탐독해보기 권한다. 이 번역서가 모든 것을 담고 있지는 못할지라도 독자들에게 소비자심리학에 대한 새로운 흥미와 관심을 제공하기를 희망한다.

2014년 7월

역자일동

차 례

역자 서문 v
서문 xi

1 소비자심리학이란 : 정의와 역사

개요 1 / 소비자심리학이란 무엇인가 1
과학적 소비자심리학이 어떻게 소비자사회와 함께 성장해왔는가 5
토론문제 16

2 소비자 기억과 학습

개요 17 / 소비자 기억 17 / 학습 28 / 연습문제 41

3 지각과 주의

개요 43 / 지각과 주의의 연결 43 / 지각 44 / 주의 53 / 연습문제 60

4 정체성과 소비

개요 61 / 정체성 61 / 자기충족적 예언 72
자아 관련 소비의 부정적 측면 73
미디어는 어떻게 사람들의 정체성과 자존감을 높이는가 76
토론문제 78

5 정서와 소비자

개요 79 / 정서 79 / 감정의 연구 80 / 정서, 주의, 회상 82
의사결정에 미치는 정서의 효과 84 / 분위기 87
정서의 설득 이론 90 / 토론문제 94

6 태도

개요 95 / 태도는 어떻게 형성되는가 95 / 사람들은 왜 태도를 바꾸는가 99
태도는 행동을 예측하는가 105 / 대중매체의 영향력 107 / 토론문제 112

7 광고심리학

개요 113 / 광고 113 / 주의의 역할 115 / 광고 메시지의 정교화 116
성공적인 광고에 영향을 주는 기타 요인들 123
역하 광고-진실 혹은 거짓 132 / 문화적 차이 133 / 연습문제 135

8 소비자행동의 동기 요인들

개요 137 / 동기 137 / 동기 이론 141 / 소비자 동기화의 요인들 150
토론주제 155

9 소비자 의사결정과 브랜드 충성도

개요 157 / 소비자 의사결정 / 157 / 브랜드 충성도 171 / 토론문제 176

10 인터넷

개요 177 / 인터넷의 사용 177 / 인터넷 소비 179
소셜 인터넷 소비자 186 / 심리적 웰빙 189 / 토론문제 191

11 아동 소비자

개요 193 / 아동과 소비 193
아동은 성인과 인지적으로 어떻게 다른가 194 / 주류 미디어의 영향 195
아동을 소비자 표적으로 삼는 것이 도덕적으로 옳은가 206 / 연습문제 208

12 소비와 행복

개요 209 / 행복을 위한 쇼핑 209 / 소비의 부정적 측면 212
소비의 긍정적 측면 215 / 토론문제 224

13 소비자와 환경

개요 225 / 환경적 이슈 225 / 환경에 미치는 소비의 영향 226
지속가능성 229 / 친환경 제품에 대한 복잡한 이슈 231
친환경적이지 않은 소비는 줄어들 수 있는가 233 / 토론문제 240

참고문헌 241
찾아보기 283

서문

이 책은 소비자행동을 이해하는 데 필수적인 소비자심리학을 다루고 있다. 지금까지 '소비자심리학'이라는 제목으로 출간된 책은 많지 않으며, 관련 서적은 대부분 심리학보다는 마케팅 관점을 주로 다루어왔다. 이 책은 소비자심리학에 초점을 두고 있으며, 나아가 소비자의 생각과 행동을 이해하는 데 도움이 되는 마케팅 관련 연구들을 소개한다.

소비자심리학자들이 강의에 사용하는 '전형적'이거나 '표준적'인 교재들이 별로 없어 강의자마다 필요한 것들을 새로 구성하여 사용해왔다. 특히 유럽에서 강의자마다 다양한 모듈을 사용했지만 그 내용은 대부분 같은 것이 많았다. 유사하게 이 책의 내용이 모든 주제를 포괄하지 못한다고 느낄 수 있지만, 세계적으로 가장 일반적인 소비자심리학의 주제를 담고 있어 어느 나라든 고른 독자층이 이 책을 필요로 할 것으로 기대한다.

현재 소비자심리학 분야의 새롭고 흥미로운 연구들이 많이 진행되고 있다. 소비자심리학의 빠른 변화와 더불어, 이 분야에 관심을 갖는 사람들이 연구저널과 이 책을 함께 참고하고 있다. 이 책은 최근 연구동향을 수록하고 소비자심리학의 '전통적인' 이론을 새로운 관점에서 구성하려고 노력하였다.

이 책은 13개의 장으로 구성되어 있고 각 장은 여러 주제 영역으로 나뉘어져 있다. 첫째, 서론은 각 장에서 독자들이 배우게 될 내용을 간략하게 개관한다. 각 장의 핵심 개념은 굵은 문자로 표시하여 독자들이 익숙해지도록 하였고, 마지막에는 요약과 연습문제를 수록하였다. 연습문제는 학생들의 사고력을 촉진하고 토론에 참여할 수 있도록 설계되었다.

제1장에서는 소비자심리학의 개요와 그 기초로서의 과학적 방법을 소개한다. 또한 소비자심리학이 우리가 사는 소비자사회의 발전과 함께 어떻게 과학으로 성장해왔는지를 개관한다. 그 역사는 17세기 중반에서 20세기 중반까지 집중되었는데, 흥미로운 것은 소비에 대한 몇몇 양상이 과거와 크게 다르지 않다는 사실이다. 더욱이 대학에서 심리학을 전공한 유명한 심리학자들이 소비자 관련 연구와 실무에 크게 기여하기도 하였다.

제2장에서는 기억과 학습을 다룬다. 단기기억과 장기기억의 주요 특성 및 소비자의 기억과 망각을 설명한다. 특히 행동학습, 인지 및 사회학습 이론은 소비자심리학자들이 기억과 학습을 이해하는 데 가장 중요한 접근들이다.

제3장은 제2장과 마찬가지로 심리학의 인지적 특성으로서 지각과 주의를 다룬다. 자극의 지각과 그에 따른 소비자의 주의 유발은 친숙한 주제다.

제4장에서는 소비를 통해 사람들이 어떻게 자신을 정의하는지 혹은 자신을 정의하고자 하는지를 다룬다. 사람들이 상징적 의미를 지닌 제품을 사용함으로써 자신의 정체감을 형성하고 확인하는 과정을 알아본다.

소비자행동에서 정서의 역할은 제5장에서 살펴본다. 대체로 소비는 개인이 느끼는 하나 이상의 감정으로부터 영향을 받는다. 소비란 사람들이 느끼는 방식과 뗄 수 없다. 감정의 효과는 종종 무의식적으로 나타나기 때문에 언제 감정이 소비자행동에 영향을 주는지는 확인하기 어려울 수 있다. 제5장에서 정서가 주의나 회상, 의사결정과 같은 인지적 과정에 어떻게 영향을 미치는지를 알아본다. 또한 소비환경의 여러 요인이 소비자 설득에 미치는 효과를 정서 이론의 관점에서 소개한다.

제6장에서는 태도를 다룬다. 태도의 형성과 태도변화를 살펴보고 태도가 행동을 잘 예측하는지를 알아본다. 또한 사람들의 태도에 미치는 대중매체의 영향을 알아본다.

제7장에서는 광고심리학을 소개한다. 광고에 관한 다양한 연구를 개관하지만, 광고효과에 대한 모든 것을 다루기에는 한계가 있다. 이 장에서는 광고의 설득효과를 다루는 정교화 가능성 모형과 그에 따른 소비자의 태도변화를 중심으로 설명한다. 또한 유머, 성, 음악, 공포, 쇼크 전략 등을 소개한다.

제8장에서는 제품과 서비스의 구매 동기를 촉진하는 요인에 대해 다룬다. 동기의 일반 이론과 소비자 동기를 조명한다.

제9장의 주제는 의사결정과 브랜드 충성도다. 여러 유형의 휴리스틱에 의해 영향받는 의사결정과 합리적 의사결정의 수행 과정에 대해 알아본다. 또한 이 장에서는 사람들이 브랜드에 충성하게 되는 이유와 그 의미를 살펴본다.

제10장에서는 인터넷의 성장과 소비에 미치는 영향을 다룬다. 소비자의 웹 검색과 온라인에서의 의사결정 과정을 소개한다. 인터넷의 사용은 그 자체로 소비자활동이므로 그와 관련하여 인터넷이 어떻게 사회적 도구로써 활용되는지를 알아본다.

제11장에서는 아이들이 성인 소비자와 어떻게 다른지를 살펴본다. 이 장에서 다양한 아동 소비의 특징을 알아볼 것인데, 아이들의 사고와 행동에 미치는 주류 미디어(예 : TV)의 영향, 어린아이들의 광고에 대한 이해 방식 등을 다룬다. 소비자로서의 아동을 다룬 많은 연구가 있으며 특히 공격행동에 대한 TV의 영향이 많은 관심을 불러일으켰다. 이 장에서 이들 주제에 대한 주요 특성을 살펴본다. 그러나 아동문제를 모든 시각에서 다루지 못하므로 학생들에게 관련 자료를 읽어볼 것을 권한다.

제12장에서는 소비가 행복과 관련되는지를 다룬다. 먼저 행복의 정의와 측정에 대해 알아본다. 그리고 소비가 물질주의를 탐닉하고 물적 소유에 중독되는 사람들에게 어떤 부정적 영향을 미치는지를 알아보고 소비의 긍정적 측면도 제시한다. 끝으로 소비가 사람을 진정 행복하게 만드는지를 생각해본다.

마지막 제13장의 주제는 소비가 환경에 미치는 영향에 관한 것이다. 이 장에서는 소비자가 친환경 제품을 어떻게 생각하는지와 환경에 해를 끼치는 제품이나 서비스의 소비를 줄이는 방법 등을 알아본다.

이 책에 포함된 13개의 장은 현대 소비자심리학의 핵심적 주제들이며, 각각의 주요 연구와 최근 동향을 함께 제시하고자 노력하였다. 이 책은 다양한 심리학 영역을 다루고 있지만, 특히 인지, 행동 및 사회적 접근과 같은 전통적 영역에 초점을 두었다. 이 책은 최근 확장 연구로 다루어지고 있는 인지신경심리학 분야는 다루지 않았다.

최근 인지신경과학은 소비자심리학에 자주 응용된다. fMRI(functional Magnetic Resonance Imaging)의 사용은 소비자심리학에 매우 흥미롭고 새로운 발전의 기회를 제공하는데, 이 책에서는 간단히 언급하였다. 이러한 영역을 많이 포함하지 않은 이유는 아직 소비자심리학의 맥락에서 보편적이지 않기 때문이다. 그러나 이 분야의 연구 지식은 점차 떠오르고 있으며, 소비자행동에 대한 더 넓은 이해를 제공할 것으로 기대한다. 그때까지 이 책을 통해 학생들은 소비자심리학의 필수적이고 실무적인 주제 영역에 좀 더 에너지를 쏟을 수 있기를 바란다.

1 소비자심리학이란
정의와 역사

개요

소비자심리학은 오늘날 우리가 사는 세상에서 매우 응용력이 높은 학문 분야다. 소비란 말은 서구문화에서 유래 되었지만, 지금은 동서양을 막론하고 사회의 핵심적 단면이 되고 있다. 그에 따라 비즈니스의 관점이나 인간의 이해라는 점에서 소비가 인간행동에 어떤 영향을 주는지를 이해하는 것은 심리학자에게 중요한 과제다. 그렇다면 소비자심리학은 무엇인가? 인간은 소비로부터 영향을 받는가? 연구자들은 언제부터 소비자 심리를 과학적으로 연구하기 시작했는가? 오늘날 우리가 알고 있는 소비자심리학이란 학문의 토대를 형성한 사람은 누구인가? 이 장에서 이러한 질문에 대한 답을 알아보고자 한다.

소비자심리학이란 무엇인가

소비자심리학은 왜 그리고 어떻게 개인이나 집단이 소비활동에 몰입하게 되고, 나아가 소비에 의해 영향을 받는지를 이해하고자 한다. 이 분야는 대체로 사람들이 제품과 서비스를 구매하고 사용할 때 작용하는 인지적 과정과 행동에 초점을 둔다. 사람들이 어떻게 정보를 처리하고 추후 행동할 것인지 알지 못하면 소비자행동을 설명할 수 없다.

소비자심리학은 다양한 분야의 학문이 관련된 복합(융합) 분야로 심리학, 마케팅, 광고, 경제학, 사회학, 인류학 등의 이론과 연구 방법이 결합된 학문이다. 다양한 영역의 전문성이 수십 년에 걸쳐 빠르게 성장해왔고 의사결정, 소비자 판단, 지각과 주의, 정보처리, 소비자행동의 동기 요인, 태도형성과 변화, 소비자 반응에 대한 광고의 영향 등이 주요 연구 주제로 다루어져 왔다. 이들 주제는 대부분 특정 브랜드나 제품의 구매에 있어 소비자 의사결정을 촉발하는 것과 관련되기 때문에 마케팅 담당자, 기업 및 광고기획자들에게 특히 중요하다. 그러나 이들 주제만이 제품이나 브랜드의 판매 증가와 연결되는 것은 아니며, 아동 소비자에게 영향을 주는 독특한 요소(예 : 미디어, 또래 집단 등)나 개인의 정체감을 형성하는 제품 특성(예 : Harley-Davidson, Apple Computer), 그리고 일부 환경 요소(예 : 지구온난화, 친환경주의) 등도 소비와 밀접하게 관련된다.

소비자심리학을 공부할 때, 왜 소비자들이 자신만의 방식으로 생각하고 행동하는지를 폭넓게 이해하는 것이 중요하다. 분명한 사실은 소비자의 사고와 독특한 행동양식을 잘 이해할수록 소비자행동을 더 쉽게 설명할 수 있다는 것이다.

과학적 방법의 적용

많은 사람들이 소비란 너무 상식적인 것이어서 이미 알고 있는 것을 굳이 과학적으로 연구할 필요가 없다고 믿는다. 그러나 이는 잘못된 것이다. 우리가 알고 있다고 믿는 것이 종종 틀린 경우가 얼마나 많은가! 또한 다른 시기의 과학적 연구들이 소비자가 말로 표현할 수 없는 개념을 설명하는 데 유용할 수 있다. 예컨대 한 소비자가 슈퍼마켓에서 쇼핑을 할 때 어떤 구매시점 광고가 영향을 준다든지 혹은 TV 광고가 소비자를 유혹하는 것 등이 그러하다. 소비자심리학은 현대 과학의 선봉에 있으며, 그에 따라 항상 과학에 근거해야 한다.

연구를 수행할 때 다른 심리학자들처럼 소비자심리학자는 광범위한 질적이고 양적인 연구 방법을 사용한다. 연구 방법의 세부적인 설명은 이 책의 범위를 벗어나지만 심리학에 관심이 있는 학생들은 소비자심리학에 응용되는 연구 방법에 익숙해져야 한다. 연구자가 자신의 결론에 도달하는 방법론을 모르고 어떻게 연구 결과의 현실적 가치를 말할 수 있겠는가?

왜 소비자심리학을 공부하는가

일상에서 우리는 수많은 소비 형태에 반복적으로 노출된다. 광고, 기차여행, 쇼핑, TV시청, 음악듣기, 인터넷 검색, 책 읽기 등은 모두 사람이 소비하는 것들의 예다. 인간이 몰두하는 거의 대부분의 행동은 직 · 간접적으로 소비와 관련된다(Tatzel, 2003). 크리스마스와 같은 휴일조차 대대적인 소비가 일어나는 날이다. 크리스마스는 원래 종교적 의미의 날이었지만 산타클로스가 선물을 준다는 의미로 각색되어 전형적인 소비의 날로 변모했다(Belk, 1993). 소비가 인간의 일상생활에서 중요한 한 부분이라는 사실은 벗어날 길이 없다(Kasser & Kanner, 2003). 그러므로 소비가 개인이나 집단에게 어떻게 영향을 주는지를 연구하지 않는다면, 누구도 인간을 진실로 이해했다고 말하기 어려울 것이다.

서구화된 사회에서 소비의 척도는 심리학자, 마케팅 담당자, 소비자행동학자, 인류학자, 사회학자를 막론하고 인간행동을 다루는 연구자들의 주요 관심사다. 예컨대 미국의 경우 1인당 연평균 593kg의 고기를 먹고 1,333kg의 종이를 소비한다(Goodwin, Nelson, Ackerman, & Weisskopf, 2005). 또한 미국인은 연간 80억 달러(약 8조 3,000억 원)를 화장품에 돈을 쓰고(*Human Development Report*, United Nations, 1998)* 미네랄 생수에 250억 달러(약 25조 9,500억 원)를 소비한다(Earth Policy Institue, 2002). 노르웨이의 각 가정은 연간 음식과 음료에 3,860파운드(약 674만 7,000원)를 소비하고 신발과 의류에 1,830파운드(약 241만 4,000원)를 사용한다(Statistics Norway, 2007).

사람들이 소비활동에 투입하는 다른 척도를 예로 들면 유럽 인구가 매년 아이스크림에 소비하는 비용은 50억 파운드(약 8조 7,400억 원)에 이른다고 추정된다(*Human Development Report*, United Nations, 1998). 전 세계적으로 10억 1,200만 가구가 1대

* 역주 : 2010년 기준 세계 화장품 시장규모는 미국 324억 달러(약 33조 6,300억 원), 일본 290억 달러(약 30조 1,000억 원), 중국 150억 달러(약 15조 5,700억 원), 프랑스 140억 달러(약 14조 5,300억 원), 그리고 국내 시장규모는 6조 146억 원으로 발표되었다(한국식품의약품안전처, 2011).

이상의 TV를 보유하고 있으며, 5억 3,100만 대의 자동차를 보유하고 약 180억 파운드(약 31조 4,600억 원)를 생수 소비에 사용한다(Worldwatch Institute, 2004).

이러한 현상은 우리가 소비자사회에 살고 있음을 명시하고, 소비가 얼마나 다양한 방식으로 인간 삶에 스며들어 있는지를 단적으로 보여주는 예들이다.

소비가 인간의 삶에 어떻게 영향을 주는가

심리학자들의 연구는 소비가 인간 삶의 통합적 부분임을 보여준다. 예컨대 소비자 활동은 개인의 정체감에 영향을 주기도 하고 또는 어떤 제품이나 서비스를 사용함으로써 자신의 사회적 지위를 과시하는 수단이 되기도 한다(e.g. Dittmar, 2008a).

소비가 개인 삶에 영향을 주는 또 다른 양상으로 자신을 '가꾸는' 방법을 생각해 볼 수 있다. 이는 향수를 사용하는 것에서부터 자신의 외모를 바꾸기 위해 성형수술을 시도하는 것까지를 포함한다. '아름다움이란 껍데기일 뿐이다(진실한 아름다움은 마음속에 있다)'라는 말은 과거지사고 더 이상 수용되지 않는 듯하다. 여전히 누구나 신체적 아름다움은 피상적인 것이고 지능이나 정서 혹은 정신적 인격만큼 중요하지 않다고 믿고 싶어 한다. 그러나 우리가 살고 있는 소비자사회는 다른 방향으로 소비자를 끌어가고 있다. 대표적으로 미디어는 끊임없이 시청자들에게 스스로를 '좋다/아름답다/날씬하다/젊다'와 같은 이미지와는 거리가 먼 사람임을 느끼게 하고(e.g. Dittmar & Howard, 2004; Lever, Frederick, & Peplau, 2005), 그 결과로써 뷰티 제품을 사고 성형수술을 하는 데 돈을 소비하게 한다. 이처럼 '가꾸는 것'과 관련된 이슈는 제4장 소비와 정체감에서 세부적으로 다룰 것이다.

발달 및 사회통계학자들은 또한 어린아이들이 주요 미디어에 의해 어떻게 영향을 받는지를 증명해왔는데(e.g. Bushman & Huesmann, 2001), 그 초점은 주로 TV 폭력이 아이들을 더 공격적으로 만든다는 것이다(e.g. Huesmann, 1986, 1988; Huesmann & Miller, 1994). 연구들은 흑백 인종문제가 아니더라도 폭력적 미디어에 노출됨으로써 아이들이 종종 더 공격적 성향이 된다는 명확한 증거를 제공한다. 아이들이 TV에 의해 영향을 받는 것이 사실일지라도 일부 연구들은 아이들의 공격성과 TV 폭력 간에 직접적 관계가 없다고 주장하기도 한다. 이에 대한 논의는 제11장에서 다룬다.

미디어에 의해 영향을 받는 것은 아이들뿐만 아니라 성인도 마찬가지다. 타인에 대한 사람들의 의견, 가치 및 신념은 종종 미디어에서 노출된 것들로부터 형성될 수 있다. 예컨대 TV 광고는 타인을 보는 시각에 영향을 주고(e.g. Davies, Spencer, Quinn, & Gerhardstein, 2002), 포르노그래피에 대한 소비는 성폭행에 대한 남성의 태도에 영향을 줄 수 있다(e.g. Zillmann & Bryant, 1984). 이에 대해서는 제6장에서 추가적으로 논의할 것이다.

자연적으로 미디어에 노출(특히 광고)되면서 소비자는 특정 제품이나 서비스를 보게 되고 그에 대한 구매 결정이 영향을 받는다. 오늘날 광고심리학은 소비자심리학을 다루는 보다 일반적인 연구 분야다. 광고심리학에서는 소비자의 주의를 끄는 것이 무엇이고(e.g. Bolls & Muehling, 2003), 주의가 어떻게 광고노출을 통해 의식적 사고를 활성화시키는지(e.g. Petty & Cacioppo, 1986a), 그리고 TV 광고에 대한 주의가 언제 가장 효과적인지(e.g. Bushman & Bonacci, 2002) 등을 다룬다. 제7장에서 이를 보다 세부적으로 살펴볼 것이다.

소비자심리학자들은 오랫동안 오늘날 우리가 알고 있는 소비자심리학, 즉 어떻게 소비자사회가 사람들에게 영향을 주고, 어떻게 다양한 소비 단계에서 하나하나의 소비행동이 설명될 수 있는지 그리고 그에 관여하는 인지적 과정이 무엇인지를 밝혀왔다. 심리학자와 마케팅 담당자를 포함한 다양한 분야의 연구자들이 그에 기여했다. 소비자사회의 성장과 더불어, 연구자들은 소비의 다양한 양상을 밝히는 과학적 증거를 추구해왔다. 오늘날의 소비자심리학이 어떻게 형성되었는지를 알아보기 위해 소비자사회의 성장과 더불어 소비자심리학의 역사적 배경과 기여점을 살펴보자.

과학적 소비자심리학이 어떻게 소비자사회와 함께 성장해왔는가

역사학자들에 의하면 유럽에서 소비문화의 시작은 산업혁명 이전으로 거슬러 올라간다(Fairchilds, 1998). 영국의 도시와 농촌(Shammas, 1990), 독일의 소작농과 같은 사회 계급과 여러 나라들(De Vries, 1975)에서 소비문화가 비롯되었다. 유럽의 모든 사람들에게는 아닐지라도 17세기 중반부터 18세기에 걸쳐 소비의 급격한 증가가 나타났다. 이러한 변화는 산업혁명을 계기로 모든 나라의 사회 각계각층의 사람들이 이전보다 훨씬 더 많은 소비를 할 수 있게 되었음을 의미한다.

1800년대 산업혁명은 유럽에서 미국으로 전파되었고 변화의 물결은 수송, 금속제조, 직물, 농경에서 뿐만 아니라 사회 구조에까지 확대되었다. 이는 사회 전반의 많은 제품의 생산 수준을 향상시키고 더욱 새롭고 효율적인 테크놀로지의 활용과 음식 공급 및 원자재의 증가를 의미하는 것이었다.

끊임없는 소비의 성장과 동시에 많은 과학자들은 인간을 진정으로 이해하기 위해서는 소비자사회가 개인에게 미치는 영향을 다루어야 한다는 것을 깨달았다. 과학자들이 소비의 영향을 사회, 경제 혹은 인본주의 등 어떤 관점을 취하든지 간에 모두 우리가 오늘날 소비자심리학이라고 부르는 학문에 직 · 간접적으로 기여해왔다.

독립적 학문 분야로서 소비자심리학은 상대적으로 새롭지만 소비자 문제와 관련된 심리학적 응용은 생각보다 훨씬 오랜 역사를 가지고 있다. 소비자심리학은 하나의 복합 학문 영역이기 때문에 여러 분야의 많은 과학자들이 기여해왔다고 할 수 있다. 여기서 그 모두를 언급하는 것은 어렵지만, 소비자심리학의 토대를 형성한 사람들과 사건들을 간략하게 개관하고자 한다.

1840~1920

광고 및 실험심리학의 발흥

유럽에서 18세기 중반에서 후반까지 산업혁명 이후, 모든 소비자 관련 산업의 급속한 성장과 변화는 불가피했다. 생산량의 증가와 함께 제조업 간의 경쟁이 심화되고 그에 따라 가용한 제품을 판매하기 위한 프로모션에 대한 압력이 거세게 일었다. 그에 따라 오늘날 우리가 생각하는 광고대행사의 모습은 아니었지만, 1840년대에 보니 팔머(Volney Palmer)는 제한적인 서비스를 제공하는 최초의 광고대행사를 설립했다(Fox, 1984). 당시 주요 업무는 신문의 광고지면을 판매하는 브로커의 역할 정도였다. 그러나 오래지 않아 광고대행으로 업무를 확장했고, 이어 몇몇 사람들은 다양한 광고 관련 서비스를 제공하는 회사를 설립하기에 이르렀다.

점차 다양한 제품들을 더 쉽게 구입할 수 있게 되자 회사들은 쇼핑이 고객에게 더 큰 편리를 제공할 것이라고 생각하였다. 물론 소규모 상점들이 여러 물건을 팔고 있었지만 그 범위는 제한적이었기 때문에, 많은 종류의 물건을 구비한 대형매장이 소비자의 쇼핑경험을 단순화시킬 것이라고 믿었다. 드디어 1852년 세계 최초의 백화점인

봉 마르쉐(LeBon Marché)가 프랑스 파리에 개점했고, 더 이상의 가격흥정은 없지만 환불보증제가 실시되는 최초의 시장이기도 하였다. 곧이어 다른 업체들이 뒤를 이었는데, 1878년 뉴욕에 메이시스(Macy's) 백화점이 들어섰고 세상은 더 많은 제품 선택이 가능한 대형매장에 빠르게 익숙해져 갔다.

이 시기에 세계 최초의 실험심리학 실험실이 탄생했다. 이 실험실은 1879년 독일 라이프치히대학교의 빌헬름 분트(Wilhelm Wundt)에 의해 설립되었는데, 분트는 흔히 구성주의 심리학파의 창시자이자 '실험심리학의 아버지'로 불린다(Hothersall, 1984).

구성주의는 마음의 구조를 이해하는 데 초점을 두었고, 분트는 심리학자들이 즉각적인 의식경험을 다루어야 한다고 믿었다. 그는 경험적으로 여러 심리학 분야를 연구했지만, 소비자심리학과 가장 관련된 영역은 '주의'였다. 분트는 주의(attention)를 인간이 어떤 것을 의식적으로 자각하는 지각의 일부로 보았다. 한편 그의 여러 제자 중 제임스 카텔(James Cattell)과 티치너(E. B. Titchner) 등은 자신만의 분야에서 이름을 떨친 심리학자가 되었다(Hothersall, 1984).

물적 소유의 중요성

1800년대 후반 과학자들은 물적 소유가 인간의 삶에 중요한 역할을 한다는 것을 깨닫기 시작했다. 1890년 윌리엄 제임스(William James)는 자신의 저서에서 인간의 존재를 이해하는 소유의 중요성을 주장하고 이렇게 말했다.

> 가장 보편적 의미에서 … 인간의 자아(self)는 자신의 육체와 물리적 힘뿐만 아니라 옷이나 집, 부인과 자녀, 조상, 친구, 명성, 직업 등 자신의 것이라고 할 수 있는 모든 것의 총합이다. … 만일 이것들이 커지고 번창한다면 승리감을 느끼고, 쇠퇴하고 죽어간다면 인생의 패배감을 느낀다.
>
> (James [1890] 1950, pp. 291–292)

윌리엄 제임스가 지은 심리학의 원리(*The Principles of Psychology*, Willian James, 1950)에서 인용한 이 말은 인간의 자아개념이 부분적으로 물질적인 소유에 얼마나 의존하는지를 잘 나타내고 있다.

하버드대학교의 교수였던 제임스는 원래 철학을 공부했다. 의식을 이론화하는 초기 실용주의자였으며, 특히 사람이 어떻게 환경에 적응하는지에 관심을 가졌다. 그러한 그의 배경은 또한 작업장에서의 인간을 연구하는 산업심리학의 기초가 되었다.

학문과 광고의 결합

광고 산업의 급속한 성장과 함께 학자들도 광고에 관심을 갖게 되었다. 할로 게일(Harlow Gale)은 최초로 광고효과에 대한 실험을 수행한 사람으로 광고심리학의 창시자로 알려진 인물이다(Eighmey & Sar, 2007). 게일은 주의와 기억에 대한 광고효과에 관심을 갖고 이를 검증하기 위한 서베이와 실험을 수행하였다(Eighmey & Sar, 2007). 라이프치히대학교에서 분트의 학생이었던 게일은 1895~1903년까지 그가 머물던 미네소타대학교에서 강의를 하였고(Benjamin & Baker, 2004), 이 시기에 미국에서 실험심리학 연구실을 처음으로 열었다.

광고를 연구하던 초창기에 실험심리학자들은 소비자가 쉽게 영향을 받는 비(非)이성적 인간이라는 종전의 이론을 확인했는데(Kuna, 1976), 그러한 이론을 특히 지지했던 사람이 월터 딜 스코트(Walter Dill Scott)로 역시 분트의 제자 중 한 명이었다. 스코트는 감성, 정서, 공감 모두 소비자로 하여금 광고에 쉽게 설득되도록 하는 요소라고 믿었다(Schultz & Schultz, 2004). 그의 저서인 **광고의 이론**(*The Theory of Advertising*, Walter Dill Scott, 1903)에서 스코트는 광고와 심리학에 대한 결합을 적극적으로 전파하였고, 광고의 목적은 주의를 끄는 것이라고 주장하였다(Schultz & Schultz, 2004). 하지만 흥미롭게도 스코트는 학문적 저널에 자신의 연구를 발표한 적이 없는데, 아마도 자신의 생각에 대한 견고한 확신이 부족했던 것으로 추정된다.

법정에 선 코카콜라

1909년 코카콜라 시럽을 가득 실은 한 대의 코카콜라 트럭이 미국정부에 체포되는 사건이 발생했다. 코카콜라사(社)는 이후 유해성분인 카페인이 함유된 음료를 판매한 혐의로 기소되었고, 1911년 소송에 직면하여 법정에 제시할 증거를 찾아야 했다. 즉 콜라에 함유된 카페인은 생리학적 반응을 유발하지만, 행동에 영향을 줄 만큼은 아님을 밝히는 연구 결과가 필요했다. 이에 심리학자인 해리 홀링워스(Harry Hollingworth)에게 카페인이 인간행동에 미치는 영향에 대한 연구를 의뢰한다.

홀링워스는 카페인의 효과를 알아보기 위해 감각, 인지 및 운동 기능에 대한 카페인의 효과를 검증하는 연속적인 실험을 계획하고, 대부분의 실험을 자신의 부인인 리

타(Leta)를 대상으로 수행하였다. 홀링워스는 컬럼비아대학교의 제임스 카텔의 제자였기 때문에 카텔의 정신검사에 익숙하여 쉽게 코카콜라 연구에 카텔의 방법을 적용할 수 있었다(Arthur & Benjamin, 1999).

홀링워스의 어떤 실험에서도 카페인이 인지 및 행동 수행에 해로운 영향을 준다는 결과를 보이지 않았다. 심지어 1병 이상의 콜라를 마신다 해도 카페인의 영향은 거의 나타나지 않았다(Benjamin, Rogers, & Rosenbaum, 1991). 결과적으로 코카콜라사는 원심 재판에서 승소할 수 있었지만 대법원까지 가는 소송에서 패소하게 된다. 홀링워스는 코카콜라사의 지원을 받는 연구 수행을 꺼려했지만, 실험 과정의 철저함은 인정받았고 그로써 경력의 성공적 출발점을 이루었다. 코카콜라 연구 후, 그는 소송 사건이 있기 전에 해왔던 광고에 따른 구매행동의 영향을 계속 연구하였다. 그 후로 홀링워스는 1913년 광고의 구매효과를 다룬 **광고와 판매 : 소구와 반응의 원리**(*Advertising and Selling: Principles of Appeals and Responses*, Harry Hollingworth, 1913)를 출판하였다.

조립 공정의 보급과 광고 연구에 대한 지속적 관심

1913년 포드자동차사(社)의 설립자인 헨리 포드(Henry Ford)가 조립 생산라인을 발명한 후 훨씬 쉽고 빠른 제조 공정이 보급되었다. 포드가 T모델 자동차를 보다 싼 값에 생산하게 됨으로써 자동차는 더 이상 고소득 계층만의 전유물이 아니었다. 조립 공정의 개념이 도입되기 이전 제품들은 대부분 비싼 가격이었지만, 같은 제품이 수백, 수천 심지어 수백만 배 저렴하게 생산되는 변화를 가져왔다. 생산공정의 변화에 따라 제품과 브랜드간의 경쟁은 더욱 가속화되었고 생산자는 점점 더 판매에 도움을 주는 광고를 필요로 하게 되었다. 포드는 조립 공정을 발명하면서 현재 우리가 살고 있는 소비자사회가 올 것임을 조금도 의심하지 않았다.

광고가 사회의 중요한 하나의 요소로 자리 잡아가면서 광고효과와 소비자에 미치는 영향에 대한 관심이 증가한 것은 결코 놀라운 일이 아니다. 1914년에 출판된 한 권의 책이 미국에서 광고에 종사하는 사람들에게 회자되었는데, 바로 다니엘 스타치(Daniel Starch)가 지은 **광고 : 원리, 실무 및 기법**(*Advertising: Its Principles, Practice and Technique*, Daniel Starch, 1914)이다. 이 책은 오늘날에도 여전히 광고 저널에서 논의되고 있는 주의와 반응 간의 관계를 다루었다(Starch, 1914). 스타치는 연구로 자신의 경력을 시작하였지만 곧 자신의 진정한 관심이 마케팅임을 깨닫고 학교를 떠나 광고

효과 측정을 전문으로 하는 회사를 차렸다. 광고 : 원리, 실무 및 기법의 출간 후 얼마 되지 않아 스타치는 광고의 원리(*Principles of Advertising*)라는 후속 저서를 내놓았는데, 이 책에서 그는 1880년대 광고가 어떻게 급속히 팽창하고 몇 개월 동안의 광고량이 450% 이상까지 성장할 수 있었는지를 설명했다(Starch, 1923).

광고의 응용에 대한 지속적인 관심 증가는 그 잠재력을 파악한 생산자에게만 국한된 것은 아니었다. 정치가들도 '어떻게 제품을 팔 것인가'의 문제를 자신의 아이디어를 파는 것에 적용할 수 있음을 깨달았다. 한 가지 증거는 제1차 세계대전 당시 선전 캠페인이 군인의 전투의지를 고양하는 도구로 사용된 것이다. 예컨대 당시 영국인과 미국인들은 독일군이 적군 병사들을 갈아 비누로 만든다는 끔직한 루머를 퍼뜨렸다(Jowett & O'Donnell, 1986; Peterson, 1939). 이는 독일처럼 무자비한 나라에게 전쟁의 승리를 내줄 수 없을 뿐만 아니라 자국민에게 싸움에 대한 강한 의지를 심어주기 위한 영국과 미국의 전술이었다. 이와 같은 '잔혹사'가 몇몇의 사실과 뒤섞여 난무하고 어떤 것들은 영국과 미국정부의 이익을 위해 날조된 것이기도 했다. 옳고 그름을 떠나 이들 방법은 효과적이었으며, 광고와 선전의 유용성을 확증하는 정략적 사례가 되었다.

광고 산업이 본격화된 이래 광고효과에 대한 관심은 쇠퇴한 적이 없으며 더욱 많은 책들이 출간되었다. 1916년 헨리 포스터 아담스는 광고와 정신법칙(*Advertising and its Mental Laws*, Henry Foster Adams, 1916)이라는 책을 출판하였다. 이 책은 통계 분석을 사용하여 다양한 분야, 즉 광고, 성차, 주의, 기억, 미학 등에 대한 소비자의 반응을 밝히는 데 초점을 두었다. 아담스는 경험론자로 광고의 작동 원리를 경험적으로 이해하고자 하였다는 점에서 오늘날 출판되는 많은 광고 서적과 크게 다르지 않다.

1920~1938

1920년대에 오늘날과 같은 소비자사회의 발전에 크게 기여한 사건들이 많았다. 1920년 미국 최초의 라디오 방송국이 개국하고(Barnow, 1975), 자동차가 대중화되면서 1921년 댈러스에 드라이브인 레스토랑이 새로운 서비스로 등장하였다(Green, 1992). 또한 통신판매용 카탈로그가 1920년대 큰 성공을 거두었고(Boorstin, 1973) 세탁기, 토스터, 다리미 등의 새로운 상품들이 시장에 넘쳐났다(Cowan, 1983; Lupton, 1993).

1920년은 한 명의 뛰어난 심리학자가 광고회사와 손을 잡은 해로 기록되기도 한다.

존 왓슨

행동주의의 창시자인 존 왓슨(John B. Watson)은 광고에 심리학적 방법을 최초로 적용한 탁월한 심리학자였다(Kreshel, 1990). 왓슨은 심리학이 사람들에게 다양한 유형의 제품을 설득하는 데 특히 적합하다고 생각하였다. 그는 누구든 어떤 것에 조건화될 수 있고 그가 원하는 존재로 만들 수 있다고 믿었다. 그로써 인간에게 어떤 제품이나 브랜드를 구매하도록 만드는 것 또한 어렵지 않다고 확신했다. 1920년 왓슨은 대학에서 자신의 연구조교와의 스캔들로 학교를 떠나 미국의 가장 큰 광고회사인 제이 월터 톰슨(J. Walter Thompson)과 인연을 맺었다.

그의 학문적 경력은 파블로브(Pavlov)의 고전적 조건화 실험으로 시작하였으나 가장 유명한 것은 잘 알려진 꼬마 알버트 실험이다(Watson & Rayner, 1920). 왓슨(1919)은 고전적 조건화를 체계적으로 응용함으로써 그가 원하는 어떤 종류의 사람을 만드는 것도 가능하다고 굳게 믿었다. 그와 같은 신념은 지금까지 가장 유명한 말로 남아있으며, 다음과 같은 그의 주장에 담겨있다.

> 저에게 12명의 건강한 유아와 제가 그들을 잘 양육할 수 있는 적절한 환경을 주세요. 그러면 저는 무작위로 1명을 골라 훈련시키고, 선택한 어떠한 유형의 전문가라도 만들어 드리겠습니다. 그들의 재능, 기호, 성향, 능력, 직업, 그리고 조상의 인종과 전혀 무관하게 의사나 변호사, 예술가, 최고경영자는 물론이고 거지나 도둑도 원하면 만들 수 있습니다.
>
> (Watson, 1913)

왓슨의 도발적인 생각은 광고계를 흥분시키기에 충분했다.

많은 사람들이 광고에 끼친 왓슨의 영향을 인정한다(e.g. MacGowan, 1928; Winkler & Bromberg, 1939). 몇몇 사람들은 그의 가장 위대한 공헌이 증언 광고, 즉 유망한 고객으로 하여금 다른 사람이 칭찬하는 제품을 시험해보도록 함으로써 호감을 주려는 광고 방식의 발전에 있다고 말한다(Buckley, 1989). 그러나 왓슨이 기존의 광고 방식을 바꾸었다는 것에 모두가 동의하는 것은 아니다. 말하자면 그는 광고대행사의 명성을 훨씬 굳건히 확립하는 데 기여하기 위해 자신을 고용한 회사를 위해 약간의 다른 마케팅 술책을 사용한 것이라는 시각도 있다(Kreshel, 1990).

광고심리학의 지속적 성장

1920년대 중반 비로소 소비 관련 문제에 심리학을 응용한 책이 발간되었는데, 이른바 알버트 포펜버거의 **광고의 심리학**(*Psychology in Advertising*, Albert T. Poffenberger, 1925)이라는 책이다. 포펜버거는 응용심리학에 지대한 관심이 있었고, 광고와 심리학에 관한 이 저서는 곧 두 번째 저서인 **응용심리학 : 응용과 방법**(*Applied Psychology: Its Principles and Methods*, 1927)으로 이어졌다. 이 책은 폭넓게 사용되었고 그 후 몇 권의 개정판이 출간되었다(Wenzel, 1979).

홀링워스가 그랬던 것처럼, 포펜버거도 제임스 카텔의 제자로 컬럼비아대학교의 심리학과 대학원에서 연구하였다. 그래서 포펜버거의 초기 연구인 **미각의 심리학 및 응용심리학**(*The Psychology of Taste and Applied Psychology*, A. T. Poffenberger & H. Holliugworth, 1917)이라는 책이 1917년 홀링워스와 함께 저술한 것임은 그리 놀라운 일이 아니다(Wenzel, 1979).

포펜버거는 1915년 미국심리학회 뉴욕 지부의 총무로 지명되었고, 1931~1933년까지 미국 국립연구회의(National Research Council)의 인류학 및 심리학분과 부회장 및 회장을 역임하였다. 또한 1930년 *Journal of Social Psychology*의 창간을 도왔고 1935년 미국심리학회장에 추대되었다(Wenzel, 1979).

광고의 이해에 기여한 또 다른 심리학자는 닉슨(H. K. Nixon)이다. 그는 주로 주의와 광고 간의 연계에 초점을 둔 연구를 수행했다. 특히 소비자가 광고의 어떤 부분에 주의하는지 밝히는 안구 움직임 추적에 관한 초기 연구는 닉슨의 공로가 크다. 연구를 위해 그는 사람들이 광고를 읽는 동안 커튼 뒤에 숨어 그들의 안구 움직임을 세밀히 관찰하기도 하였다. 두말할 나위 없이 안구추적 기법은 지금까지 광고 연구에 사용되는 오랜 방법의 하나다. 닉슨은 자신의 연구를 통해 다음과 같이 결론 내렸다. 즉 인쇄 광고의 그림과 사진은 문구에 대한 소비자의 주의를 유발한다. 그러나 색채와 흑백 광고 간의 주의량에서는 큰 차이가 없다(Nixon, 1924, 1926).

소비자 관련 연구 영역의 다양화

1920년대 말에서 1930년대까지 다양한 소비자심리학 분야에 초점을 둔 연구들이 사회적으로 소비자 관련 이슈에 대한 고조된 관심을 반영하여 출간되었다. 이들 분야는 쉽게 회상될 수 있는 광고 유형은 무엇이고(e.g. Brutt & Crockett, 1928; De Wick, 1935; Guest & Brown, 1939), 어떤 유형의 유리용기를 사람들이 선호하는지(Hovde, 1931), 광고 크기와 주의는 어떤 관계가 있는지(Ferguson, 1934, 1935) 등에 대한 연구를 포함한다. 다른 연구로는 라디오 광고의 태도효과(Cantril & Allport, 1935)와 판매수행에 미치는 성격의 영향(Dodge, 1938) 등이 있다. 또한 이 시기에 *Journal of Marketing*이 발간되었다(Journal of Marketing, 2008).

이러한 연구와 더불어 1930년대 말까지 일반 소비에 대한 연구도 번창하였다. 제2차 세계대전이 발발할 무렵 많은 제품의 소비가 이전보다 훨씬 높은 판매량을 기록하였는데, 예컨대 목화 생산량이 전 세계적으로 증가하여 사상 최고치를 기록하였고(Roche, 1994), 몽고메리 워드(Montgomery Ward)와 리처드 워런 시어스(Richard Warren Sears)의 주도로 시작된 디렉트메일(DM) 카탈로그가 큰 성공을 거두었다. 하지만 어떤 제품의 생산량을 보더라도 전쟁의 시작과 함께 모든 것이 바뀌었다.

1939~1970

제2차 세계대전

사회심리학자인 쿠르트 레빈(Kurt Lewin)은 지금의 폴란드 지역인 프러시아(Prussia)에서 태어나 베를린대학교에서 박사학위를 받았다. 1930년 레빈은 스탠포드대학교에 초빙강사로 6개월을 지냈고 유럽의 불안한 정국으로 인해 미국에 정착하였다. 그 후 1933년 미국 코넬대학교의 가정 · 경제학부에서 근무하다가 1935년 아이와대학교로 자리를 옮겼다(Hothersall, 1994).

제2차 세계대전 동안 미국 농무부는 미국인들에게 심장, 신장, 간과 같은 고(高)단백 음식을 먹도록 설득하는 캠페인을 전개하기 위해 레빈에게 도움을 청했다. 국가적으로 식량 부족이 현실화됨에 따라, 영양분이 있는 식용 가능한 음식이 버려지지 않도록 하는 것이 중요했다. 레빈은 심리학 이론이 응용 분야에서 실행을 위한 최선의 도구라고 확신하는 인물이었기에(Lewin, 1944), 이 일에 가장 이상적인 적임자였을 것이다.

미국 농무부는 국가의 식량부족 상태에서 국민 건강이 유지되기 원했고, 그 유일한 해결책은 사람들로 하여금 예전에 그냥 버렸던 고기 부위를 먹도록 하는 것이었다.

레빈이 제시한 해결책은 주부들이 고기의 내장을 먹는 것에 관여하도록 하는 효과적인 방법을 고안하는 것이었다. 그는 연구에 착수하고 두 집단의 가정주부를 참여시켰다. 첫 번째 집단에게는 고기 내장을 먹는 것이 유익하다는 것을 반복적으로 말해주었는데, 주부들이 생각하는 것에 대해 묻기보다는 주로 강의를 진행했다. 반면 두 번째 집단에게는 소규모 집단 토론에 참여하게 하였다. 토론에서 사회자는 토론에 참여한 주부들처럼 고기 내장 식용 프로그램에 다른 사람들의 참여를 설득하는 방법에 초점에 두면서 어떻게 식량부족 문제를 해결할 것인지를 토론시켰다. 그 결과 토론에 참여한 32%의 주부들이 이후에 고기 내장으로 저녁을 차렸다는 것을 발견하였다(Lewin, 1947). 즉 관여 수준이 설득 가능성을 증가시킨다는 사실을 증명한 셈이다.

전쟁의 고통 속에서도 소비자사회는 지속적으로 성장하였다. 늘 기대하는 방식대로 된 것은 아니지만 전쟁이 전 세계의 구석구석까지 영향을 미치지는 않는 듯했다. 이 시기에 사람들은 상업 TV 방송을 시청할 수 있었다. 1941년 7월 1일, 미국의 WNBT 방송국이 TV 광고가 있는 방송을 시작하였으나(Kirkeby, 2004), 이듬해인 1942년 상업방송은 급격한 감소의 시기를 맞이하였다. 미국인들은 1942년 후에도 상업방송을 즐기는 편이 아니었지만, 미국 가구의 58%는 최소 1대 이상의 자동차를 보유하는 등(Lebergott, 1993) 소비가 완전히 죽어간 것은 아니었다.

제2차 세계대전 이후

전쟁이 끝나고 소비는 전 세계적으로 다시 상승했고 그에 따라 광고에 대한 관심도 점차 재개되었다. 어니스트 디터(Ernest Dichter)는 무의식, 즉 소비는 인간의 무의식적 욕구를 반영한다는 것에 관심을 두고 미국 광고 시장에 프로이트의 개념을 도입하였다. 디터는 비엔나에서 태어나 1937년 미국으로 이주하였고, 뉴욕에 거주하기 시작한지 10년도 되지 않아 동기연구소(Institute for Motivational Research)를 설립하였다. 디터의 아이디어는 밴스 패커드(Vance Packard, 1957)가 쓴 베스트셀러 저서에 소개되면서 유명해졌다. 이 책은 소비자에게 항상 명시적이지만은 않은 판매 기법, 흔히 '은폐된 설득자(hidden persuader)'로 불리는 기법의 개발에 심리학자의 역할이 무엇인지를 설명한다.

또한 이 시기에 조지 캐토너(George Katona)는 서베이 연구를 소비자 구매에 적용하는 방법을 개척하였다. 캐토너는 1901년 헝가리에서 태어나 심리학을 공부했지만 나중에 경제학에 더 몰두했다. 그는 1946~1972년까지 자신이 일했던 미국 미시간대학교의 서베이연구센터(Survey Research Center)의 공동 창립자의 한 사람이다. 이 시기에 캐토너는 '소비자 감성 지수(Index of Consumer Sentiment, ICS)'로 불리는 재무상황에 대한 소비자의 기대를 연구하였다. ICS는 재정적 미래에 대해 소비자가 얼마나 낙관적으로 혹은 비관적으로 생각하는지를 나타내는 지표로 여러 연구에서 인용되었다(Wärnerd, 1999). ICS를 사용하여 캐토너는 소비자가 확신을 가질 때 새로운 금융 계약에 착수할 가능성이 높아진다는 것을 발견했다(Lea, 1999).

정부의 소비자 사회화 촉진

제2차 세계대전의 역사 속에는 세계의 모든 정부가 국가경쟁력의 강화를 위해 노력한 흔적이 남아있다. 그렇게 하는 가장 명확한 방법은 소비를 촉진하는 것이었고, 1950년대 정치가들은 소비자사회가 미치는 삶의 편익을 홍보하기에 분주했다(Hilton, 2007). 이는 다시 광고 산업을 부흥시켰고 1950년대와 1960년대 설득과 태도에 관한 수많은 연구가 양산된 이유이기도 하다(e.g. Hovland, Janis, & Kelley, 1953; Janis et al., 1959).

이 시기에 영국은 최초로 상업 TV 방송국인 ITV를 개국했고, 1955년 ITV가 방송을 시작할 때 생각만큼 시청자수가 많지 않았지만 1958년 시청자 수가 500만 명에 이르게 되었다. ITV는 영국에서 상당 기간 상업방송국으로서만 전파를 송출하도록 규제받았지만, 1982년을 끝으로 채널 4로 개국하였다(Marketing, 2005). 1950년대 이후 전 세계적으로 상업채널이 빠르게 성장하였다. 예컨대 TV3은 1987년 스칸디나비아에서 방송을 시작하였고, 1990년에는 러시아에서 2×2, 2000년에는 크로아티아의 첫 번째 민영상업방송인 노바(Nova)가 각각 개국하였다.

소비의 지속적인 성장은 소비자 관련 주제에 관심을 가진 심리학자들이 자신의 회사를 만들려는 움직임과 무관하지 않다. 1960년 미국심리학회의 23번째 분과로 소비자심리학분과가 설립되었고, 1988년 소비자심리학회(Society for Consumer Psychology)라는 현재의 명칭으로 변경되었다.

1960년대에 이르러 잘 알려진 소비자행동 저서들(e.g. Engel, Kollat, & Blackwell, 1968)과 *Annual Review of Psychology*에 딕 트윗(Dik Twedt, 1965)이 쓴 첫 번째 소비자심리학 리뷰 논문이 출간되었다. 나머지의 역사는 현재 우리가 아는 이야기들이다!

요약

소비자심리학은 제품과 서비스에 관한 인간의 사고 과정과 행동을 연구하고 나아가 소비활동으로부터 어떻게 인간이 영향을 받는지를 다룬다. 사람이 소비로부터 영향을 받는 방식은 인간의 물적 소유와 밀접하게 관련된다. 사람들은 '적절한' 물건을 선택(소유)함으로써 자신의 정체감을 타인에게 과시하고자 한다. 소비가 인간의 삶에 영향을 미치는 다른 예는 매일매일 노출되는 미디어의 효과다. 연구자들은 미디어가 개인의 가치와 신념 체계에 영향을 준다는 것을 밝혔다.

소비자행동을 이해하려는 시도는 오랜 역사를 가지고 있지만 지금도 계속되고 있다. 우리가 살고 있는 소비자사회는 산업혁명이 시작된 이후 급속히 형성되었고, 소비의 성장과 더불어 과학자들은 소비자심리학에 토대가 되는 가치 있는 연구를 수행해왔다. 1800년대 분트는 주의를 연구했고, 제임스는 개인에게 영향을 주는 소유를 다루었으며, 게일은 광고의 주의효과를 연구했다. 1900년대 초반 홀링워스, 왓슨, 포펜버거는 소비 관련 연구의 양적 성장에 기여한 인물들이고 레빈, 디터, 캐토너는 20세기 후반에 많은 업적을 남긴 인물들이다.

토론문제

1. 소비자심리학을 공부하는 데 연구 방법론에 대한 명확한 이해가 왜 중요한가?
2. 소비자사회 속의 삶은 이로운가 혹은 해로운가?
3. 우리가 살고 있는 소비자사회는 언제 확립되었는가?
4. 물적 소유는 중요한가?
5. 소비자행동을 변화시킨 조립 공정은 언제 발명되었는가?

2 소비자 기억과 학습

개요

이 장에서는 소비자 기억 체계의 작동과 제품이나 서비스에 대한 학습이 일어나는 과정을 소개한다. 기억과 학습은 소비자행동을 정확히 이해하는 데 필수적이다. 사람들이 마케팅 메시지를 잊어버리는 이유는 무엇이고, 제품 정보를 잘 기억하는 데 도움이 되는 요소는 무엇인지를 다룬다. 이러한 기억의 작동 원리는 마케팅 담당자가 소비자를 이해하는 것의 시작이며, 학습의 원리는 사람들이 특정 소비행동을 어떻게 습득하는지를 설명한다.

소비자 기억

기억은 정보를 받아 저장하고 조직하고 변경하여 인출하는 일련의 능동적 정신 체계이다(Baddeley, 1990). 대부분의 소비자 의사결정은 기억에 의존하므로(Alba, Hutchinson, & Lynch, 1991), 기억의 작동에 대해 이해하지 못하면 소비자가 어떤 이유로 어떻게 문제를 해결하고 의사결정하는지를 파악할 수 없다. 기억은 인간이 새로운 정보를 학습하는 데 필요한 과거 경험에 대한 기록이며, 자극을 지각하는 방식과 행동에 영향을 준다(Dougherty, Gronlund, & Gauthier, 2004). 따라서 소비자가

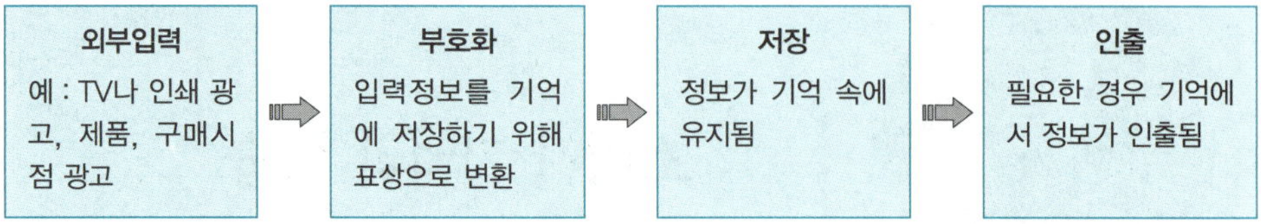

인간의 기억 처리 기능은 컴퓨터와 유사한 패턴을 지닌다. 정보는 뇌에 의해 해석이 가능한 형태로 변환되고 저장되어 추후 필요할 때 인출된다.

그림 2.1 기억의 과정

브랜드 이름, 가격, 속성 정보 등에 대해 희미한 기억을 가지고 있다면, 마케팅 담당자나 광고기획자에게는 불행한 일이 아닐 수 없다(Keller, 1987; Meyers-Levy, 1989; Morwitz, Greenleaf, & Johnson, 1998).

구매의사결정은 소비자가 제품 정보에 노출된 후 짧게는 몇 시간이나 며칠이 걸리지만 길게는 몇 달이 걸리기도 한다. 구체적인 제품 속성에 대한 기억은 다분히 제한적이기 때문에 광고가 소비자 의사결정에 미치는 영향도 제한적이다. 소비자가 어떤 제품이나 서비스 관련 정보를 오래 기억하기 위해서는 정보를 저장하고 부호화해야 한다. 이 과정은 컴퓨터와 유사한 정신적 기능으로 **부호화**, **저장**, **인출**(저장된 정보를 기억해내는 것)을 포함한다(그림 2.1).

정보가 부호화될 때 자극은 기억에 저장될 수 있는 표상 형태로 변환된다. 이 단계에서 노출된 자극을 충분히 인지하고 이해하는 것이 중요한데, 만일 자극이 모호하면 소비자는 정보를 이해하기 어렵게 되고 결과적으로 기억 속에 저장하는 것을 실패한다. 정보의 부호화가 이루어지면 그 정보는 기억 속에 저장되고 추후 정보에 대한 접근이 필요할 때 인출할 수 있다. 제품 정보(혹은 어떤 다른 유형의 정보)에 대한 인출은 노드의 활성화로부터 시작한다. 노드(node)는 장기기억 속에 저장된 특정 정보의 조각을 말한다. 특정 노드가 활성화되면 정보가 장기기억에서 단기기억으로 전송되고, 소비자는 제품 관련 정보를 회상하고 인식하게 된다.

기억 체계

기억이론 가운데 중다기억장치 모형은 인간의 기억이 감각기억, 단기기억, 장기기억의 세 가지 요인으로 구성된다고 가정한다(e.g. Atkinson & Shiffrin, 1968). 모든 심리학자가 이 가정에 동의하는 것은 아니지만, 중다기억장치 모형은 가장 영향력이 있는 기억이론이고(Matlin, 1998) 여러 정보처리 이론에 근간이 되었다(e.g. Bettman, 1979; Sternthal & Craig, 1982). 이들 세 가지 요소는 인간이 어떤 목표 행동을 취하는 데 필요한 정보에 대한 접근과 저장 및 처리 과정을 잘 설명한다(그림 2.2).

감각기억장치

감각기억(sensory store)은 여러 감각기관(시각, 촉각, 후각, 미각, 청각)으로 유입된 정보를 매우 짧은 시간 동안 저장하는 장치다. 정보는 자극의 종료와 함께 감각기억에 잠시 머물고 이때 정보로부터 추후 분석에 필요한 가장 결정적 특징을 추출한다. 예컨대 한 사람이 분주한 쇼핑거리를 걷고 있을 때 수많은 시각 및 청각 자극이 유입될 수 있다. 이렇게 많은 광경과 소리의 불협화음은 특별한 의미를 지니지 않지만, 어떤 상점에서 들려오는 음악 소리가 짧게는 1초 혹은 2초 정도만 들릴지라도 그 앞을 지나는 사람이 주의하게 되면 자극은 추후에 분석될 가능성이 높아진다.

흔히 시각 정보는 약 0.5초 정도 이내에 소멸되고(Sperling, 1960), 청각 정보는 2초 정도 지속된다(Darwin, Turvey, & Crowder, 1972). 어떤 감각기관을 통할지라도 사람이 노출된 정보에 관심을 기울이면 향후 더 복잡한 처리를 위해 정보가 단기기억으로 전송된다.

단기기억장치

단기기억(short-term memory, STM)은 짧은 시간 동안 정보를 저장하는 제한된 용량(감각기억만큼 제한적이지 않음)을 지닌 장치다. 단기기억에는 현재 처리 중인 정보

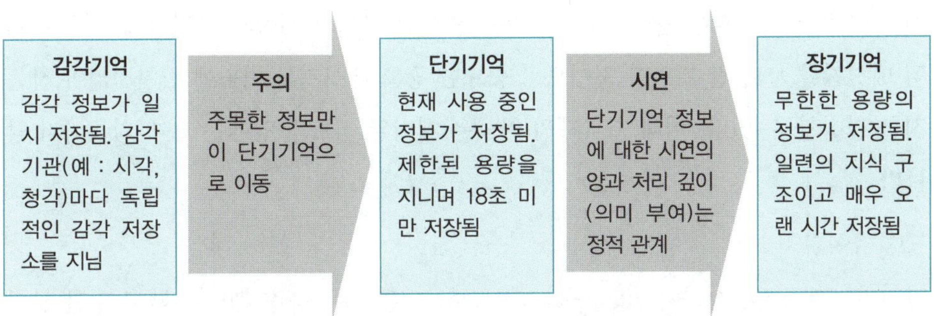

기억의 세 가지 구성 요소는 감각기억, 주의, 단기기억, 시연, 장기기억의 관계를 증명한다.

그림 2.2 중다기억장치 모형

가 저장되므로 작동기억(working memory)으로 불리기도 한다. 단기기억의 정보저장 한계는 조지 밀러(George Miller, 1956)의 숫자 외우기 검사를 통해 증명되었다. 연구에서 참여자들에게 자신이 들은 숫자 계열을 정확한 순서로 반복하도록 하였을 때, 대부분의 사람들은 7개 숫자를 실수 없이 반복해 말하지만 그 이상의 숫자 계열을 기억해내는 것에 어려움을 겪었다. 그에 따라 밀러는 단기기억의 용량이 7개의 숫자에서 2개 정도 더 기억하거나 덜 기억하는 범위, 말하자면 '7±2'의 용량이라고 결론지었다(Magic number 7). 하지만 단기기억이 다룰 수 있는 정보의 양은 **청킹**(chunking), 즉 유의미한 단위로 정보를 집단화하는 방법에 따라 그 양이 훨씬 늘어날 수 있다. 정보의 조각이 작든 크든 인간은 대략 어느 때라도 7개 정도의 항목을 회상할 수 있다(Newell & Simon, 1972).

제시되는 정보가 단기기억이 처리할 수 있는 한계를 초과하면, 사람들은 정보계열의 처음이나 마지막 부분을 더 잘 회상하는 경향이 있다. 이를 **순서효과**(order effect)라 한다(Mcrary & Hunter, 1953). 글랜저와 쿠니츠(Glanzer & Cunitz, 1966)는 사람들에게 단어목록을 제시하고 자신이 좋아하는 어떤 순서로라도 제시된 단어를 회상하게 함으로써 순서효과를 밝혔다. 그 결과 참여자들은 일반적으로 처음(**초두효과**)과 마지막(**최신효과**)의 몇 개 단어를 가장 잘 회상하였다. 따라서 글랜저와 쿠니츠는 초두효과는 처음에 제시된 단어의 일부가 시연되어 장기기억으로 전이된 결과이고, 최신효과는 마지막에 제시된 단어가 회상시점에서 여전히 단기기억에 머물러있기 때문에 나타난다고 결론지었다. 한편 중간계열에 있는 단어는 마지막 계열에 있는 단어에 의해 대체되기 때문에 기억에서 사라진다고 보았다. 이는 광고기획자와 마케팅 담당자에게 분명한 시사점을 준다. 즉 소비자는 제시된 정보의 처음과 마지막에 있는 마케팅 메시지를 보다 잘 기억할 것이므로 중요한 광고 메시지를 어디에 위치시켜야 하는지를 결정할 수 있다. 이때 소비자의 기억은 제시된 정보의 양에는 크게 의존하지 않는다.

장기기억장치

단기기억과 달리, 장기기억(long-term memory, LTM)은 용량 제한이 없고 일단 장기기억 장치에 저장되면 매우 오랜 기간 혹은 영구적으로 남는 특징이 있다(그림 2.3은 단기기억과 장기기억의 차이를 나타냄). 단기기억에서 장기기억으로 이동한 정보는

속성	단기기억	장기기억
용량	7±2	무제한
지속 시간	18초	영구적
망각	시연 실패	인출 실패
부호화	소리와 결합된 청각적 부호화	의미와 결합된 어의적 부호화

그림 2.3 단기기억과 장기기억의 차이

일련의 '의미'로 저장되고, 장기기억에 있는 기존의 정보와 연계된다. 장기기억에 있는 정보들이 잘 통합될수록 기억이 용이해진다.

장기기억의 구조는 거대한 거미줄과 같다. 저장된 소비자 관련 정보의 조각들은 이미 장기기억에 저장된 다른 정보의 조각들과 직·간접적으로 연결되어 하나의 연합망을 형성한다(Anderson, 1983, 1993). 예컨대 당신이 메르세데스(Mercedes)라는 브랜드를 들었을 때 가장 먼저 떠오르는 것이 '익스클루시브 자동차(exclusive car)'일 수 있다. 하지만 그에 관해 계속 생각한다면 포뮬러 원(Formula One, 메르세데스가 스폰서이므로), 루이스 해밀턴(Lewis Hamilton, 포뮬러 원 선수) 혹은 나오미 캠벨(Naomi Campbell, 포뮬러 원에 자주 참석하는 모델)과 다른 모델 등이 떠오를 수 있다. 더 오래 생각할수록 연합망은 확산되고 처음 것과 직접적 관련성이 적은 것들이 떠오른다. 그렇지만 최초로 상기되었던 정보의 조각과 직·간접으로 연결되어있는 것은 분명하다(인지적 연합망의 예를 나타내는 그림 2.4). 어떤 연합과 브랜드 혹은 제품 간의 근접성은 **반응-시간법**(response-time method)으로 알 수 있다(e.g. Collins & Loftus, 1975; Herr, Farquhar, & Fazio, 1996). 이 검사는 진술문의 옳고 그름을 판단하는 과제를 제시한 후, 참여자에게 제시된 전형적인 진술문에 대해 가능한 빨리 '참' 혹은 '거짓' 버튼을 누르도록 요구한다. 반응 시간이 길면 제시된 두 과제의 연합망이 멀리 형성되어있는 것이고 짧으면 그만큼 밀접한 연합임을 나타낸다. 이 검사는 특정 제품이나 브랜드에 대한 소비자의 인지적 표상을 매핑하는 데에도 유용하다.

연합은 어떤 것들 간에도 형성될 수 있고 의식적 혹은 무의식적으로 일어날 수도 있다. 어떤 2개의 개념을 동시에 생각할 때 처음에는 무관한 것처럼 보일지라도 어

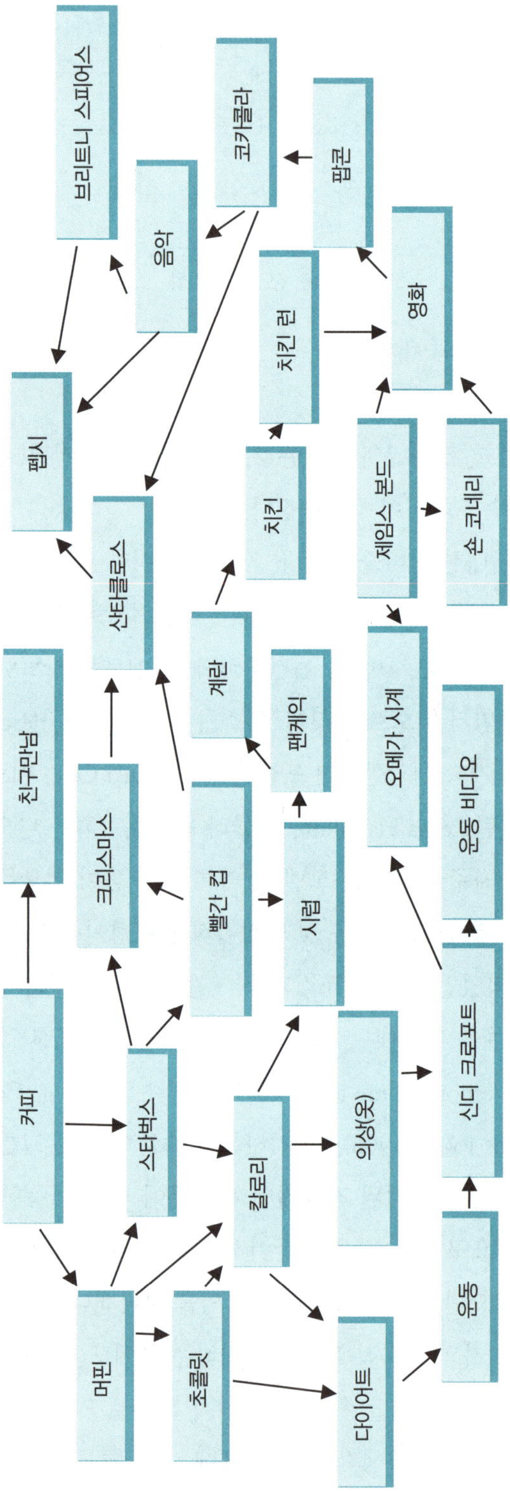

그림 2.4 인지적 연합망의 예

느 순간 그들 간에 연합이 형성될 수 있다. 인간의 정신적 연합망은 **프라이밍효과**(priming effect), 즉 기존의 정보가 새로운 정보에 대한 판단을 끌어내는 데 사용되는 일부분으로서 역할을 한다. 예컨대 폭력에 관한 뉴스를 본 후, 사람들은 자신의 일상이 폭력 사건에 매우 많은 영향을 받고 있다고 생각하게 된다(Fischhoff, Lichtenstein, Slovic, Derby, & Keeney, 1981).

정보가 어떻게 조직화되는지는 정보가 저장되고 장기기억에서 인출되는 방식에 영향을 준다. 연구자들은 다중항목의 정보가 타당하고 잘 연계되는 속성을 가지고 있을 때 그렇지 않은 경우보다 더 잘 기억된다는 것을 발견했다(Bransford & Johnson, 1972). 특히 정보의 조각들이 쉽게 그룹을 형성할 때 기억이 향상된다는 연구 결과가 있다. 한 연구에서 참여자들에게 여러 유형의 미네랄 목록을 제시하고 잠시 후 가능한 많이 회상하도록 하였다. 대체로 참여자들은 목록에 있는 몇 개의 미네랄을 말할 수 있었지만, 목록의 미네랄을 희소성, 보석 및 석조용 등의 범주로 그룹을 만들어 제시할 때 훨씬 더 높은 회상을 보였다(Bower, Clartk, Lesgold, & Winzenz, 1969).

중다기억장치 모형은 기억의 작동 원리를 간단명료하게 설명한다. 하지만 단기기억은 단일한 저장소가 아니고(e.g. Warrington & Shallice, 1972) 여러 개의 독립된 하위구조로 구성된다(e.g. Baddeley & Hitch, 1974)는 증거도 있다. 마찬가지로 장기기억이 특정 유형의 정보를 저장하는 여러 개의 장기기억 체계로 구성된다는 주장도 있다. 예컨대 일화기억(episodic memory, 특정 장소와 특정 시간에 발생한 구체적 사건에 대한 기억)과 의미기억(semantic memory, 세상의 일반적 사실과 지식에 관한 기억)이 있을 수 있다(Tulving, 1972, 1983). **일화기억**과 **의미기억**의 구분은 특히 소비자 연구자와 실무자들 사이에서 인정받고 있다. 광고는 종종 많은 사람이 공유하는 경험에 초점을 두어 소비자의 일화기억을 끌어내려고 시도한다. 이때 소비자의 경험은 광고가 제시하는 것에 의해 흐려지거나 혼합될 수 있다(e.g. Holden & Vanhuele, 1999; Skurnik, Yoon, Park, & Schwarz, 2005).

중다기억장치 모형이 인간의 기억 체계를 지나치게 단순화했다는 비판을 받지만, 여전히 소비자행동에서 기억의 역할을 설명하는 훌륭한 기초를 제공한다.

기억과 망각

마케팅 정보를 기억하고 그것을 망각하는 것은 소비자행동에 분명한 영향을 준다. 심리학자들은 기억과 망각의 다양한 이유를 생각해왔고, 특히 소비자심리학에 유용한 두 가지 이론인 (1) **부호화 특수성 원리**(기억 단서와 같은 보조적 수단이 있는 경우)와 (2) **간섭**(기억의 손상)을 제안했다.

부호화 특수성

정보를 회상하는 인간의 능력은 부호화와 인출 조건의 수준에 따라 영향을 받는다. 즉 이미 경험한 정보를 회상하는 능력은 정보에 대한 학습과 회상 간에 발생하는 환경적 변화에 민감하다. 1973년 털빙(Tulving)과 톰슨(Thomson)은 처음 정보를 학습했던 장소와 같은 환경에 있을 때 더 기억을 잘한다는 것을 발견하였다. 이러한 관찰은 고든과 배들리(Godden & Baddeley, 1975)에 의해 장기기억이 맥락 의존적임을 밝히는 실험으로 확인되었다. 이들은 스쿠버다이버들에게 20피트 수면 아래서 혹은 물 위에서 각각 단어 목록을 학습하도록 하였다. 그 결과 기억은 부호화와 인출이 동일한 환경에서 수행될 때 가장 좋았다는 것을 발견하고 부호화 특수성 가설을 지지하는 결론을 얻었다.

부호화 특수성 원리는 점포 내 광고의 효과성을 입증하는 데 사용된다. 즉 광고의 맥락이 판매시점이나 장소(point of sale, POS)에서 재현될 수 있다면 제품 정보에 대한 재인과 회상에 도움을 준다(Bettman, 1979; Lynch & Srull, 1982). 하지만 같은 유형의 자극을 사용하는 것이 중요하며, 그렇지 않으면 제품에 대한 회상에 실패할 수 있다. 예컨대 한 소비자가 최초에 시각적 자극에 노출되었다면, 어떤 지점에서의 시각적 노출은 청각적 자극보다 회상을 유도하는 데 더 효과적이다(Costley, Das, & Brucks, 1997).

간섭

간섭은 망각을 설명하는 가장 보편적이고 오랜 역사를 가진 이론의 하나다. 간섭은 기억수행이 부가적인 정보의 학습으로 인해 감소, 즉 새로운 정보가 소비자의 기억을 방해할 때 발생한다(Tulving & Psotka, 1971). 기억의 간섭에는 순행 및 역행 간섭이 있다. 순행 간섭(proactive interference)은 새로운 정보의 학습이 오래된 정보에 의해 방해받는 것을 말하고, 역행 간섭(retroactive interference)은 이전에 학습한 정보가 새로운 정보의 학습에 의해 망각되는 것을 말한다. 기억 흔적이 유사할수록 간섭의 정도가 크다(Wickens, 1972). 예컨대 어떤 사람이 유사한 특성을 지닌 2개의 광고를 보았다고 하자. 나중에 그는 두 번째 광고를 기억하려 하지만 실제로 첫 번째 광고를 기억할 수 있다(순행 간섭). 광고의 유사성이 클수록(같은 회사에서 만든 동일 제품이나 제품군), 소비자는 더 큰 간섭을 경험한다(Burke & Srull, 1988). 그러나 소비자가 이미 친숙한 브랜드에 노출될 때 간섭 효과는 약화될 수 있다(Kent & Allen, 1994).

소비자가 의도적으로 정보를 잊으려고 노력할 때 간섭은 동일한 효과를 보이지 않는다. 이런 상황에서 오래된 정보는 일시적으로 차단될 수 있는데, 이는 새로운 제품 정보가 더 쉽게 인출될 수 있음을 말한다(Shapiro, Lindsey, & Krishnan, 2006).

암묵기억

많은 소비자 관련 연구들은 주로 소비자행동에 대한 명시기억[explicit memory(과제수행이 과거 경험을 통한 의식적 기억을 요구함), Graf & Schachter, 1985, p. 501]에 초점을 두어왔다. 그러나 과거 15년 동안을 살펴보면, 암묵기억[implicit memory(과제수행이 의식적 기억 없이 이루어짐), Graf & Schachter, 1985, p. 501]에 대한 연구가 비슷한 정도의 관심을 받았다.

암묵기억은 흔히 소비자의 의사결정, 특히 제품의 선택에 영향을 주는 어떤 요소를 미처 자각하지 못한 상태에서 이루어지는 의사결정 과정을 잘 설명한다. 소비자 기억 연구들은 명시기억과 암묵기억을 분명하게 구분하며, 암묵기억이 광고효과를 측정하는 데 더 효과적이고(e.g. Lee, 2002) 명시기억보다 더 오래 지속된다(Finlay, Marmurek, & Morton, 2005)고 주장한다.

제이코비, 켈리, 브라운 및 제세코(Jacoby, Kelley, Brown, & Jasechko, 1989)는 암묵기억과 명시기억의 차이를 증명하는 실험을 수행하였다. 그들은 참여자들에게 덜 친숙한 새로운 이름을 제시하고 24시간 후에 보았던 이름에 대해 물었다. 그 결과 참여자들은 이름을 유명인으로 착각하는 경우가 많았다. 그 가장 큰 이유는 시간의 경과에 따라 이름이 참여자들에게 친숙해졌으며, 이러한 친숙성이 유명인의 이름으로 착각하게 한 것이다. 그러나 실험의 시작에서 모든 이름이 새로 지어진 것이라고 말해

주었을 때, 참여자들은 이름을 유명인으로 착각하지 않았다. 이와 같은 효과는 브랜드명에 대한 연구에서도 밝혀진 바다(Holden & Vanheule, 1999).

마케팅 담당자는 어떻게 소비자의 기억을 촉진할 것인가

마케팅 담당자는 제품과 서비스를 경쟁사의 자극보다 더 잘 기억하게 만드는 다양한 기법을 사용한다. 그러한 기법 중에는 마케팅 메시지를 반복적으로 노출하는 것과 그림이나 사진을 이용하는 것이 있다.

반복

소비자에게 반복적으로 마케팅 자극을 노출하는 것은 회상의 가능성을 높일 뿐만 아니라(e.g. Unnava & Burnkrant, 1991) 구체적인 속성과 브랜드명 간의 연합을 강화할 수 있다(Burke & Srull, 1988). 그러나 소비자들은 매번 동일한 마케팅 메시지에 노출되지 않을 수 있고, 동일 브랜드를 알리기 위해 다른 광고를 사용하는 것이 종종 회상을 촉진하는 데 더 효과적일 수도 있다(Unnava & Burnkrant, 1991).

반복 노출이 가장 효과적인 상황은 자극에 대한 소비자의 관여가 낮거나 거의 없을 때다. 이때 반복은 단기기억에서 장기기억으로 정보를 이동시킬 가능성이 높다(Krugman, 1965). 또한 소비자는 메시지 내용을 깊게 처리하려는 동기가 없을 때 반복적으로 노출된 메시지를 더욱 믿는 경향이 있다(Hawkins & Hoch, 1992).

또한 마케팅 담당자가 의도하는 표적 자극이 소비자에게 노출되기 전후에 다른 유사한 메시지가 있었다면 기억수행을 간섭하고 반복의 효과는 떨어지게 된다(Burke & Srull, 1988). 간섭을 줄이고 반복의 효과를 높이는 방법은 소비자에게 다른 마케팅 자극과 혼동하지 않도록 독특한 기억 단서를 제공하는 것이다(Keller, 1987).

그림 단서

그림이나 사진 자극은 훨씬 소비자의 주의를 끌 가능성이 높다. 주의는 소비자들이 텍스트보다 그림 자극을 왜 먼저 보게 되는지를 잘 설명한다(Kroeber-Riel, 1986). 짧은 메시지나 스토리를 명확하게 제시하거나(e.g. Mandel, Petrova, & Cialdini, 2006) 소비자의 기억을 향상시키고 회상을 보조하는 수단(Lord, 1980; Swann & Miller, 1982)을 사용할 때 그림이나 사진은 필수적 요소다. 시각적 자극을 사용하여 정보를 제시하면 나중에 그것을 인지하기가 훨씬 쉽다(Childers & Houston, 1984). 이처

정서와 기분의 유도

사람들에게 적절한 시점에 특정한 느낌을 경험하게 만드는 것은 쉽지 않기 때문에 연구자들은 흔히 기분을 유발하는 방법을 조작적으로 선택한다. 연구자들이 원하는 정서를 성공적으로 유도한 경우에도 유발된 정서는 오래 지속되지 않기 때문에 정서가 유발된 직후에 바로 종속변수를 측정하는 것이 중요하다(Isen, Clak, & Schwartz, 1976).

선행 연구에서 특정한 유형의 느낌과 기분을 유도하기 위해 사용하는 방법들은 다양하다. 여기에는 사람들의 수행에 대해 긍정적 또는 부정적 피드백을 제공하거나(Barone, Miniard, & Romeo, 2000), 사람들의 기분을 행복하거나 슬프게 만드는 영화나 영화의 일부를 사용하거나(e.g. Adval, 2001; Andrade, 2005), 사람들의 이전 기분과 일치 혹은 일치하지 않는 음악을 사용하는 방법(Gorn, Goldberg, & Basu, 1993) 등이 있다. 지금까지 사용된 방법들 중 어느 것도 정서와 기분을 유도하는 데 탁월하다고 알려진 것은 없다. 어떤 방법들은 연구가 어떻게 수행되었는가에 따라 다르겠지만, 실험자가 측정하기 원하는 것보다 더 많은 느낌을 발생시켰을지 모른다는 비판을 받았다. 다시 말해 어떤 방법론들은 원래 목적과는 다르게 참여자들에게 영향을 미치고 이것이 결국 연구 결과에 영향을 주었을 수 있다. 예컨대 사람들에게 부정적인 피드백을 주는 것은 사람들의 느낌을 바꿀 뿐만 아니라 동시에 그들의 자존감을 떨어뜨리기 때문에 두 가지 요소 중 어느 것이 연구 결과를 초래했는지 판단하기 어렵다. 이런 사례들은 연구자들이 자신의 연구에 영향을 주는 혼입변인들을 주의해야 할 필요가 있음을 시사한다.

자극에 대한 정서 반응의 측정

특정한 자극에 대한 소비자의 반응을 측정하는 한 가지 일반적인 방법은 자기보고법(가장 흔하게는 설문지)이다. 이 방법은 전형적으로 참여자들에게 자극에 대해 어떻게 느끼는지를 측정하고 긍정적이거나 부정적인 정서 유형과 직접적으로 관련이 있는 여러 질문들을 제시한다. 많은 경우 설문지는 사람들이 특정한 제품과 서비스에 대해 어떻게 느끼는지 설명할 수 있는 정서의 구체적인 기저 요인들을 규명하기 위해 요인 분석 또는 군집 분석을 사용하여 분석된다. 설문지와 같은 자기보고 기법은 참여자들이 종종 사회적으로 바람직하다고 생각하거나 연구자가 원할 것이라고 생각하는 답을 제공하는 경향이 있어서 연구 결과의 오류를 낳을 가능성이 높다는 단점이 있다. 그렇지만 설문지는 (요인 분석과 결합하여) 사람들의 정서적인 반응을 탐색하는 척도를 찾는 데 매우 유용하다. 특히 사람들이 서로 다른 유형의 광고에 대해 어떻게 느끼는지를 측정하는 다수의 유용한 척도들이 개발되었다(e.g. Edell & Burke, 1987).

개발된 많은 척도들은 다수의 설문 문항을 포함하는데, 어떤 척도는 90개 또는 그 이상의 문항들로 구성되어있다(e.g. Holbrook & Batra, 1987). 척도가 얼마나 많은 문항들을 포함하는 가에 상관없이 대부분의 정서 척도는 소수의 기저 요인으로 구성된다는 것이 일반적 견해다(e.g. Edell & Burke, 1987; Holbrook & Batra, 1987). 심지어 어떤 척도는 단순하게 긍정적 감정과 부정적 감정으로 구분되는 2개 요인만으로 구성된 것도 있다(e.g. Oliver, 1994). 정서적 반응을 긍정적 반응과 부정적 반응으로 분류하는 것은 결코 바람직하지 않다. 왜냐하면 긍정적/부정적 정서가 모든 소비자에게 동일한 반응을 발생시키지는 않기 때문이다. 따라서 긍정적/부정적 정서를 하위 범주들로 나누거나 단일 요인들로 간주하는 것이 더 바람직할 것이다(이 장의 후반부에서 더 자세하게 다룸).

정서, 주의, 회상

정서는 정보를 부호화하고 저장하고 인출하는 능력에 개입할 수 있기 때문에 사람들의 인지 과정에 영향을 준다(Blaney, 1986). 정서가 소비자 관련 정보를 처리하는 과정에서 어떤 중요한 역할을 담당하는지 분명하게 보여주는 두 가지 영역은 선택적 주의와 회상이다. 두 영역은 사람들이 어떻게 기능을 하고 왜 특정한 정보에 더 초점을 맞추는가를 이해하는 과정에서 정서의 통합적인 역할을 잘 보여준다.

선택적 주의

대부분의 마케팅 담당자들은 왜 소비자들이 특정 제품에 더 주의를 기울이는지, 과연 어떤 구체적인 제품 속성이 소비자의 주의를 더 끌게 만드는지를 알고 싶어한다.

아마도 사람들이 특정 마케팅 상황에서 어떤 느낌을 갖는지(적어도 부분적으로)가 그 이유를 제공할 것이다.

바우어, 길리건 및 몬티어로(Bower, Gilligan, & Montiero, 1981)가 수행한 연구에서 기분이 사람들의 선택적 학습에 영향을 준다는 것이 발견되었다. 연구자들은 참여자에게 최면을 통해 행복하거나 슬픈 감정을 느끼게 만든 후 정신과 면담 기록의 초안을 읽도록 지시하였다. 그 결과 흥미롭게도 행복한 감정을 느낀 참여자들은 슬픈 내용보다 기쁜 내용에 더 주의를 기울이고 더 많이 회상한 반면, 슬픈 감정을 느낀 참여자들은 슬픈 내용을 더 많이 기억하였음을 발견하였다. 따라서 이 연구는 무의식적 경험에 의해 활성화된 정서가 사람들이 주의를 기울이거나 기억하는 정보를 편향적으로 처리하게 만들 수 있음을 시사한다. 이러한 결과에 대한 한 가지 설명은 사람들이 자신이 느끼는 것과 일치하는 내용을 더 정교하게 처리할 가능성이 높다는 것이다(Bower & Cohen, 1982).

기분이 사람들의 주의를 편향시킨다는 견해를 지지하는 또 다른 연구가 애다발(Adaval, 2001)에 의해 수행되었다. 그녀는 바우어 등의 연구 결과가 제품 상황에도 적용될 수 있음을 보여주었다. 우선 연구참여자들에게 행복 또는 슬픔을 느끼도록 만드는 기분유도 과제를 수행했다. 그 후에 참여자들은 주관적 또는 객관적인 기준에 의해 판단할 수 있는 속성으로 묘사된 옷을 평가하도록 요청받았다. 연구 결과, 참여자들은 비록 자신의 기분이 옷과는 아무런 관련성이 없음에도 불구하고 자신이 경험했던 기분과 일치하는 정보에 더 주의를 기울이는 것으로 나타났다. 따라서 이 연구는 특정한 제품 정보가 평가자 기분의 유인가(valence)와 일치한다면, 평가자의 정서가 선택적 주의에 영향을 미친다는 증거를 제시한다.

회상에 미치는 영향

선택적 주의와 마찬가지로 회상 또한 기분일치 정보에 의해 영향을 받는다. 특히 부정적인 기분보다 긍정적인 기분일 때 긍정적인 사건의 회상이 더 높다(Bower & Forgas, 2000). 부정적인 기분의 효과에 대한 한 가지 설명은 사람들이 일반적으로 스스로 좋은 기분을 갖도록 동기화되어 있으며(**감정 조절**이라고 알려진 현상), 그 결과 부정적인 감정이 때로는 긍정적인 사건의 회상을 부추긴다는 것이다(Isen, 1984). 한편 긍정적인 기분을 가진 사람들이 긍정적인 정보 회상을 더 잘할 뿐만 아니라 부정적인 정보 회상 또한 더 잘 할 가능성이 있다고 제안하는 연구자들도 있다. 이는 사람들이 접하는 정보의 관련성과 연관된 것으로 추측된다. 긍정적인 기분을 가진 사람에게 관련성이 높은 정보가 주어지면, 그 정보가 긍정적이냐 부정적이냐에 상관없이 동일하게 잘 회상된다(e.g. Trope & Pomerantz, 1998). 예컨대 라구나탄과 트롭(Raghunathan & Trope, 2002)이 수행한 연구에서 카페인 소비가 많은 소비자들이 긍정적인 기분 상태일 때, 카페인 소비의 부정적인 내용에 관한 회상이 촉진되는 것을 발견하였다. 그러나 카페인 소비가 적은 소비자들의 경우에는 그러한 결과가 발견되지 않았다. 따라서 정보가 소비자와 얼마나 관련이 있는가는 '행복'한 소비자가 그 정보를 기억하느냐의 여부에 중요한 역할을 하는 것으로 보인다.

회상에 미치는 정서의 영향력에 있어 중요한 또 다른 요인은 사람들이 경험하는 정서의 실제 강도다. 고강도의 정서는 즉각적인 기억과 장기기억을 증가시키는 것으로 밝혀졌다. 브래들리, 그린월드, 페트리 및 랭(Bradley, Greenwald, Petry, & Lang, 1992)의 연구에서 참여자들에게 서로 다른 각성 수준을 유발하기 위해 사진을 사용하였는데, 어떤 사진은 참여자들의 각성 수준을 높였으나 다른 사진은 낮은 수준의 각성을 유발했다. 그 결과 각성 수준이 높은 참여자들이 제시된 사진들을 더 잘 회상하였다. 이 결과는 회상 검사를 사진 제시 직후에 수행하거나 일년 후에 수행하든 상관없이 동일하였다. 그렇지만 높은 정서적 경험은 다른 종류의 기억들과 마찬가지로 기억의 재구성을 가져올 수 있기 때문에 높은 각성을 유발하는 자극이 반드시 정확한 회상을 생성하지는 않는다는 점을 기억해야 한다(Levine, 2000).

의사결정에 미치는 정서의 효과

경험적 연구들은 정서적 반응이 인지적 판단에 선행할 뿐만 아니라 인지적 판단과는 무관하다고 제안한다(Zajonc, 2000). 제품이나 서비스를 선택하는 상황에서 사람들은 자신에게 노출된 자극을 어떻게 생각하는지 알기 위해 자신의 감정을 탐색하는 것으로 추측된다(e.g. Schwarz, 1990). 이는 본인이 의식하지 않는 상태에서 이루어지며(Peters & Slovic, 2000), '내가 그것을 어떻게 느끼는가(how-do-I-feel-about it)'라고 알려진 휴리스틱에 의해 일어난다(e.g. Finucane, Peters, & Slovic, 2003). 이 휴리스틱은 판단의 기초로 사용되며(Schwarz & Clore, 1983), 소비자의 감정이 의사결정과 관계가 없음에도 불구하고 소비자의 기분이 판단에 영향을 미친다. 따라서 소비자가 무엇을 소비할지 결정할 때 가능하면 소비자가 긍정적인 기분을 갖도록 유지시키는 것이 중요하다. 그렇지 않을 경우 소비자는 특정 제품을 자신의 부정적인 기분과 연관시키고, 그 결과 그 제품을 탐탁지 않게 평가할 것이다. 기분이 좋은 사람은 소비재(Isen, Shalker, Clark, & Karp, 1987; Srull, 1983), 다른 사람들(Forgas & Vower, 1987), 과거의 사건(Clark & Teasdale, 1982)을 막론하고 대상 자극을 더 긍정적으로 평가한다는 사실이 선행 연구에서 거듭 밝혀졌다. 그러나 친숙성이 매우 높은 자극에 대한 평가에서는 긍정적인 감정이 영향을 주지 않는데, 이는 소비자가 자신의 스키마에 내재되어 있는 과거의 평가에 근거하여 그 대상을 평가할 가능성이 높기 때문이다(e.g. Srull, 1984; Salovey & Birnbaum, 1989).

소비를 통한 느낌의 통제

종종 소비와 관련된 의사결정은 자신의 느낌을 통제하려는 소비자의 욕구와 연관되어있다. 소비자는 무언가 부정적인 정서를 경험하고 나면, 자신의 기분을 가볍게 해줄 소비행동에 개입하고 싶어한다(Cohen, Tuan Pham, & Andrade, 2008). 이런 경우 적용될 수 있는 소비행동의 예는 자신을 위한 선물 사기, 재미있는 TV 프로그램 보기, 초콜릿 먹기, 행복감을 주는 음악 듣기 등이 있다(Andrade, 2005; Cohen & Andrade, 2004; Luomala & Laaksonen, 1997; Weaver & Laird, 1995). 부정적인 정서를 가진 사람이 자신의 기분이 좋아질 거라고 실제 믿기만 한다면 그가 어떤 종류의 소비활동에 참여하든지 문제가 되지 않는다. 이는 마케팅 담당자가 제품과 그 제품이 기분을 행복하게 만든다는 소비자의 신념을 연결시킬 수 있다면, 부정적인 기분상태에 있는 소비자에게도 제품에 대한 구매 가능성을 높일 수 있음을 시사한다. 또한 소비자가 바꾸기 원하는 감정은 소비자가 어떤 종류의 기분 전환 활동에 참여할지를 결정하는 데도 중요한 역할을 한다. 예컨대 만일 어떤 사람이 불안을 경험하고 있다면, 그는 지각된 위험이 높은 구매에 개입할 가능성이 적으며(Raghunathan & Pham, 1999), 혜택이 확실한 구매를 하려 할 것이다.

평가성향 모형

평가성향 모형(Appraisal-Tendency Framework, ATF)은 소비자의 선택을 설명하는 일반 이론으로(Han, Lerner, & Keltner, 2007), 러너와 켈트너(Lerner & Keltner, 2000; 2001)에 의해 제안되었다. 이 이론은 외적 정서가 구체적인 인지적 및 동기적 과정들을 유발하며, 소비자가 정서를 경험할 때 만나는 대상과 사건의 평가에 영향을 준다는 아이디어에 기초한다. 이것이 평가(appraisal) 과정인데, 사람들은 특정한 시점에서 자신이 어떻게 느끼는가에 따라 상황과 대상을 평가한다. 평가가 의사결정 과정에서 처리 과정의 내용과 깊이 모두에 영향을 준다는 점은 주목할 가치가 있다(Lener & Tiedens, 2006).

평가성향 모형이 제안되기 전까지는 선택에 미치는 정서의 영향에 관한 대부분의 이론들이 기본적으로 긍정적 정서와 부정적 정서의 영향을 다룬 유인가(valence-based) 접근법을 사용해왔다(e.g. Bower, 1991; Mayer, Gaschke, Braverman, & Evans, 1992). 그러나 이론들은 같은 유인가를 가진 서로 다른 정서들이 선택 과정에 어떻게 서로 다르게 영향을 미치는지는 설명하지 못했다. 그런 점에서 유인가는 같지만 평가가 서로 다른 정서들이 어떻게 판단에 영향을 미치는지를 설명하기 위해 제안된 평가성향 모형이다.

이 생각은 러너와 켈트너(2000)가 유인가가 같은 두 가지 정서, 즉 분노와 공포를 연구하면서 처음으로 검증되었다. 다시 말해서 화난 사람들은 낙관적인 판단을 하지만, 공포를 경험한 사람들은 일반적으로 미래 사건을 비관적으로 판단하는 경향이 있음을 발견했다. 이 결과는 유인가는 같지만 서로 다른 기분이 판단과 선택에 미치는 효과가 서로 다르다는 것을 보여준다. 이는 러너와 켈트너(2001)의 후속 연구에서도 지지되었는데, 화난 사람들은 그와 유인가가 동등한 공포 정서를 경험한 사람들보다는 행복한 사람들과 위험을 지각 방식이 더 유사하다는 것을 발견했다. 따라서 마케팅 담당자와 소매업자가 소비자에게 긍정적 또는 부정적 기분을 유발하는 자극을 사용하고자 한다면, 모든 긍정적 또는 부정적 정서가 평가와 선택에 똑같은 영향을 줄 것이라고 가정해서는 안 된다.

위험의 감수

위험을 감수하는 행동에 개입할 가능성이 있을 때는 기분을 두 가지로만 분류하는 것이 좋다. 손실의 확률이 낮은 경우 사람들은 기분이 좋을 때 위험을 감수할 가능성이 더 높아진다. 반면 사람들은 손실 위험률이 높은 경우에는 위험을 감수할 가능성이 낮아진다(Arkes, Herren, & Isen, 1988). 그 이유는 사람들은 무언가 손실을 경험해서 나빠질 수 있는 기분을 좋게 유지하고 싶어하기 때문이다.

유감스럽게도 사람들의 위험 감수 의도에 영향을 미치는 부정적 감정을 다른 연구자들은 긍정적인 감정이 미치는 영향력만큼 명백한 증거를 아직 도출해내지 못했다. 어떤 연구자들은 부정적인 기분이 위험 감수의 가능성을 증가시킬 수 있다고 주장하는 반면(e.g. Leith & Baumeister, 1996), 다른 연구자들은 부정적인 정서가 사람들로 하여금 위험을 회피하게 만든다고 주장한다(e.g. Fessler, Pillsworth, & Flamson, 2004). 이에 대한 설명은 부분적으로 러너와 켈트너의 평가성향 모형에서 찾을 수 있다. 즉 모든 '부정적인 정서'가 같은 결과를 발생시킨다는 가정을 피해야 하며, 그보다는 부정적인 정서의 유형을 구분하는 것이 바람직하다고 제안한다.

분위기

매장 내에서 사람들의 의사결정에 영향을 줄 수 있는 또 다른 방법이 있다. 이는 사람들의 정서적인 반응을 일으켜서 매장 내 행동에 영향을 주는 **분위기**(atmospherics)라고 알려진 특정한 환경을 이용하는 것이다. '분위기'라는 용어는 코틀러(Kotler, 1971)에 의해 처음 사용되었는데, 그는 소비자들이 단지 제품만을 보고 구매하는 것이 아니라 제품을 구매하는 장소가 주는 분위기, 포장, 광고, 이미지와 같은 추가적인 요소들에 의해 영향을 받는다고 주장하였다. 매장 내부에 제대로 된 분위기를 갖추는 것이 중요한데, 이는 매장 분위기가 사업의 성공과 실패를 가름하는 요소가 될 수 있고(Bitner, 1990) 소비자가 그 특정한 환경에 접근할지 회피할지를 결정하는 요소이기 때문이다(Mehrabian & Russell, 1974).

분위기 자극의 네 가지 범주

분위기 자극은 네 가지 유형의 범주로 나눌 수 있다(Berman & Evans, 1995). 네 가지의 범주는 다음과 같다.

1. **외부 변수**(상점의 모든 외부 요소들을 포함) : 간판, 건물의 크기와 색상, 주차 가능 여부, 주변 상점들과 전체 구역, 입구가 있다.
2. **내부 변수**(상점 내부의 모든 요소들을 포함) : 조명, 음악, 바닥, 색채의 배합, 냄새, 통로의 폭, 온도 및 청결 상태가 있다.
3. **배치와 디자인 변수** : 공간 디자인, 장비와 작업 장소의 배치, 대기 구역, 가구, 죽은 공간이 있다.
4. **구매시점(POP)과 장식 변수** : POP 디스플레이, 사진, 가격 표시, 벽장식, 영구적인 제품 디스플레이 등이 있다.

버만과 에반스(Berman & Evans)가 제시한 네 가지 범주 외에 털리와 밀리만(Turley & Milliman, 2000)은 다섯 번째 범주로 사람 변수를 제안했다. 이 범주는 상점이 얼마나 붐비는지, 어떤 사람들이 상점에서 일하는지, 그들이 어떤 옷을 입고 있는지(예 : 유니폼)와 같은 요소들이 적절한 분위기를 만들고, 그 결과로 소비자가 느끼는 감정에 영향을 주는 중요한 역할을 한다고 주장한다.

지금까지 외부 변수들과 매장 분위기와 관련된 연구는 매우 적었다. 그럼에도 불구하고 쇼윈도의 상품 진열(Edwards & Shackley, 1992)과 주차(Pinto & Leonidas, 1994)가 소비자행동에 미치는 효과를 살펴본 흥미로운 연구들이 있다. 제품 배치와 디자인이 소비자행동에 미치는 영향에 관한 연구는 많지 않지만, 기존 연구에서 흥미롭고 중요한 결과들을 찾아볼 수 있다. 예컨대 아이어(Iyer, 1989)는 소비자가 상점을 돌아다닐 시간이 충분하고, 상점 자체에 대한 사전 지식이 거의 없는 경우에 계획되지 않은 구매를 할 가능성이 더 높다고 밝혔다. 외부 변수와 배치 및 디자인 변수와는 달리 구매 시점(POP) 변수에 관한 연구는 많은데, 그중 대부분은 잘 설계 배치한 디스플레이가 종종 매출을 극적으로 증가시킬 수 있다는 것을 보여준다(e.g. Gagnon & Osterhaus, 1985; Wilinson, Mason, & Paksoy, 1982). 버만과 에반스가 제시한 네 가지 범주 중 가장 연구가 활발한 범주는 일반적인 내부 변수로, 특히 음악이 어떻게 소비자에게 영향을 미치는가에 관한 연구들이 있다.

음악의 사용

음악은 소매 환경에서 이미지와 분위기를 만들어내기 위해 자주 사용되며, 소비자들이 음악을 의식하지 못해도 인지 및 행동 반응에 광범위하게 영향을 준다(Gulas & Schewe, 1994; Milliman, 1982). 슈퍼마켓에서 흘러나오는 클래식 음악의 속도가 매장 내에서 사람들의 움직이는 속도에 영향을 줄 수 있다(Milliman, 1982). 연구들에 따르면, 슈퍼마켓 매장의 느린 음악은 고객들의 움직이는 속도를 감소시키고 판매량 증가에 영향을 주었다. 이와 유사한 결과가 레스토랑에서 빠른 음악과 느린 음악으로 실험한 연구에서도 발견되었다.

여행사의 배경음악이 소비자행동에 미치는 효과에 관한 연구도 있다(Chebat, Chebat, & Vaillant, 2001). 연구자들은 음악의 유무가 여행사 매장 내 정보처리에 어떤 영향을 미치는가에 관심을 두었다. 연구자들은 실험 참여자에게 한 커플이 해외여행 정보를 얻기 위해 여행사를 방문하는 내용을 담은 4개의 서로 다른 비디오를 보여주었다. 각각의 비디오에는 각성 수준을 변화시키기 위해 박자를 다르게 한 클래식 배경음악이 깔려있었다. 사용된 음악은 사전 조사를 통해 모두 동일한 정도의 즐거움이 인지되도록 통제하였다. 연구 결과, 참여자들의 각성 수준을 낮추는 음악은 인지 활동을 증가시키는 반면, 각성 수준을 높이는 음악은 인지 활동을 방해하는 것으로 나타났다. 그러나 소매업자들이 소비자의 인지 활동을 높여야 한다는 생각은 의문의 여지가 있는데, 이는 위의 연구에서 고조된 인지 활동이 바람직하지 않은 태도와 관련될 수 있다고 밝혀졌기 때문이다. 연구자들은 그 근본적인 원인이 높은 각성을 일으키는 음악과 여행사 메시지의 맥락 간 '적합도'가 낮았기 때문이라고 주장했다.

쇼핑객들이 상점 내의 배경음악을 좋아하는지의 여부가 구매자-판매자의 상호작용에 참여하려는 욕구에 영향을 준다고 알려졌다(Dube, Chebat, & Morin, 1995). 연구에서는 또한 상점에 '적합한' 음악을 선택하는 것이 중요하다는 것을 시사한다. 이는 보석 상점의 분위기와 상점 내 구매 의도에 영향을 미치는 클래식 음악의 효과를 다룬 그루왈, 베이커, 레비 및 보스(Grewal, Baker, Levy, & Voss, 2003)에 의해 제안된 것이다.

유감스럽게도 선행 연구에서는 음악이 종종 불빛과 같은 다른 요소와 결합되어 제시되기 때문에 음악이 얼마나 영향력이 있는 요소인지 따로 구분해내기 어렵다. 실제 연구들이 밝힌 것은 음악과 불빛을 결합하여 분위기를 높거나 낮게 조작하였을 때, 분위기는 직원의 수 및 친절도와 상호작용한다는 것이다(Baker, Levy, & Grewal, 1992).

쇼핑 만족감

모든 소매업자들은 고객이 만족하기를 원한다. 단적으로 고객 만족은 재구매의 가능성을 높여 주기 때문이다. 이는 점점 더 많은 고객이 전통적인 상점이나 백화점에서 발길을 돌려 온라인 쇼핑을 선호하는 지금의 쇼핑 풍조에서는 더욱 중요하다. 문제는 소매업자들이 상점 분위기를 변화시켜 소비자들의 만족도를 높일 수 있는가 하는 것이다.

한 때 정서가 사람들이 느끼는 만족감에 영향을 미치며(e.g. Mano & Oliver, 1993; Oliver, 1996; Westbrook & Oliver, 1991), 그러한 정서는 매장 내 환경에 의해 유발될 수 있다고 알려졌다. 그러나 감정을 일으키는 원인에 따라 만족감의 강도가 달라진다는 연구는 최근에야 수행되었다(Machleit & Powell Mantel, 2001). 738명의 학생과 153명의 일반인을 대상으로 한 현장 연구에서, 참여자에게 쇼핑을 마친 후 설문지에 답하도록 요청하였다. (1) 쇼핑 만족, (2) 정서, (3) 자신의 감정을 무엇에 귀인했는가를 포함한 세 가지 유형의 문항들이 설문지에 포함되었다. 연구 결과는 참여자가 자신의 정서를 매장요인에 귀인할 때 더 만족감을 느끼는 것으로 나타났다. 따라서 소매업자들은 소비자가 '정서적으로 즐거운' 쇼핑 경험을 할 수 있도록 모든 노력을 집중해야 하는데, 궁극적으로 소비자의 만족은 재방문 가능성을 의미하기 때문이다.

정서의 설득 이론

연구자들은 정서가 인지 과정이나 의사결정에 미치는 효과 외에도 정서가 어떻게 제품과 서비스의 소비를 설득하는지에 관해서도 연구했다. 정서와 관련된 소비자 설득을 논의할 때 가장 유용한 두 가지 이론은 멘들러(Mandler)와 질맨(Zillman)의 정서 이론이다.

멘들러의 정서 이론

멘들러(1975, 1982, 1984)는 정서적 각성이 불일치(discrepancies)나 예상치 못한 사건들에 의해서 야기된다고 주장한다. 불일치가 발생하면 사람들은 그 상태를 바꾸기 위해 높은 각성상태를 유지하고 즉각적인 주의에 몰입한다. 일반적으로 불일치가 클수록 각성 수준이 더 높아진다. 낮은 수준의 각성은 재미로 느껴지기 때문에 작은 불일치는 유쾌한 감정을 일으키는 경향이 있지만, 큰 불일치는 스키마와의 일관성을 떨어뜨려 부정적인 감정을 유발한다. 스키마와의 비일관성이 클 때 부정적인 정서가 만들어지는 이유는 어떤 사건이 우리의 기존 지식 구조와 충돌할 때 사람들은 무언가 잘못되었다고 생각하기 때문이다.

불일치와 마찬가지로 예상치 못한 방해 또한 각성을 일으켜 긍정적 또는 부정적인 정서들을 유발한다. 사람들은 자신이 하고 있는 일이 중요하다고 생각할수록 혹은 그 일의 수행이 방해를 받을수록 각성이 더 높아진다. 목표 달성이 방해를 받으면 부정적인 정서가 발생한다. 예컨대 당신이 새로운 노트북을 사려고 하는데 컴퓨터 매장이 막 문을 닫는다는 말을 들었고 결국 다음날까지 기다려야만 하는 경우에 순간 각성이 높아질 수 있다. 그러나 원하는 목표의 달성을 위한 방해물들은 긍정적인 각성을 일으킨다. 즉 컴퓨터 매장이 곧 문을 닫는다는 것을 알기 때문에 당신은 노트북 선택에 압박을 느끼고 각성하게 되는데, 이때 당신의 친구가 전화를 해서 더 늦게까지 문을 열고 더 많은 제품을 갖춘 매장까지 데려다 주겠다고 하면 적극적으로 행동할 가능성이 높아진다.

마이어스-레비와 티바우트(Myers-Levy & Tybout, 1989)는 멘들러의 이론이 동일 제품군의 여러 브랜드와 적절한 수준에서 다르다고 지각되는 브랜드가 그 제품군에서 가장 전형적인 브랜드 혹은 전혀 그렇지 않게 지각되는 브랜드에 비해 훨씬 더 호의적으로 평가되는 이유를 설명할 수 있다고 보았다. 소비자가 한 제품이 다른 제품과 왜 그리고 어떻게 다른지를 알아보려고 할 때 그 차이는 너무 크지 않아야 하고 인지적으로 크게 부담되지 않아야 한다. 제품들이 너무 유사하면 소비자들은 그 제품들을 깊게 생각할 가능성이 낮으며, 그 결과 제품들을 긍정적으로 평가하지 않게 된다.

중간 수준의 불일치가 제품에 대한 긍정적 정서에 미치는 효과에서 제품 사전 지식이 조절 역할을 한다는 제안도 주목할만하다(Peracchio & Tybout, 1996). 만일 사람들이 제품군에 대한 사전적인 지식이 낮다면 중간 수준의 불일치 효과가 나타날 가능성이 크다. 반면 제품군에 대한 지식이 많은 사람들은 기존의 지식에 의존할 가능성이 크기 때문에 알고 있는 제품지식에 불일치한 정보를 무시하는 경향이 있다.

마이어스-레비와 티바우트의 연구와 마찬가지로 맨들러의 이론은 '자체 브랜드' 제품에 대한 사용경험이 제품의 호감도를 높이는 이유에 대해 어느 정도 통찰력있는 설명을 제공한다(Sprott & Shimp, 2004). 몇몇 연구들은 순수하게 브랜드만을 보고 선호할 수 있는 제품들이나 점포의 '자체 브랜드' 제품들은 보통 국제적 브랜드(예 : 코카콜라, 펩시콜라)보다 열등하다는 것을 지지했다(e.g. Allison & Uhl, 1964; Bellizzi & Martin, 1982). 그러나 이런 생각이 맛 테스트 연구에서는 지지되지 않았다. 스프로트와 쉼프(Sprott & Shimp, 2004)가 이를 검증하였는데, 그들은 참여자들에게 주스를 맛보고 품질을 평가하게 하였다. 그 결과 실제 매장의 '자체 브랜드' 주스의 품질이 좋을 때, 이를 실제 맛본 사람들은 맛을 보지 못한 사람들보다 제품을 더 호의적으로 평가하였다. 이 결과에 대한 가능한 설명은 일단 '자체 브랜드' 주스를 맛본 참여자들이 품질 면에서 국제적 브랜드(예 : 델몬트)에 뒤지지 않는다는 것을 깨닫고 나면, 그들의 '자체 브랜드'에 대한 스키마와 실제 경험이 약간 불일치하게 된다. 결과적으로 그러한 중간 수준의 불일치는 '자체 브랜드' 제품에 대한 긍정적 정서로 이어진다.

질맨의 정서 이론

질맨의 이론은 정서적 흥분이 한 자극에서 다른 자극으로 전이될 수 있다는 생각, 즉 **흥분 전이**(excitation transfer)에 기초하고 있다(Zillman, 1978). 그는 정서의 네 가지 중요한 측면을 제안했다.

1. 각성은 긍정적 감정과 부정적 감정 모두를 더 강하게 만든다.
2. 사람들은 각성의 작은 변화에 주목하지 않는 경향이 있다.
3. 사람들은 일반적으로 각성에는 한 가지의 원인이 있다고 가정한다.
4. 지각된 각성은 생리적 각성보다 더 빠르게 사라지는 경향이 있다.

세 번째와 네 번째 특성은 정서가 한 자극에서 다른 자극으로 전이될 수 있는 실제 가능성은 그리 높지 않음을 의미한다. 사람들이 자신을 각성시키는 특별한 무언가가 있다고 가정하는 것은 발생 근원지에 너무 집중한 나머지 전이가 거의 발생하지 않을 수 있으며, 일단 각성이 감소하기 시작하면 얼마 지나지 않아 전이할 것이 없어져버릴 수 있다는 것을 함의한다. 이런 이유로 각성의 전이는 근원지에 대한 집중과 각성의 감소 수준이 중간일 때 일어날 가능성이 가장 크다.

질맨의 이론은 매체 기획 담당자에게 특히 유용한데, 이는 이 이론이 광고를 어떤 TV 프로그램에 게재할 것인가에 대한 시사점을 주기 때문이다. TV 시청은 사람들을 생리적으로 각성시킬 수 있으며(Klebber, 1985), 사람들이 시청물에 의해 높게 각성된 경우 광고를 더 극단적으로 평가할 수 있다. 이런 가능성은 소비자가 평가 대상과 관계없는 다른 요소들에 의해 각성이 높아진 경우 그 대상을 더 극단적으로 평가할 가능성이 높다는 선행 연구에서 근거를 찾을 수 있다(e.g. Gorn, Pham, & Sin, 2001; Matters & Cantor, 1982; Zillmann, 1971).

질맨은 스포츠 관련 프로그램이 강한 정서적 반응을 불러일으키며, 이것이 이어 제시되는 광고로 전이될 것이라고 제안했다. 선행 연구는 또한 소비자가 경험한 정서가 다른 유형의 정서와 혼동될 수 있음도 발견했다. 예컨대 한 연구에서 밝혔듯이, 참여자들이 매력적인 여성과 인터뷰를 하는 동안 무섭고 불안정한 다리나 안정적인 콘크리트 다리를 건너야 한다면 공포는 매력에 대한 감정에 전이될 수 있다(Dutton & Aron, 1974). 흥미롭게도 무서운 다리를 건넌 참여자들이 후에 연구의 결과를 문의하기 위해 매력적인 여성 실험자에게 더 많이 진화하는 경향을 보였다. 따라서 마케팅 담당자는 긍정적이지 않은 정서가 발생한 상황에서도 흥분 전이를 적절히 활용할 수 있다.

핵심용어

감정 조절 사람들은 일반적으로 좋은 기분을 유지하려고 함

분위기 감정적인 반응을 일으킬 수 있는 어떤 환경의 생성

흥분 전이 정서적 흥분이 하나의 자극에서 다른 자극으로 이동하는 것

요약

감정 연구는 주로 사람들의 정서보다는 기분에 초점을 맞춘다. 여전히 정서와 기분이 소비자에게 미치는 영향을 연구하는 것은 어렵다. 그럼에도 불구하고 주어진 정보가 사람들의 느낌과 일치할 경우, 감정이 주의를 끌고 회상을 증진시킨다는 것이 밝혀졌다. 감정은 또한 소비자의 의사결정에 영향을 미친다. 소비자가 의사결정 당시에 느끼는 감정이 의사결정 과제와 관계가 없음에도 불구하고, 감정은 소비자가 당시 느꼈던 방식으로 의사결정에 무의식적으로 작용한다. 평가성향 모형에서 주장하는 것처럼, 긍정적 감정과 부정적 감정이 의사결정에 동일하게 영향을 미칠 것이라는 가정은 적절하지 않다. 분위기는 소비자의 매장 내 쇼핑 여부와 매장 내 의사결정에 영향을 미치는 것으로 밝혀졌다.

멘들러와 질맨의 정서 이론은 소비자의 느낌이 제품에 대한 호의적 평가에 어떻게 영향을 미치는지에 대한 통찰을 제공한다. 멘들러는 긍정적인 정서가 자극과 자극에 대한 사람들의 기대 간의 작은 불일치를 통해 발생한다고 제안하며, 질맨은 정서적 흥분이 하나의 자극에서 다른 자극으로 전이될 수 있음을 제안한다.

토론문제

1. 정서와 기분을 구별할 수 있는가?
2. 소비자가 제품과 서비스를 구매하도록 설득하기 위해 어떻게 정서를 이용할 수 있는가?
3. 정서 연구에서 연구자가 고려해야 할 잠재적인 함정은 무엇인가?
4. 소비자는 이성적인가? 여러분의 논점을 지지하는 연구 사례를 들어 설명하라.
5. 평가성향 모형은 정서에 관해 어떤 주장을 하는가?

6 태도

개요

이 장은 태도란 무엇이며 사람들은 태도를 왜 갖는지, 그리고 태도의 기능은 무엇이며 태도는 어떻게 형성되고 변화되는 것인지를 다룬다. 이 장에서는 태도에 대한 심도 있는 이해를 위해 몇 가지 이론적 모형을 설명한다. 그 가운데 하나는 기대가치 모형이며 다른 하나는 인지부조화 이론이다. 그밖에 미디어가 태도의 형성 및 변화에 미치는 직접적인 영향과 태도가 행동을 예측할 수 있는 경우와 그렇지 않은 경우 등에 대해 간략하게 설명한다.

태도는 어떻게 형성되는가

태도란 사람, 사물 그리고 생각 및 견해에 대한 평가를 포괄하는 개념이다. 이 평가는 우리가 시간의 경과에 따라 학습하게 된 것으로 개인마다 큰 차이를 보인다(Fishbein & Ajzen, 1975; Oskamp, 1977). 개인의 태도 형성에 영향을 미치는 요인은 부모, 형제자매, 동료, TV, 광고, 정치인 등 그 분야가 매우 광범위하고 포괄적이다.

태도에 관한 이전 연구들은 태도가 왜 존재하는지에 대한 다양한 주장들을 제안했다. 태도를 목표 달성을 위한 수단으로 보기도 하였으며, 태도가 자존감을 보호하기 위한 수단이라고 주장한 학자도 있다(Katz, 1960). 또한 일부 연구자들은 태도란 복합적인 개념이 아닌 단지 대상에 대한 단순한 평가라고 간주하기도 하였다(Fazio, 1989). 일부 연구자들은 태도가 인지적인 에너지를 절약하는 데 도움을 줄 수 있다는 것을 규명하기도 했다(Smith, Bruner, & White, 1956). 이처럼 태도에 대한 다양한 관점이 존재한다. 그러나 이 가운데 어떤 관점을 취하든지 간에 태도는 상품 및 서비스를 평가하는 상황에서 각각의 개별 요소에 대해 좋고 싫음을 분석해야 하는 과도한 인지적인 노력 없이도 소비자가 자신이 선호하는 방식대로 대상을 평가할 수 있도록 돕는다는 점에서 유용하다.

태도란 인지, 감정 그리고 행동에 기반을 둔다. 모든 태도는 감정, 인지, 행동적 구성 요소를 포함한다. 이러한 세 가지 요인은 서로 다른 가중치를 부여받을 수 있다(Zanna & Rempel, 1988). 첫째, 태도가 인지에 기반을 둔다는 것은 태도가 주로 사실적 정보에 근거하여 형성됨을 뜻한다. 예컨대 한 소비자가 '포드 포커스(Ford Focus) 자동차'의 효율성에 대해 평가하고자 할 때 그들은 주로 그 자동차가 연료를 얼마나 많이 소비하는지, 주행 속도는 얼마나 빠른지, 장착된 에어백의 오작동은 발생하지 않는지와 같은 정보에 기반을 두고 평가하게 된다. 인지에 기반을 둔 태도는 주로 주어진 대상을 찬성(좋음) 혹은 반대(나쁨)의 기준으로 분류하게 되는데, 이는 관련을 맺거나 소비를 하고 싶은 대상과 그렇지 않은 대상을 빠른 속도로 범주화하기 위해서다. 즉 태도는 상품 혹은 서비스의 서로 다른 측면에 구체화된 사고를 투입함으로써 형성된 결과라 할 수 있다.

감정에 기반을 둔 태도란 대상의 특정 요소에 대해 우리가 어떻게 느끼는지와 관련된다(Breckler & Wiggins, 1989). 어떤 소비자가 정서에 이끌려 특정 대상을 좋아하게 된 경우, 단지 한 가지만의 이유만으로 설명하기는 어렵다. 즉 감정에 기반을 둔 태도는 각 개인의 가치, 종교적 신념, 그리고 도덕적 신념과 같은 다양한 원천에서 비롯된 결과일 수 있다. 이와 같은 태도들은 개인의 기본적인 가치관을 표현하고 종종 정당화하기 위한 것들이다.(Maio & Olson, 1995; Schwartz, 1992; Snyder & DeBono, 1989). 예컨대 동물을 대상으로 제품 실험을 하는 것은 옳지 않다는 신념을 갖고 있는 소비자라면, 동물을 대상으로 제품 실험을 실시한 뷰티 제품을 구매하지 않을 것이다. 마찬가지로 그런 태도를 지닌 소비자의 경우 동물 실험을 한 샴푸에 대해서는 부정적인 태도를, 그렇지 않은 샴푸 제품에 대해서는 긍정적인 태도를 형성할 것이다. 인지적 태도에 비해 감정적 태도는 훨씬 빠르게 작동하는데, 이는 기억 속에서 접근 가능성이 그 만큼 높기 때문이다(Verplanken & Aarts, 1999; Verplanken, Hofstee, & Janssen, 1998). 이처럼 접근 가능성이 높다는 것은 결국 태도가 즉각적으로 활성화되도록 이끄는 요인이 된다. 인지적 태도는 대상에 대한 포괄적인 정보처리 과정을 통해 형성되는 반면, 감정적 태도는 강한 신념이나 가치에 의해 형성되는 것이 일반적이다.

행동에 기반을 둔 태도는 사람들이 대상이 되는 사물이나 다른 사람에게 어떤 방식으로 행동하는지를 관찰함으로써 형성된다. 벰(Bem)의 **자기지각 이론**(self-perception theory)에 따르면, 사람들은 때로 자신의 행동 방식에 대해 관찰하기 전까지 자신이 대상을 어떻게 느끼고 있는지를 깨닫지 못하는 경우가 있다고 한다(Bem, 1972). 만일 당신이 알고 지내는 누군가에게 나이키 운동화에 대해 어떻게 생각하는지를 질문했을 때, 그가 '운동화가 필요할 때마다 나이키 브랜드의 운동화를 구입하기 때문에 나는 나이키 운동화를 매우 좋아하는 것이 틀림없다'고 대답한다면 응답자의 태도는 자신의 인지 혹은 정서적 측면보다 행동에 대한 관찰을 통한 것이므로 행동에 근거한 태도라고 규정지을 수 있다. 하지만 초기의 태도가 모호하거나 약한 경우 그리고 자신의 행동을 설명하기 어려운 경우와 같이 행동을 통해 태도를 추론하게 되는 경우는 극히 한정되어 있으며 설명력이 높지 않은 편이다.

기대가치 모형

기대가치 모형을 통해서도 사람들이 어떻게 태도를 형성하는지를 이해할 수 있다. 이 모형은 1960년대와 1970년대에 등장한 것으로 인간의 행동은 현재 수행하고 있는 목표에 대한 가치와 그것에 대한 기대에 의해 결정된다고 주장한다(Feather, 1959; Fishbein, 1963, 1967). 만일 여러 가지 행동이 가능한 상황이라면 사람들은 성공의 가능성과 가치를 조합하여 가장 큰 행동을 선택할 것이다. 예컨대 한 소비자가 특정 브랜드의 운동화를 선택해야 하는 상황이라면, 그는 타인에게 자신이 평가받고 싶은 이미지에 부합하는 브랜드가 어느 것인지를 결정하고 그에 따른 대안적인 여러 브랜드를 평가할 것이다. 즉 이런 상황에서 특정 브랜드의 운동화에 대한 개인의 선호는 대상에 대한 신념에 의해 결정되며, 그러한 신념은 그 브랜드가 특정 속성을 갖고 있을 것이라는 주관적인 확률 평가에서 비롯된다(Fishbein & Ajzen, 1975). 운동화의 경우 아디다스와 같은 브랜드는 태도 대상이 되며, 그것이 '스포티(sporty)'한 타입에 있어서 인기 있다고 생각하는 것은 속성에 대한 신념이다. 따라서 소비자들은 아디다스 운동화가 자신을 '스포티한 사람'으로 보이게 만들어줄 것이라는 신념 때문에 아디다스 브랜드 제품을 선택하게 될 것이다. 이와 같은 제품의 선택행동은 소비자가 특정 결과를 성취하기 위해 목표 지향적인 행동을 하는 존재임을 나타내는 것이다.

하지만 기대가치 모형에 따르면 어떤 행동이 가장 이득이 되는지는 제품과 제품 속성 간의 연합의 강도뿐만 아니라 제품과 관련된 여러 속성에 대한 주관적인 평가가 영향을 미친다고 설명한다. 따라서 소비자들이 의사결정을 하는 그 순간에 기억에서 쉽게 인출되며 빠르게 표현될 수 있는 접근성이 높은 태도가 대상을 평가할 때 가장 큰 영향을 미친다(Fishbein, 1963; Kaplan & Fishbein, 1969).

명시적 태도와 암묵적 태도

각 개인이 형성하고 있는 태도는 명시적일 수도 있고 암묵적일 수도 있다. **명시적 태도**(Explicit attitude)란 개인이 자신의 태도를 인식하고 있으며 그로 인해 자신의 태도를 쉽게 표명할 수 있는 경우를 일컫는다. 이러한 태도는 "당신은 포드 포커스 자동차에 대해 어떻게 생각하십니까?"와 같은 질문을 받고 답할 수 있는 직·간접적 평가들을 반영한다. 이와 달리 **암묵적 태도**(implicit attitude)란 비자발적이고 통제 불가능하며 종종 무의식적이라는 특징이 있다(Fazio & Olson, 2003; Wilson, Lindsey, & Schooler, 2000). 암묵적 태도는 종종 그것을 인식하지 못하는 상황에서 자동적으로 활성화되기도 하며(Bargh, 1997; Johnson & Weisz, 1994) 그로 인해 소비자들은 자신의 태도를 의식하지 못한 상황에서 영향을 받기도 한다. 예컨대 참여자들에게 한쪽 면에는 글이, 다른 쪽 면에는 광고가 있는 잡지를 보게 하고 글이 있는 한쪽 면에만 집중을 하도록 요구한 실험 연구에서 참여자들은 광고에 대해 보이지 않던 명시적 태도를 브랜드에 대해 보인 것으로 나타났다(Janiszewski, 1988, 1990).

소비자들의 암묵적 태도를 평가하는 것은 어려운 일이지만, 많은 연구들은 IAT(Implicit Association Test) 검사를 통해서 소비자들의 브랜드 선호와 행동 등을 예측할 수 있다고 보았다(Maison, Greenwald, & Bruin, 2004). 이 검사는 컴퓨터를 통해 프로그램화된 것으로 참여자들이 특정 대상을 다양한 범주로 분류하도록 하는 검사다. 예컨대 참여자들에게 좋거나 싫은 물건을 동시에 여러 가지 떠올리도록 요구한다. 그 후 참여자들은 각 대상을 좋은 것과 싫은 것으로 각각 분류한다. 실제로 IAT 과정은 웹사이트(https://implicit.harvard.edu/implicit/)에서 확인해볼 수 있다. 하지만 IAT의 결과는 평가 대상에 대한 절대적인 가치가 아니라 상대적인 선호를 나타낸다는 점에서 해석과 사용에 주의가 요구된다(Maison, Greenwald & Bruin, 2004). 그럼에도 불구하고 이러한 IAT는 사람들의 잠재의식을 이해하기 위한 효과적인 방법으로 응용될 수 있다.

사람들은 왜 태도를 바꾸는가

사람들은 왜 태도를 바꾸는지에 관해 다양한 견해가 있다. 여기에서 태도가 왜 변화하는지에 관한 세 가지 이론을 살펴보고자 한다. 이 세 가지 이론은 인지적, 행동적, 정서적 측면을 통합하는 관점들이다.

기능 이론

기능 이론(functional theory)들은 태도가 특정한 역할을 수행한다는 관점을 취한다(Eagly & Chaiken, 1998). 캇츠(Katz, 1960)는 일찍이 태도가 네 가지의 다른 기능을 수행한다고 주장했다.

1. **지식적 기능** : 이 기능은 태도가 자신을 둘러싼 주변 세상에 대해 이해하고 자신이 마주하는 다양한 정보를 조직화하고 범주화하는 것을 돕는다. 태도란 그것이 잘 형성되어 있는 경우에 한해, 우리의 정보처리를 이끄는 능력을 발휘한다(Fazio, 1989; Shavitt, 1990). 사람들은 자신이 마주하는 제품과 서비스를 계속적으로 범주화하는 경향이 있으며 자신이 선호하지 않는 대상을 멀리하는 경향이 있다.
2. **실용적 기능** : 이는 태도가 목표를 달성하고 처벌을 피하도록 유도하는 기능이

다. 결과적으로 사람들은 자신의 목표에 부합하는 대상에 대해서는 긍정적인 태도를 유지하는 반면, 자신의 목표와 욕구를 방해할 가능성이 있는 대상에 대해서는 부정적 태도를 갖게 된다. 예컨대 한 소비자는 친구들에게 자신이 더욱 멋지게 평가받을 수 있는 제품에 대해서는 긍정적인 태도를 형성하고, 친구들이 인정해주지 않을 것 같은 제품에 대해서는 부정적인 태도를 가질 것이다.

3. 가치표현적 기능 : 이 기능은 태도 자체가 자신이 누구인지를 말해주는 역할을 한다. 사람들은 특정 이슈나 특정 대상뿐만 아니라 제품이나 서비스에 대한 자신의 태도를 표현함으로써 자아개념을 공고히 한다. 환경적인 이유나 동물 실험에 반대하는 이유로 윤리적 태도를 지니고 있다면 그로부터 파생된 상품을 멀리하는 것은 당연하다. 이와 달리 소비자들은 자신의 고급스런 취향을 반영해 줄 것이라는 기대로 인해 돔페리뇽(Dom Perignon) 샴페인이나 롤스로이스(Rolls Royce) 자동차에 대해서는 호의적인 태도를 가질 수도 있다. 이는 결국 타인이 자신을 보다 고상한 사람으로 여겨주기를 바라는 기대로 인한 것이라고 할 수 있다.

4. 자아방어적 기능 : 캇츠(1967)는 사람들이 종종 자신의 감정을 감추고 자존감을 유지하기 위해서 태도를 고수하는 경우가 있다고 한다. 예컨대 팝 타르트(Pop Tart™)를 아침식사로 먹는 것을 즐기는 사람의 경우, 건강에 민감한 친구에게 자신이 먹는 음식이 '올바른 것'으로 평가되지 못할 것이란 점을 먼저 생각할 수 있다. 따라서 그러한 친구와 아침식사로 무엇을 먹을지에 대해 논의한다면 팝 타르트는 영양이 풍부하지 않기 때문에 아침식사로는 절대 먹지 않겠다는 이야기를 할 가능성이 높다.

캇츠의 네 가지 기능은 일상생활에서 태도가 어떻게 다양한 기능을 수행하는지를 잘 설명한다. 이 네 가지의 기능이 모든 태도를 설명하는 것은 아니지만, 태도가 실제 기능적인 역할을 수행하고 있음을 보여준다. 하지만 특정 태도가 기대한 기능을 충족시키지 못할 때 사람들은 그것을 충족시키기 위해 태도를 바꾸려고 할 것이다.

기능 이론들의 관점에서 소비자의 태도를 변화시키기 위한 방법이 효과적이려면 태도가 수행하던 기능과 그 방법이 잘 연결되어야 한다(Katz, 1960; Smith et al.,

1956). 즉 사실에 입각한 설득 메시지는 지식 기반의 태도를 바꾸는 데 효과적이며, 보상과 처벌은 실용적 태도를 변화시키는 데 효과적인 전략일 수 있다. 나아가 사회적 이미지에 호소하는 것은 가치 표현적 태도를 바꾸는 데 적합하며, 공포 소구 방식은 자아방어적 태도를 변화시키는 데 효과적이다.

사람들마다 서로 다른 기능을 수행하는 태도를 갖는 경향이 있다(Snyder & DeBono, 1985). 자기감시 수준이 높은 사람들(high self-monitoring)은 자신의 자아 이미지에 민감하며, 자기감시 수준이 낮은 사람들은 실용성에 더욱 민감하게 반응하는 경향이 있다(Snyder, 1974, 1979). 따라서 이미지 중심의 광고 메시지는 자기감시 수준이 높은 사람들에게 효과적이며 품질에 초점을 맞춘 설득 메시지는 자기감시 수준이 낮은 사람들에게 더 효과적일 수 있다. 이러한 내용은 스나이더(Snyder)와 드보노(DeBono)의 1985년 연구를 통해 확인되었다. 이들은 참여자들에게 바클레이(Barclay) 담배와 아이리쉬 모카 민트(Irish Mocha Mint) 커피에 대한 이미지 중심 광고와 품질 중심 광고를 각각 제시하였다. 각 제품에 대한 광고는 동일했으며 집단에 따라 제시된 문구만이 차별적이었다. 예컨대 모카 민트 커피에 대한 이미지 중심 광고 조건에서는 로맨틱한 분위기의 연인 모습과 "아이리쉬 모카 민트와 함께라면 쌀쌀한 밤도

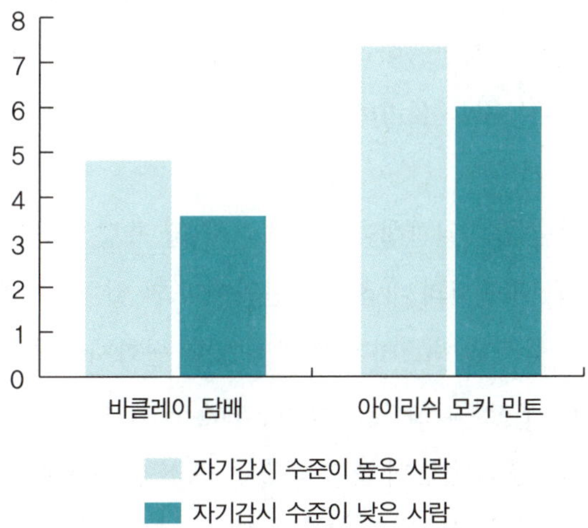

자기감시 수준이 높은 사람들은 이미지 중심의 소구에 민감하다.

그림 6.1 이미지 중심 광고에 대한 민감성

출처 : Snyder and DeBono(1985)에서 인용.

표 6.1 인지부조화의 감소전략

________ 인지부조화는 감소될 수 있다	취할 수 있는 행동의 예
• 극단적인 위치로 태도를 변화시킨다면	• 나는 담배를 끊기 위한 적절한 방법들을 생각해내기에 너무 바빠. 그리고 흡연이 날 죽게 하진 않을 거야
• 불일치를 제거하고 일치하는 것을 추가하면	• 금연의 부정적인 측면들을 강조하라. 그 사람들은 심각한 금단 증상에 시달릴거야
• 인지적으로 중요한 것들을 합리화한다면	• 내가 체육관에 간다면 일할 시간이 그만큼 줄어들 거야
• 인지를 일치시키기 위해 행동을 변화시킨다면	• 그래 체육관에 가자
• 반박을 부정한다면	• 그 사람들은 절대 운동을 하지 않겠지만 난 매일 기차역에서 직장까지 걷기라도 하는 걸

포근한 저녁이 될 겁니다." 라는 문구를 제시하였다. 한편 품질 광고 조건에서는 외적인 요소가 아닌 맛을 강조하는 문구를 제시하였다. 연구 결과, 자기감시 수준이 높은 사람들에게는 이미지 광고가 더 효과적이었다(그림 6.1).

인지부조화 이론

인지부조화 이론(cognitive dissonance theory)은 사람들이 일관성을 유지하기 위해 노력하는 존재라고 가정한다. 일관성이란 목표 행동과 태도 사이의 조화를 뜻한다(Festinger, 1957). 이 이론은 사람들이 왜 태도를 바꾸는지와 태도와 행동의 불일치가 어떻게 태도에 영향을 주는지를 설명하며, 제8장에서 다룰 균형 이론(balance theory)과 유사하다.

이 이론의 핵심은 사람들이 일관성을 유지하기 위해 특정 행동을 하도록 동기화된다는 것에 있다. 즉 설득 메시지의 내용이 자신의 태도와 일치하지 않을 때 불편한 감정이 유발되며, 이러한 감정을 해소하기 위해 태도를 변화시키려는 동기가 작동한다(Festinger, 1957; Festinger & Carlsmith, 1959). 예컨대 담배를 많이 피우는 흡연자가 흡연이 암을 유발한다는 광고를 접하였다고 하자. 그러면 흡연자는 금연하는 것이 옳다고 생각할 수 있다. 그러나 문제는 자신이 여전히 하루에 한 갑 이상의 담배를 피우고 있다는 점이다. 결과적으로 흡연자는 자신의 태도와 행동의 불일치로 인하여 불편한 감정을 갖게 되고 심리적인 불균형을 경험한다. 이런 불균형을 해소하기 위해서 자신의 생각(흡연에 대한 태도)을 바꾸든지 혹은 행동(흡연)을 바꾸어야 한다. 말하자면 인지부조화는 사람들의 내적 요소의 불일치로 인해서 불편한 감정이 유발되고 그에 따라 부조화를 감소시키려는 노력(동기)의 작동과정을 설명한다. 부조화를 감소시키기 위한 다양한 방안이 있다(표 6.1).

인지부조화는 개인의 자아상이 위협받는 상황에서 가장 강력한 영향을 발휘한다(Aronson, 1992, 1998; Greenwald & Ronis, 1978). 사람들은 자신의 자아상에 부합하지 않는 방식으로 행동했다는 사실을 접할 때 스스로가 생각하던 것과는 다른 사람이라는 것을 깨닫게 된다. 그것은 사람들에게 매우 불편한 감정을 갖게 한다. 대체로 사람들은 불일치를 유발할만한 정보 자체를 회피하는 경향이 있다. 이는 불일치로 인해 유발될 불편한 감정을 피하기 위한 것으로 **선택적 노출 가설**(selective exposure hypothesis)이 이것을 설명한다. 하지만 자신이 접하게 될 정보를 굳이 선택적으로 고르지 않는 사람들도 있다. 그런 사람들은 남들보다 강한 태도를 갖고 있거나 인지적 기반이 상대적으로 약한 사람들이다. 강한 태도를 갖고 있는 사람은 자신이 접하는 불일치 정보에 대항하여 강력한 자신의 견해를 주장하는 경향이 있다. 따라서 그들에게는 그러한 정보를 피할 이유가 없다. 반면 약한 태도를 갖고 있는 사람들은 잠재적으로 발생할 수 있는 장기적인 고생을 피하기 위해서 지금 당장 '사실'이 무엇인지를 알아내는 것이 더 낫다고 생각한다. 그래서 이들은 불일치하는 정보를 접한 이후 태도를 그에 맞게 적절히 조정함으로써 문제를 해결하고자 한다(Frey, 1986; Frey & Rosch, 1984).

HSM 모형

차이켄(Chaiken)이 주장한 HSM(heuristic-systematic model) 모형은 제7장에서 다룰 정교화 가능성 모형(Elaboration Likelihood Model, ELM)에 대한 대안적인 접근이다(Chaiken, 1980, 1987; Chaiken, Liberman, & Eagly, 1989; Chaiken & Maheswaran, 1994). 이 모형은 사람들이 설득력 있는 메시지를 접하게 될 경우 태도를 바꿀 수 있으며, 이때 메시지는 체계적 혹은 휴리스틱한 방식으로 처리될 수 있다고 주장한다. 체계적인 메시지 처리 방식은 면밀한 검토 과정을 거치는 반면, 휴리스틱한 메시지의 처리 방식은 표면적인 가치에 기반을 두어 이루어진다. **체계적인 정보처리**는 가용한 정보들을 능동적으로 고려하는 상황에서 사용되는 메시지 처리 방식이지만, **휴리스틱한 정보처리**는 제시된 정보에 대해 많은 생각을 하고 싶지 않을 때 사용되는 메시지 처리 방식이다. 휴리스틱한 정보처리 기제가 활성화된 경우 인지적인 휴리스틱들이 나타나게 되는데, 이것은 사람들이 접한 정보를 더욱 간편하게 다룰 수 있도록 돕는다. 제3장에서 설명했듯이, 휴리스틱은 간단히 경험에 기반을 둔 인지적 지름길이라고 할 수 있다. 따라서 소비자가 휴리스틱에 의해 설득적인 마케팅 메시지를 처리할 경우, '통계는 거짓말을 하지 않는다' 혹은 '일반적으로 많은 내용을 주장하는 것(주장의 길이가 길수록)이 더욱 강력한 주장일 것이다'와 같은 결론을 도출해낸다. 말하자면 책의 겉표지를 보고 책의 내용을 판단하는 것과 같다.

실제로 많은 소비자들이 설득 메시지에 대해 휴리스틱한 정보처리 방식을 활용한다. 이러한 사실은 많은 광고 캠페인이 대중과 소통하는 데 있어 '피상적인 단서'들을 주로 활용하고 있음을 의미한다. 예컨대 건강과 관련된 제품의 경우, 권위 있어 보이는 흰 가운을 입은 사람들이 광고에 종종 등장한다. 이는 소비자들로 하여금 광고하는 제품 혹은 내용이 해박한 지식을 갖고 있는 과학자들의 추천을 받았을 것이라는 결론에 자동적으로 도달하도록 유도하는 것이다. 소비자들은 자신의 태도에 확신을 갖고 있을 때 휴리스틱한 정보처리를 하는 반면, 자신의 태도에 확신이 없을 때 메시지를 더욱 깊이 있게 처리하기 위해 체계적인 정보처리 방식을 택한다(Petty & Wegener, 1998).

한편 정서가 사람들의 정보처리 방식에 영향을 미친다는 연구 결과들이 있다. 설득적인 메시지가 높은 수준의 정서를 포함하는 경우 사람들은 휴리스틱한 방식을 통해 정보를 처리할 가능성이 높다. 이와 달리 메시지가 낮은 수준의 정서를 포함한다면 체계적인 처리 과정을 거칠 가능성이 높다(Hale, Lemieux, & Mongeau, 1995).

정서뿐만 아니라 소비자들의 기분도 정보처리에 영향을 준다. 행복감을 느끼는 소비자들은 메시지에 보다 주의를 기울이는 경향이 있으며 그로 인해 보다 체계적인 정보처리를 하는 경향이 강하다(Wegener, Petty, & Smith, 1995). 그 이유는 자신이 느끼는 행복한 기분을 메시지 내용과 연합시키려 하기 때문인 것으로 보인다.

태도는 행동을 예측하는가

일반적으로 태도는 소비자의 의사결정에 영향을 미칠 것이라고 가정한다(Ajzen, 2008). 하지만 만일 소비자의 태도와 행동이 밀접한 관계에 있지 않다면 마케팅 담당자들은 많은 비용을 낭비하고 성과를 얻지 못하는 셈이 된다. 따라서 마케팅 담당자들은 캠페인을 통해 사람들의 태도를 변화시키고 태도 변화를 통해서 소비행동을 이끌어내기 위해 노력한다.

태도와 행동 간의 관련성에 대해서는 많은 연구가 수행되어 왔지만 불행하게도 둘 간의 관련성은 명확하게 규명되지 않았다. 종종 태도는 행동을 예측하는 데 있어서 적절하지 못한 지표라는 연구 결과들이 제시되기도 했는데(Balderjahn, 1988; Hines, Hunger-ford, & Tomera, 1987; LaPiere, 1934), 이는 측정하고자 하는 행동과 직접적으로 관련되어있는 구체적인 태도를 측정하는 데 실패했거나 정확한 연구 방법을 활용하지 못한 것에서 비롯된 것일 수 있다.

실제로 소비자들의 태도를 측정하고 태도를 행동에 대한 지표로 활용하는 데에는 많은 어려움이 따른다. 특히 소비자들이 실제 구매 상황에서 경험하게 되는 환경적인 영향 요인들을 고려하기 어렵다는 점이 단적인 한계로 지적된다. 실제 태도와 관련된 많은 연구들은 실험실 상황에서 이루어졌으며, 이는 한편으로 연구들이 생태학적 타당성을 갖추지 못했다는 것을 의미하기도 한다. 그럼에도 태도의 몇 가지 측면에 대해서는 명확한 연구가 이루어졌으며 행동을 예측하는 요인들 역시 이론으로 잘 확립되었다(예 : 태도 강도, 태도 접근성, 직접적인 경험 등).

태도의 강도

강한 태도(자신의 태도에 대해 확신을 갖고 있는 경우)는 행동에 대한 예측력이 높다(Fazio & Zanna, 1978). 강한 태도를 형성하고 있는 경우에는 설득적인 메시지에 의해 영향을 덜 받으며(Bassili, 1996; Krosnick & Abelson, 1992; Petty & Krosnick, 1995) 자신의 태도에 대한 접근성이 높다(Fazio, 1995). 파지오(Fazio)는 이에 대해 태도가 대상과 평가적인 연합을 형성하고 있기 때문이라고 주장한다. 이러한 연합은 관련성이 없는 것(태도를 형성하고 있지 않은 경우)에서부터 약한 강도, 그리고 강한 강도까지 연속적으로 분포한다(그림 6.2). 이 가운데 강한 연합을 형성하고 있는 경우만이 기억 속에서 자동적으로 떠오르는 특징을 보인다(Fazio, 1995; Fazio, Blaschovich, & Driscoll, 1992; Fazio, Sanbonmatsu, Powell, & Kardes, 1986). 활성화된 태도만이 각 개인의 행동을 이끌 수 있기 때문에 태도에 있어서 자동적인 활성화는 매우 중요한 것이 된다. 강한 태도 연합은 대상에 대한 직접적인 경험에 기인하거나 특별한 관심이 있는 경우에 형성되기 쉽다. 예컨대 사브(Saab) 자동차를 수년간 이용해 본 사람은 사브 자동차의 성능과 다른 사람들이 그 자동차를 어떻게 생각하는지에 대해 강한 태도를 형성하게 될 것이다. 만일 사브 자동차의 성능과 타인의 인식 모두가 긍정적일 경우, 자동차를 교체해야 하는 상황에서 동일한 사브 자동차의 다른 모델을 구매할 가능성이 높아진다.

태도의 접근 가능성

기억에서 더 쉽게 회상되고 더 빠르게 표출될 수 있는 태도는 행동을 이끌 가능성이 더욱 높다(Eagly & Chaiken, 1998). 나아가 접근성이 높은 태도는 시간이 경과하더라도 잘 변하지 않고 안정적으로 유지되는 특성이 있다(Fazio, 1995). 태도 강도와 마찬가지로 태도의 접근 가능성에 대한 연구들 역시 파지오의 태도 모형에 기초한다. 태도의 기능적인 관점에 따르면 태도가 행동을 적절하게 예측하기 위해서는 태도가 얼마나 자동적으로 활성화되는지가 중요하며, 이러한 자동적 활성화는 대상과 대상에 대한 평가 간의 연합 강도에 의해 결정된다(Bargh, Chaiken, Govender, & Pratto, 1992). 대상과 평가 간의 연합 강도가 강하면, 대상과 관련된 의사결정을 촉진하고

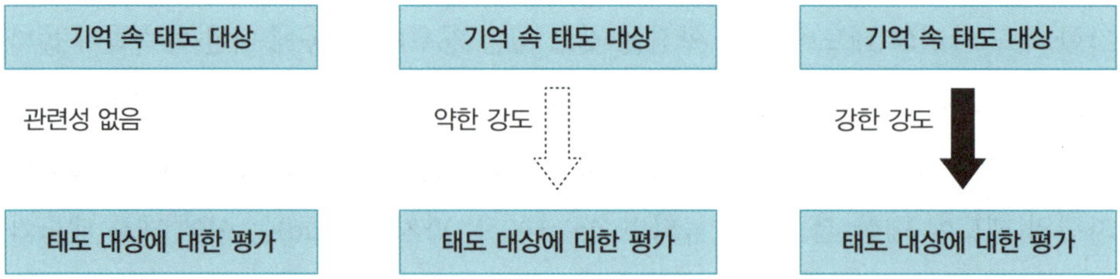

연합은 강도에 따라 변한다. 강한 연합만이 기억 속에서 자동적으로 떠오르고 행동을 예측할 수 있다.

그림 6.2 파지오의 평가 연합들

시각적인 주의집중과 범주화(자극을 특정한 집단으로 할당하는 것)에 도움이 된다(Roskos-Ewoldsen & Fazio, 1992; Smith, Fazio, & Cejka, 1996). 태도에 대한 접근 가능성이 대상을 범주화하는 데 어떻게 영향을 미치는지에 대한 한 연구가 있다. 스미스, 파지오 및 세즈카(Smith, Fazio, & Cejka, 1996)의 연구에서 참여자들은 조건에 따라 건강 식품을 강조하거나 혹은 유제품을 강조하는 메시지를 보았다. 그리고 나서 제품을 제시하고 이것이 어떤 범주에 해당하는지를 선택하도록 하도록 하였다. 그 결과 유제품에 대한 태도를 상기시킨 집단의 경우 요거트를 유제품으로 범주화하는 경향이 높았다. 반면 건강식품에 대한 태도를 상기시켰던 집단은 동일한 요거트 제품을 건강식품으로 범주화하는 경향이 높게 나타났다(Eagly & Chaiken, 1998).

하지만 파지오의 모형은 자기보고를 통해 나타난 것과 실제의 대상과 평가 간의 연합 사이의 상관이 낮다는 이유로 비판을 받았다(Karpinski & Hilton, 2001). 이는 사람들이 말하는 것과 행동하는 것이 반드시 동일하지는 않을 수 있음을 뜻한다.

직접적인 경험

어떤 대상에 대한 직접적인 경험은 태도의 강도뿐만 아니라 태도에 대한 접근 가능성에도 영향을 미칠 수 있다. 직접적인 경험을 통해 형성된 태도는 간접적 경험을 토대로 형성된 태도에 비해 행동과 더 높은 상관관계가 있다(Doll & Ajzen, 1992; Fazio & Zanna, 1978; Regan & Fazio, 1977). 예컨대 단순히 음식에 대해 글을 읽는 것보다 음식을 직접 맛볼 경우, 그로 인해 형성된 태도는 음식 구매행동을 더 잘 예측한다. 하지만 직접 경험을 통해 형성된 태도와 행동 간의 관계가 항상 강하게 나타나는 것은 아니다. 음주 운전 혹은 마약 복용 등의 경험을 통해 형성된 부적 태도가 향후 그러한 행동을 지속하지 않도록 억제할 수 있는지는 확신하기 어렵다.

대중매체의 영향력

앞에서 언급한 바와 같이 태도는 다양한 원천(정보원, 미디어, 메시지 등)으로부터 영향을 받으며, 그로 인해 하나의 태도가 하나의 원천에 의해 형성된다고 단정할 수 없다. 그럼에도 불구하고 몇 가지 요인들이 사람들의 태도를 형성하는 데 있어서 명백하게 도움을 준다는 사실이 여러 연구들을 통해 확인되었다. 설령 그러한 원천들에 의해 태도가 형성되는 것이 아니라 할지라도, 그러한 요인들은 태도를 강화하거나 유지하는 데 도움을 준다. 대중매체는 그러한 중요한 원천 가운데 하나다. 특히 태도가 약할 경우 대중매체가 태도 형성에 미치는 영향력은 강력해진다(Goldberg & Gorn, 1974). 이는 TV가 아이들의 태도형성에 중요한 역할을 하는 이유를 잘 설명한다(Atkin, 1977; Chaffee, Jackson-Beeck, Durall, & Wilson, 1977; Rubin, 1978). 왜냐하면 아이들은 대상에 대한 경험이 없거나 한정되어있는 경우가 많으며, 그로 인해 각 요소에 대한 태도들을 발전시켜 나가는 연속적인 과정에 놓여 있기 때문이다. 기본적으로 아이들은 자신이 살고있는 사회를 학습하기 위해 TV 속에서 묘사된 현실을 이용하는데, 이를 '**배양효과**(cultivation hypothesis)'라 한다(Gerbner, Gross, Morgan, & Signorielli, 1994). 미디어는 현실을 종종 왜곡된 모습으로 보여주기 때문에 사람들은 세상에 대해서 차별적인 두 가지 이미지를 가진다. 그중 하나는 사회적 현실이며 또 다른 하나는 TV 속 현실이다. 미디어의 '배양효과'에 따르면, TV를 시청하는 시간이 많은 사람들은 실제 현실보다 TV에서 묘사된 방식으로 인생을 바라보며, 그들의 가치관을 사회적 현실이 아닌 TV 속 현실에 기반을 둘 가능성이 높다고 한다. 즉 실제 삶이 아닌 대중매체의 자극에 지속적으로 노출되어 대중매체에서 제시하는 왜곡된 현실을 실제 현실로 받아들일 가능성이 높다. 하지만 배양효과에서 가정하는 것처럼 미디어 소비와 태도가 항상 선형적인 관계에 있는 것은 아닐 수 있다(Durkin, 1985a; Potter, 1991). 그럼에도 불구하고 성 역할에 대한 고정관념이나 포르노그래피의 폭력성에 대한 연구들은 여전히 배양효과 가설을 지지한다. 그러므로 영화, TV 프로그램, 신문 등에 대한 소비가 개인의 태도를 형성하고 유지하는 데 있어서 중요한 역할을 한다는 점을 부정하기는 어려울 것이다.

고정관념적인 성 역할

미디어는 성별과 관련된 고정관념적인 태도를 형성하는 데 있어서 가장 강력한 영향력을 행사한다고 알려져 있다(Durkin, 1985b). 이러한 미디어의 영향력은 우리가 태어난 순간부터 시작된다. 아이가 태어난 것을 축하하기 위한 선물이나 편지에도 성별 고정관념에 대한 단서가 존재한다(Bridges, 1993). 예컨대 남자아이들에게는 주로

유아들은 성별이 확연히 드러나도록 성별에 따라 옷이 입혀진다. 마찬가지로 성을 강화할 장난감들 또한 성별에 따라 주어진다.

그림 6.3 성 역할을 강화하는 데 사용되는 고정관념적인 단서들

출처 : Courtesy of Cathrine Jansson ©

파란색 옷을 입히고 여자아이들에게는 분홍색 옷을 입혀 반대 성에 대한 차별성을 부여한다(그림 6.3). 어린이들을 위한 TV 프로그램이나 서적들 역시 사람들에게 남자나 여자는 특정한 방식으로 행동해야 한다는 인식을 계속적으로 심어주고 있으며, 이러한 프로그램들은 대개 여성은 약하고 수동적인 존재로, 반대로 남성은 대부분의 행동을 도맡아 하는 존재로 묘사하고 있다(Durkin, 1985a). 이와 마찬가지로 책에서도 여성 인물들은 남성 인물에게 의존적인 존재로 묘사되는 경우가 많다(Kortenhaus & Demares, 1993). 이와 같은 성 역할에 대한 고정관념적인 묘사에 끊임없이 노출됨에 따라 아이들은 남성과 여성에 대한 태도형성에 영향을 받는다. 이러한 사실은 실제로 시뇨렐리와 리어스(Signorelli & Lears, 1992)의 연구를 통해 밝혀졌다. 그들은 TV를 시청하는 데 많은 시간을 소요하는 1, 3, 5, 7학년을 대상으로 설문을 실시하였다. 그 결과 TV를 많이 시청하는 아이들일수록 그렇지 않은 아이들에 비해 남성과 여성이

해야 하는 가사일에 대한 고정관념이 더 높은 것으로 나타났다.

고정관념적인 성 역할 묘사는 아이들을 대상으로 하는 프로그램이나 서적뿐만 아니라 성인들을 대상으로 하는 미디어에서도 동일하게 나타난다. 신문과 잡지에서 여성과 남성을 묘사하기 위해 활용된 1,750개의 시각적인 이미지를 분석한 결과, 남성에 대해서는 주로 얼굴에 대한 묘사에 중점을 둔 반면, 여성의 경우 신체에 중점을 둔 경우가 많았다(Archer, Iritani, Kimes, & Barrios, 1983). 이러한 차이를 페이시즘(face-ism)이라 부른다. 이러한 경향성은 사람들로 하여금 여성에게는 신체적인 매력이 가장 중요하고, 남성에게는 야망이나 지적 능력이 외적 매력이라는 생각을 갖게 한다(Schwartz & Kurz, 1989). 결과적으로 미디어에서 이미지의 포컬 포인트를 어디에 주느냐에 따라 남성과 여성에 대한 사람들의 태도가 달라진다.

폭력적인 포르노그래피

폭력적인 포르노그래피는 여성을 대하는 남성들의 태도에 영향을 미치는 것으로 밝혀졌다. 이는 도너스타인(Donnerstein)과 베르코비츠(Berkowitz)가 수행한 연구로 이 연구에서 먼저 영상을 보기에 앞서 여성 연구 보조원들이 남성 참여자를 화가 나도록 만든다. 이후 그들은 폭력적인 포르노그래피, 비폭력적인 포르노그래피, 중립적인(폭력과 포르노가 포함되지 않은) 영상 중에서 하나를 시청했다. 영상물을 시청한 후에 참여자들은 전기 충격의 강도를 결정함으로써 자신들을 화나게 만든 여성에 대해 공격적으로 행동할 기회를 받는다. 그 결과, 폭력적인 포르노그래피 영상을 본 참여자들이 다른 집단에 비해 높은 수준의 전기충격을 가하는 것으로 나타났다. 이러한 결과는 여성에 대해 폭력적인 행동을 유발하는 포르노그래피와 폭력이 결합될 수 있음을 시사한다(Musseiler & Förster, 2000). 다른 연구자들에 의해서도 유사한 결과가 밝혀졌는데, 예를 들어 폭력을 즐기는 여성이 등장하는 포르노그래피를 본 남성은 여성을 더 공격적으로 대하였다(Linz, Donnerstein, & Penrod, 1988). 또한 폭력적인 포르노그래피 영상에서 여성도 폭력을 즐기는 것으로써 묘사되었을 때, 남성들의 강간에 대한 믿음이 강화되고 여성에게 행하는 폭력에 대한 사회적 규제는 약화된다는 사실이 밝혀졌다(Malamuth & Donnerstein, 1982).

질맨과 브라이언트(Zillman & Bryant, 1984)는 이러한 폭력적인 포르노그래피가 강

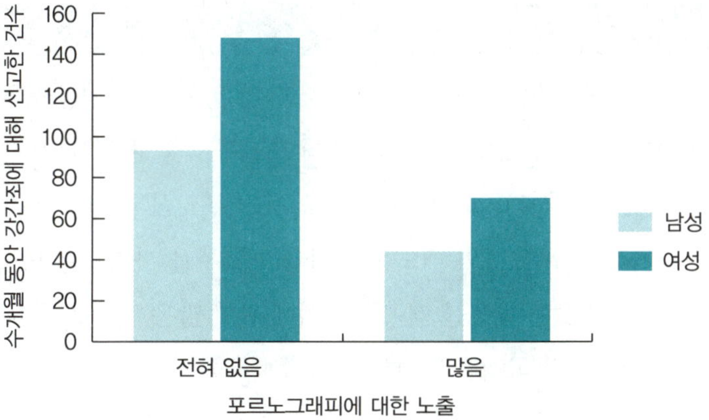

그림 6.4 강간범에 대한 재판에 참여한 배심원들이 본 포르노그래피 수의 영향

출처 : Zillman & Bryant(1984)에서 인용.

간에 대한 남성의 태도에 영향을 미치며, 또한 강간범이 어떻게 처벌받아야 하는가에 대한 신념에도 영향을 미친다는 사실을 밝혔다. 이 연구에서 참여자들은 폭력적인 포르노그래피에 많이 노출되거나 혹은 전혀 노출되지 않은 집단으로 나누어졌으며, 포르노그래피의 폭력에 많이 노출된 참여자들은 일반적으로 동정심이 적고, 강간에 대해서 더 관대하며 강간범에 대한 형벌도 더 적게 주는 것으로 나타났다(그림 6.4).

핵심용어

배양효과 개개인이 자신들이 살고 있는 사회에 대해 대중매체를 통해 학습하게 되는 것

명시적 태도 사람들이 의식적으로 인식할 수 있는 태도

암묵적 태도 의도치 않거나 무의식적으로 형성된 태도

선택적 노출 가설 사람들은 불편감을 유발할 수 있는 정보에 노출되는 것을 피하려고 함

자기지각 이론 사람들은 행동의 결과로 자신이 어떻게 느끼는지 발견함

요약

태도는 사람, 사물, 생각에 대한 평가이고 인지, 정서 혹은 행동을 통해 형성된다. 기대가치 모형에서 태도는 특정 목표에 도달하고자 한 결과로서 형성된다고 가정한다. 태도는 명시적(의식적) 태도와 암묵적(무의식적) 태도 모두를 포함하고 있으며, 이러한 두 유형의 태도는 소비자가 제품을 바라보는 방식에 영향을 미칠 수 있다. 사람들이 태도를 왜 바꾸는지에 관한 많은 이론들이 있다. 기능 이론들은 사람들이 특정 목적을 달성하기 위해 태도를 바꾼다고 가정한다. 인지부조화 이론은 태도 변화가 실제 행동과 태도 사이의 항상성을 유지하고자 하는 결과로써 발생한다고 주장한다. HSM 모형은 어떻게 설득적인 메시지가 태도 변화를 유발하는지를 다룬다.

모든 태도들이 행동을 예측하는 것이 아니다. 태도의 강도가 강하고 쉽게 접근할 수 있을 때 행동을 예측하며, 또한 직접적 경험이 있을 때 행동에 대한 태도의 예측이 높다. 미디어는 사람들의 태도에 영향을 미치는 중요한 근원이다. 고정관념적인 성 역할 묘사와 폭력적인 포르노그래피에 관한 연구들은 매우 명백한 결과를 제공한다.

토론문제

1. 마케팅 담당자들은 제품에 대한 긍정적 태도를 유발하기 위해 어떤 시도를 할 수 있는가?
2. 인지부조화 이론은 사람들이 태도를 바꾸고자 하는 동기가 왜 생기는지를 분명하게 설명하는가?
3. 어떤 환경에 놓여있을 때 태도가 행동을 예측할 수 없는가?
4. 어떤 유형의 미디어가 사람들의 태도에 영향을 미치는가?
5. 왜 마케팅 담당자들은 태도형성에 관심을 갖는가?

7 광고심리학

개요

오늘날은 어디를 가든지 광고 메시지가 넘쳐나고 있어 이를 피할 방법이 없다. 매년 수조 원이 광고비로 쓰이고 있다. 광고는 소비자의 구매뿐만 아니라 제품과 서비스에 대한 태도에도 영향을 준다. 그렇지만 모든 광고 캠페인이 판매량을 증가시키는 것은 아니다. 하나의 광고를 경쟁 광고와 차별화하는 데 적용할 수 있는 많은 방법들이 있다. 이 장에서는 오디언스(audience)에게 영향을 미치는 요인들을 개괄하고 어떤 변인들이 정보처리에 도움을 주는지 다룰 것이다.

광고

대부분 사회에서 사람들은 TV, 라디오, DM, 인터넷, 빌보드, 신문, 잡지, 버스, 전화 등을 통해 광고 메시지의 공격을 받고 있다. 광고주가 전단지, 신문/잡지 광고, 빌보드, TV 광고를 주된 전달 수단으로 사용했던 것은 그리 오래 전이 아니다. 그러나 시대가 변하면서 광고주가 느끼는 광고 크리에이티브에 대한 압력은 소비자에게 메시지를 전달하는 새로운 방법을 찾도록 끊임없이 요구하고 있다. 이와 같은 광고 창의성은 부분적으로는 새로운 기술과 함께 자연스럽게 발달했다. 예컨대 버진(Virgin) 항공이 2004년 오스트레일리아에서 다시 런칭했을 때, 광고 캠페인의 많은 부분을 텍스트 메시지에 의존했다(*Effective Advertising 8*, 2006). 그러나 극심한 경쟁으로 인해 혁신적인 광고의 필요성이 증대되는 만큼, 우리가 어디에 눈을 두어도 엄청나게 많은 광고를 볼 수 있다. 소비자가 하루에 몇 개의 광고에 노출되는지 정확히 알기는 어렵지만 대체로 500~3,000개로 추정된다(e.g. Lasn, 1999; Wilson & Wilson, 1998).

많은 소비자는 광고가 다른 사람들에게는 영향을 주어도 자신은 영향을 받지 않는다고 생각하며(Wilson & Brekke, 1994), 종종 광고에 주의를 빼앗기지 않으려고 애쓰기도 한다(Wilson, Houston, & Meyers, 1998). 그러나 광고가 사람들에게 영향을 준다는 사실은 의심의 여지가 없으며, 소비자가 자신에게 노출되는 모든 광고를 피하는 것도 불가능하다(e.g. Abraham & Lodish, 1990; Ryan, 1991; Wells, 1997). 마찬가지로 소비자가 모든 광고 메시지에 주의를 기울이고 완전하게 처리하는 것도 불가능하다. 그럴 경우 소비자는 정신적으로 고갈될 것이다. 소비자가 광고를 주목하고 기억한다면, 경우에 따라 제품과 서비스의 판매가 20배가량 증가할 수 있다(Feldwick, 1990). 그러나 이렇듯 급증하는 사례는 흔치 않다(Green, 2007).

새로운 브랜드가 이미 확립된 브랜드와 경쟁하는 것은 특히 어렵다. 이미 확립된 브랜드는 기억이 더 용이하기 때문에(Kent & Allen, 1994), 소비자에게 이미 친숙한 브랜드는 경쟁 광고 캠페인의 영향을 덜 받는다(Kardes, 1994; Kent & Allen, 1993). 브랜드가 새로운 브랜드인지 아닌지에 관계없이 광고는 매우 경쟁적 상황에 있기 때문에 확립된 브랜드와 새로운 브랜드 모두 경쟁 우위를 차지하기 위해 광고 기법을 총동원해야 한다.

그렇다면 어떤 광고는 효과적이지만 어떤 광고는 소비자에게 별로 영향을 미치지 못하는 이유는 무엇인가? 안타깝게도 이 질문에 대한 답은 매우 다양하며, 광고심리학 분야의 많은 연구를 여기서 모두 다루기도 어렵다. 이 분야에 특별한 관심을 가진 독자는 추가적인 읽을거리를 참고하기 바란다. 그럼에도 불구하고 여러분이 효과적인 광고 캠페인을 만들고자 할 때 알아두면 좋은 심리학적인 요인들—예컨대 무엇이 소비자의 주의를 끌며 어떤 요소들이 처리의 정교화를 증진시키는가—이 있는데, 여기서 살펴보기로 한다.

주의의 역할

광고효과는 소비자의 주의를 끄는 것에 달려있다(제3장). 따라서 광고 연구자들은 소비자가 자동적으로 광고 메시지에 주목하게 하는 방법을 알아내려고 많은 노력을 경주해왔다(Maclnnis, Moorman, & Jaworski, 1991). 광고 자극이 다른 많은 마케팅 요소들과 끊임없이 경쟁하고 있는 시장 상황에서 광고는 소비자의 주의를 끌어야 하며, 그렇지 못할 때 광고는 소비자에게 어떤 영향력도 미칠 수 없게 된다.

광고에서 보편적으로 사용하고 있는 생생함이나 독특함과 같은 자극 속성이 광고의 주목률을 높일 수 있는 요소들이다. **생생한 자극**(vivid stimuli)이란 다른 광고들로부터 '두드러져 눈에 띄는' 어떤 것이다. 이 같은 광고는 자동적이고 불수의적으로 소비자의 주의를 끌기 때문에 더 주목하게 만드는 것으로 알려졌다(e.g. Kisielius & Sternthal, 1986; Rock, 1986; Taylor & Thompson, 1982). 생생한 자극은 어떤 주변 자극이 제시되는가에 상관없이 눈에 띄는 자극이며, (1) 정서적으로 흥미롭고, (2) 구체적이며 이미지를 형성시키고, (3) 시간, 공간, 감각적으로 근접해 있는 것이 특징이다(Nisbett & Ross, 1980, p. 45).

광고에 사용된 생생한 자극의 예로 베네통 광고를 들 수 있다. 이 캠페인은 미디어 종사자뿐 아니라 일반인들 사이에서도 자주 회자되는 유명한 광고다. 〈그림 7.1〉은

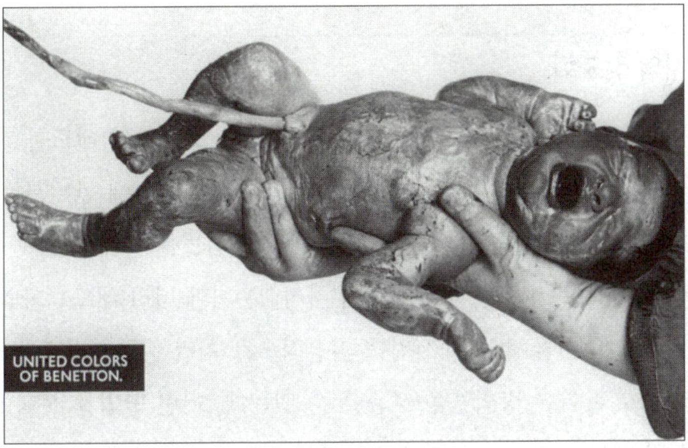

그림 7.1 베네통 광고 : 생생한 이미지는 소비자의 주의를 끌 수 있다

출처 : Courtesy of United Colors of Benetton. © Copyright 1991 Benetton Group S.p.A. –Photo: Oliver Toscani

아직 탯줄도 끊지 않은 신생아를 묘사한 베네통 광고의 예다.

설득 상황에서 생생한 이미지를 이용할 때는 고려해야 할 사항이 있다. 설득 메시지에서 생생한 이미지가 효과를 거두려면 생생한 메시지가 메시지의 결론과 일치해야 하며(Smith & Shaffer, 2000), 그렇지 않을 경우 오히려 소비자를 메시지의 핵심으로부터 멀어지게 만들 수 있다. 소비자가 메시지 내용에 주목하게 만드는 다른 장치가 없을 때, 생생한 자극은 오히려 주의를 산만하게 만드는 요인이 된다. 이와 같은 상황에서 사람들은 메시지를 덜 기억하고 설득 가능성이 낮아지는 것으로 알려졌다. 그러나 사람들에게 생생한 자극이 포함된 메시지에 주의를 기울이도록 포컬 포인트를 정해주면, 생생한 자극이 기억과 설득에 미치는 부정적인 영향은 거의 나타나지 않는 것으로 보인다(Frey & Eagly, 1993).

생생한 자극과 마찬가지로 **현저한 자극**(salient stimuli) 또한 소비자의 주의를 끄는 효과가 있다. 그러나 이것들은 맥락에 따라 달라지기 때문에 모든 상황에서 사람들의 '주의를 끌지'는 못한다. 그럼에도 불구하고 주어진 맥락에서 광고가 눈에 띈다면 그 광고는 자동적으로 소비자의 주의를 끌 가능성이 그만큼 높다(Greenwald & Leavitt, 1984; Nisbett & Ross, 1980). 독특한 청각자극이 회상을 증진시킨다는 연구 결과도 있다(e.g. Olsen, 2002). 독특한 자극의 예는 TV 광고의 소리를 높이는 것, 밝고 불규칙한 형태를 사용하는 것, 두 장면 간 밝기를 변화시키는 것 등이 있다.

광고 메시지의 정교화

광고의 한 가지 중요한 특성은 제품과 브랜드에 대한 소비자의 태도를 바꾸는 것이다. 태도를 바꾸기 위해 설득 메시지를 어떻게 이용할 것인가에 관해서는 많은 서적이 있으며, 효과적인 광고를 만들고자 할 때 이런 방법들을 이해하는 것이 필수적이다. 광고노출의 결과로 정보를 얼마나 깊게 처리했는가에 따라 태도변화의 강도가 달라진다. 소비자로 하여금 설득 메시지를 피상적으로 처리하거나 정교하게 처리하도록 유도하려면 서로 다른 방법들을 사용할 수 있는데, 어떤 방법을 선택할 것인지는 광고의 내용 및 태도의 지속성에 대한 광고자의 의도에 의존한다.

설득 메시지에 대한 서로 다른 유형의 처리가 강한/약한 혹은 장기적/단기적 태도를 어떻게 유발하는지를 설명하는 한 이론이 페티와 카시오포(Petty & Cacioppo, 1986a)의 정교화 가능성 모형(Elaboration Likelihood Model, ELM)이다. 이 모형은 이중 경로의 관점을 지지하는데, 한 통로는 상대적으로 강하고 오래 지속되는 태도변화를 형성하는 반면(중심통로), 다른 통로는 상대적으로 약하고 금방 사라지는 태도를 형성한다(주변통로)고 가정한다. 이 모형의 아이디어는 어떤 사람이 메시지를 정교하게 처리할수록 듣거나 본 것을 좋아하게 되고 그 메시지에 설득될 가능성이 높다는 것이다. 결과적으로 메시지가 자신과 얼마나 관련성이 있는가는 두 통로 중 어떤 통로를 따라 처리될 것인지를 결정한다. 또한 중심통로를 이용할 가능성은 정보처리에 대한 동기와 처리 능력에 달려있다. 어떤 사람의 처리 능력과 동기가 높으면, 그는 중심통로를 이용할 것이다(그림 7.2). 주변통로는 기본 선택이다. 따라서 메시지가 자신과 관련성이 없고 처리 능력과 동기가 낮으면, 그 사람은 자동적으로 주변통로를 이용하게 된다. 소비자는 어떤 설득의 통로를 이용하는가에 따라 서로 다른 정보를 탐색하기 때문에, 광고자는 소비자가 사용할 가능성이 높은 통로가 무엇인지를 파악하는 것이 중요하다.

설득의 중심통로

〈그림 7.2〉에서 보듯이, 사람들은 자신이 설득 광고 메시지를 정교하게 처리할 동기가 있는지를 먼저 평가함으로써 처리를 시작한다. 이는 메시지가 자신과 관련이 있는지, 메시지가 중요한지, 어느 정도 개인적인 책임감을 느끼는지, 메시지를 더 깊게 생각할 필요가 있는지를 검토함으로써 수행된다. 이들 질문은 즉각적이고 또한 종종 무의식적으로 처리된다. 이 질문 중 하나라도 '예'라는 답이 있으면, 다음 단계로 그 메시지를 처리할 능력이 있는지를 평가한다. 메시지를 정교하게 처리하기 위해서는 다른 자극에 간섭받지 않고 메시지를 충분히 생각할 시간이 필요하며 메시지를 이해할 수 있어야 하고 또한 그 주제에 관한 사전지식이 있어야 한다. 이러한 준거를 만족시킨다면 사람들은 메시지를 주의 깊게 처리하고 메시지 주장의 질을 탐색할 것이다. 그러나 메시지를 정교하게 처리하는 데 장애물이 있을 때, 사람들은 자동적으로 주변통로로 처리의 경로를 바꾸게 된다.

중심통로를 통해 처리된 결과로서 태도가 형성되면, 이때의 태도는 매우 강한 특성

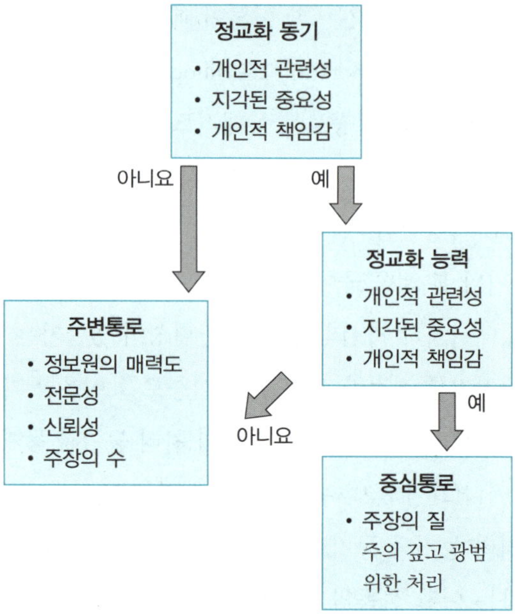

그림 7.2 정교화 가능성 모형의 개요
출처 : Petty & Cacioppo(1986a)

을 보인다. 즉 변화에 더 저항적이고 끈질기며 행동의 예측 가능성이 높은 특성을 갖는다(Petty & Cacioppo, 1981, 1986b). 이 태도가 더 강한 이유는 처리 정보가 기존의 스키마에 더 완전하게 통합되기 때문이다. 광고가 특정 소비자 집단과 직접적으로 관련성이 높을 때, 광고 내용은 정교하게 처리될 가능성이 그만큼 높아진다. 또한 소비자가 정보를 처리할 동기가 높을 때 설득 가능성은 증가하기 때문에 광고에 사용되는 언어를 어떤 유형으로 할 것인지를 면밀하게 고려할 필요가 있다(Levin & Gaeth, 1988).

설득의 주변통로

앞서 언급한 바와 같이 사람들은 설득 광고 메시지를 처리할 능력이 없을 경우 주변통로로 바꿀 수 있다. 그러나 이것이 주변통로를 선택하는 유일한 이유는 아니다. 소비자가 메시지를 처리할 동기가 없다고 느낄 경우에도 주변통로를 선택한다(그림 7.2). 일단 주변통로를 택하고 나면, 사람들은 자신이 광고를 좋아하는지를 판단하기 위해 메시지 자체를 깊게 생각하는 대신에 주변 단서들(예 : 정보의 원천이 얼마나 매력적인가, 주장의 수가 몇 개인가)을 이용할 것이다.

주변통로를 이용할 때 커뮤니케이션의 설득력을 증가시키는 요인은 정보원, 메시지, 오디언스의 세 가지 범주로 나뉜다.

정보원 요인

누가 제품 또는 서비스 정보를 전달하는가는 소비자가 메시지에 설득될 가능성에 영향을 미친다. 신뢰성과 진실성은 정보원을 호의적으로 평가하는 데 영향을 주는 두 가지 요소이며, 둘은 종종 밀접한 관계가 있다(Priester & Petty, 2003). 일반적으로 전문가는 일반인들보다 더 신뢰할만하다고 여겨진다. 그러나 전문가 신뢰성의 효과는 진실성 여부에 의존한다.

전문가가 더 설득력이 있다는 사실은 일찍이 호블랜드와 바이스(Hovland & Weiss, 1951)가 수행한 연구에서 발견되었다. 참여자들은 미국의 유명한 물리학자 또는 러시아 신문사가 썼다고 밝힌 원자력 잠수함의 효용성에 관한 설득 메시지를 읽도록 요청받았다. 그 결과 많은 수의 참여자가 미국 물리학자가 쓴 메시지가 더 설득력이 있다고 평가하였다.

또한 진실성은 개인에게 느끼는 호감과 관련된다. 이는 특히 유명인사의 경우에 적용될 수 있는데(Friedman, Santeramo, & Traina, 1978), 이런 이유로 광고주가 데이비드 베컴(e.g. Giorgio Armani and Pepsi), 피어스 브로스난(e.g. Omega and Aquascutum), 리즈 헐리(e.g. Magnum ice-cream and Estee Lauder)와 같이 명성이 높고 사람들이 좋아하는 유명인사를 공통적으로 제품 보증에 이용한다. 그러나 시장조사 결과는 사람들이 많은 수의 제품보증에 등장하는 유명인사를 신뢰성있게 보지 않으며, 오히려 유명인사들이 돈 때문에 광고에 출연한다고 생각하는 것으로 나타났다(King, 1989). 이보다는 돈을 이유로 하지 않을 것 같은 다수의 정보원을 광고캠페인에 기용함으로써 사람들이 그 정보원은 제품의 진짜 품질을 보증하고 있다고 믿게 하고 궁극적으로 더 긍정적인 제품 지각을 유도할 수도 있다(Moore, Mowen, & Reardon, 1994).

설득에 영향을 주는 또 다른 정보원 요인들로 전달하는 사람의 성별(남성이 여성보다 일반적으로 더 설득력이 있게 보임)과 메시지를 전달하는 사람이 자신과 얼마나 유사한가

(유사성이 높을수록 설득적임) 등이 있다. 유사성은 신체적 외모, 메시지를 전달하는 사람의 직업, 사회적 지위를 포함한다. 심지어 메시지 전달자의 이름이 메시지 수신자의 이름과 유사해도 메시지 전달자에 대한 호감도가 증가할 뿐만 아니라 메시지의 요청에 순응할 가능성이 높다는 것이 밝혀졌다(Garner, 2005). 한편 기호나 판단의 문제일 때는 유사성이 높은 정보원이 더 설득적인 경향이 있지만, 반대로 어떤 사실과 관련된 문제일 때는 유사성이 낮은 정보원이 더 설득에 유리한 경향이 있다(Goethals & Nelson, 1973).

광고에서 메시지를 얼마나 빠르게 전달하는가도 오디언스를 설득하는 데 영향을 미칠 수 있다. 빠르게 말하는 것은 제시된 주장의 정보처리를 방해함으로써 설득 가능성을 증가시키는 것으로 알려졌다(Smith & Shaffer, 1991, 1995).

일반적으로 인기가 없고 매력이 없는 사람은 설득력이 떨어지기 때문에 정보 전달자의 개인적 특성 또한 중요하다. 아름다운 사람이 더 설득력이 있다는 주장에는 반론의 여지가 없으며, 이 때문에 모델이나 매력적인 유명인사가 광고에 흔하게 등장한다. 사람들은 매력이 없는 유명인사가 광고에 나오는 것보다는 제인 폰다(Jane Fonda)가 나와서 크림 제품이 주름살을 줄여준다고 주장하는 것을 더 믿을 가능성이 높기 때문이다.

아름다운 여자의 효과는 그녀가 오디언스에게 영향을 주고 싶다는 욕구를 표현할 때 가장 클 수 있다(Mills & Aronson, 1965). 사람들은 자신이 바람직하다고 생각하는 견해를 매력적인 사람이 지지해주길 원하는 것처럼, 자신도 매력을 추구하는 사람들에게 즐거움을 주기를 바란다(Eagly & Chaiken, 1975). 그러나 신체적 매력이 오디언스에게 긍정적인 효과를 미치기 위해서는 신체적 속성이 광고의 제품범주와 관련되어야 한다(e.g. Baker & Churchill, 1977; Caballero & Pride, 1984; Kahle & Homer, 1985).

처음에 메시지를 정확하게 전달하는 것이 중요하다. 그러나 사람들이 처음에 설득되지 않더라도 그것으로 끝난 것은 아니다. 이는 좋은 주장이 초기 낮은 신뢰성으로 인해 거부되는 경우인데, 종종 그 신뢰성은 메시지를 전달하는 실제 정보원과 관련될 수 있다(Pratkanis, Greenwald, Leippe, & Baumgardner, 1988). 이런 상황에서 메시지는 잊혀져 무시되는 것이 아니라 나중에 기억될 수 있다. 그래서 설득 메시지는 여전히 오디언스에게 영향을 주게 된다. 이것을 '**수면자효과**(sleeper effect)'라 한다. 수면자 효과를 검증한 연구에서 호블랜드와 바이스(Hovland & Weiss, 1951)는 참여자에게 신뢰성이 높거나 낮은 정보원이 주장하는 메시지를 보여주었다. 그 후 곧바로 모든 참여자의 태도를 측정하였는데, 그 결과 신뢰성이 높은 정보원이 주장하는 메시지를 제시받은 참여자들의 태도변화가 더 큰 것으로 나타났다. 그러나 4주 후에 이 참여자들에게 태도를 다시 측정하였을 때, 두 집단 간의 태도변화량은 거의 차이가 없었다. 즉 낮은 신뢰성을 가진 정보원으로부터 메시지를 받은 참여자들이 수면자효과의 영향을 받은 것이다.

최근 연구들은 메시지 주장이 처음에 강한 효과를 가질 때 그리고 그 메시지가 절감될 이유가 있을 때 수면자효과가 수반되기 쉽다는 것을 보여준다(Kumkale & Albarracin, 2004).

메시지 요인

설득 메시지가 어떻게 제시되는가도 오디언스가 메시지를 호의적으로 지각하는 데 영향을 미친다. 메시지 내용의 경우, 광고 브랜드가 소비자에게 친숙하지 않을 때는 일면적인(one-sided) 주장보다 양면적인(two-side) 주장을 제시하는 것이 더 좋다. 그럴 경우 소비자는 광고주가 브랜드에 유리한 주장만 하는 것이 아니라 진정성이 있다고 생각하게 된다. 이와 대조적으로 광고 브랜드가 소비자에게 친숙할 때는 일면적인 주장이 설득에 더 효과적이다(e.g. Lumsdaine & Janis, 1953).

의도적으로 소비자를 설득하는 것처럼 보이는 메시지의 설계는 피하는 것이 좋다. 설득 메시지를 분명하게 제시하는 것보다 전략적 커뮤니케이션 기법을 이용하는 것이 훨씬 더 효과적이다. 메시지를 반복하는 것도 좋다. 반복은 광고 주장의 정확성과 관계없이, 광고의 내용이 옳다고 믿도록 만들 가능성이 높기 때문이다(Hawkins & Hoch, 1992). 이는 또한 쇼핑하는 동안 광고의 회상을 돕는다.

오디언스 요인

수신자의 원래 신념이 설득 광고 메시지에 대한 수신자의 반응에 영향을 미친다. 메시지와 수신자의 원래 신념 간에 괴리가 클 때보다 수신자의 신념이 메시지와 밀접하게 관련이 있을 때 설득 가능성이 크다.

설득 가능성에 영향을 미치는 또 다른 변수는 자존감이다. 연구에 따르면, 설득 가능성과 자존감 간에는 역 U자의 관계가 있다. 자존감이 높거나 낮은 사람은 자존감이 중간 수준인 사람보다 설득이 어렵다(e.g. McGuire, 1968; Rhodes & Wood, 1992). 또한 여성이 남성보다 설득하기 더 쉽다. 따라서 오디언스가 남성인가 여성인가가 중요하다. 이는 슐러, 스미스 및 올슨(Schuller, Smith, & Olson, 1994)이 한 여성이 자기 남편을 살해한 모의 법정 상황을 연출한 연구에서 밝혀졌다. 참여자들은 배심원의 역할을 하도록 지시를 받았다. 한 조건의 배심원 참여자들은 전문가 증인으로부터 그 여성이 남편에게 반복적으로 구타를 당했고 이 때문에 살인을 저지르게 되었다는 증언을 들은 반면, 다른 조건의 배심원 참여자들은 그 증언을 듣지 않았다. 이 연구에서 남성 배심원 참여자들은 전문가 증인의 증언을 들었는지 여부에 관계없이 그 여성을 살인죄로 기소하는 정도가 유사했다. 그러나 여성 배심원 참여자들의 경우, 그 여성을 살인죄로 기소하는 비율은 전문가 증인의 증언을 들은 조건에서 훨씬 더 낮았다.

정교화 가능성 모형의 복잡성

정교화 가능성 모형이 복잡한 이론이라는 점은 그 구조가 모든 상황에서 명확하게 적용되지 않는다는 점에 근거한다. 정교화 가능성 모형의 요인 적합도나 행동 예측력의 문제와 같이, 그동안 광고 연구와 실무에 절대적으로 적용되어 온 정교화 가능성 모형의 유용성에 의구심을 갖게 하는 지적 사항들이 있다.

요인 적합도

얼마나 서로 다른 요인들이 정교화 가능성 모형의 적합도를 높일 수 있는지에 대해서는 아직 논의가 진행중이다(e.g. Haugtvedt & Kasmer, 2008; Petty & Cacioppo, 1986b). 예컨대 몇몇 연구자들은 '브랜드명'이 주변통로에 적합한 요인이라고 했지만(Maheswaran, Mackie, & Chaiken, 1992), 다른 연구자들은 브랜드명이 설득 메시지의 더 정교한 처리에 사용된다고 주장한다(Haugtvedt & Lacker, 2003, Haugtvedt & Kasmer, 2008에서 재인용). 후자의 경우는 소비자가 그 브랜드에 특별한 관심이 있을 때 더욱 그렇다.

어떤 요인이 하나의 설득 경로에만 적용되지 않는다는 점을 보여주는 다른 예로 프리스터와 페티(Priester & Petty, 1995)의 연구가 있다. 이 연구자들은 정보원의 진실성에 대한 사람들의 기대가 경우에 따라 정교화 가능성을 높이거나 낮춘다는 것을 발견하였다. 다른 연구자들은 매력과 같은 개인적 특성이 제품과 관련이 없을 때는 주변 단서로 사용되지만, 광고의 제품군과 관련이 있을 경우는 정교화 처리의 단서로 사용될 수 있다고 보았다(Kang & Herr, 2006).

지금까지 살펴본 바와 같이, 설득 요인들과 그에 관련된 개인적 특성을 주의 깊게 다루어야 하고 이들 요인이 광고의 유형 및 제품과 얼마나 부합되는지를 면밀히 살펴보아야 한다.

태도와 행동의 관계

정교화 가능성 모형은 설득 메시지가 태도에 어떻게 영향을 주는가를 밝히는 모형이지만, 태도가 실제 행동을 얼마나 잘 예측하는지를 고려해야 한다. 앞서 논의한 바와 같이, 태도가 행동을 얼마나 잘 예측하는가에 관한 연구의 결과들은 분명하지 않다. 그러나 소비자의 태도가 깊은 정교화의 결과로 바뀐다면, 소비자는 그 태도에 따라 행동할 가능성이 높다(Cacioppo, Petty, Kao, & Rodriguez, 1986). 이는 선택 행동에 미치는 정교화의 효과를 밝힌 프리스터, 나야칸쿠팜, 플레밍 및 고덱(Priester, Nayakankuppam, Fleming, & Godek, 2001)에 의해 확인되었다. 그들은 참여자에게 주변 단서로 작용할 수 있는 긍정적인 요소들뿐만 아니라 강한 주장으로 구성된 캔디바 광고를 보여주었다. 긍정적인 주변 단서와 강한 주장을 결합시킨 목적은 중심통로나 주변통로에 의한 처리에 상관없이 긍정적인 태도가 형성되도록 하기 위한 것이었다. 참여자의 절반은 광고를 읽는 동안 경험하는 생각과 감정에 주의하도록 지시하였고(중심통로), 나머지 절반은 광고에 포함된 한 음절 이상의 단어 수를 세도록 지시하였다(주변통로). 그 후에 캔디바에 대한 태도를 측정한 결과, 모든 참여자가 긍정적인 태도를 보였다. 그러나 나중에 캔디바를 선택하도록 요청했을 때 메시지를 정교하게 처리한 집단의 참여자들이 광고 제품을 더 많이 선택하였는데, 이는 높은 수준의 정교화가 행동에 영향을 미칠 가능성이 그만큼 더 크다는 점을 보여준다.

성공적인 광고에 영향을 주는 기타 요인들

정교화 가능성 모형은 광고에 대한 소비자의 태도를 변화시키는 문제에 있어서 얼마나 많은 요인들이 영향을 미치는가를 보여준다. 정교화 가능성 모형 외에도 많은 연구들에서 광고의 지각, 기억, 주의에 영향을 미치는 변인들을 다루고 있다. 일반적으로 연구들은 광고의 유머, 섹스, 음악, 공포, 쇼크와 같은 변수들이 태도 변화에 효과적이라고 밝혔다. 이외에도 광고가 삽입되거나 특정한 정보를 담고 있는 프로그램의 유형도 광고효과에 영향을 미치는 것으로 나타났다.

유머의 역할

모든 TV 광고 중 10~30%가 유머 광고이며(Krishnan & Chakravarti, 2003; Rossiter & Percy, 1997), 유머 광고는 광고업계에서 보편적으로 사용되고 있다. 재미있는 광고는 청중을 사로잡을 뿐만 아니라(e.g. Spotts, Weinberger, & Parsons, 1997), 소비자의 주의를 끌고(e.g. Weinberger, Spotts, Campbell, & Parsons, 1995), 광고에 대한 반응을 개선(Scott, Klein, & Bryant, 1990; Weinberger & Campbell, 1991)할 수 있는 좋은 방안이다. 연구에 따르면 유머 광고는 일반적으로 저관여 상태에서 더 효과가 있으며, 그래서 유머는 주변 단서로 작용할 가능성이 더 크다(Zhang & Zinkhan, 2006).

유머를 잘 사용한 일련의 성공적인 광고 캠페인들이 있다. 재미있는 광고 캠페인의 한 예로 기니피그가 다양한 쇼핑 목적을 위한 신용카드를 사용하고 있는 '에그 머니(Egg money)' 광고가 있다(그림 7.3).

많은 사람들이 재미있는 광고의 효과를 논의해왔지만 그에 비해 실증적인 연구는 별로 많지 않다. '재미있는' 광고를 사용하는 것은 분명한 장점이 있지만 광고 분야의 연구들은 그 효과에 의문을 제기해왔다(Weinberger & Gulas, 1992). 한 가지 장애 요인으로는 유머가 복합적인 감정을 일으킨다는 것이고(Gelb & Zinkhan, 1986; Nelson, 1987), 또 다른 장애 요인은 유머를 받아들이는 점에 있어서 문화 간 차이가 있다는 것이다(Francis, 1994). 다문화 사회나 여러 나라에서 동시에 전개되는 광고 캠페인의 경우 이것이 문제가 될 수 있다.

선행 연구에서는 광고를 '너무 재미있게' 만들어서 유머가 소비자의 주의를 빼앗고 소비자가 광고의 제품 정보를 보지 못하는 결과를 만들지 않도록 유의해야 한다고 강조한다(Belch & Belch, 1984). 이를 방지하기 위해서는 브랜드가 잘 보이도록 하고 광고 스토리에 분명하게 녹아 들도록 광고를 제작하는 것이 중요하다(Cline & Kellaris, 2007). 여기서 핵심적인 것은 사용된 유머의 유형이 광고 제품과 분명하게 연결되도

그림 7.3 유머 광고의 예

출처 : Courtesy of the Citigroup. Image and all usage rights owned by Citi.

록 만드는 것이다. 그러나 어떤 제품에 어떤 유형의 유머가 가장 적합한지는 제품군에 따라 다르며(Speck, 1991; Spotts et al., 1997), 현재까지도 이 문제를 다룰 수 있는 분명하고 쉬운 규칙은 없다.

성적 소구 광고

1970년대 이후로 광고업계에서는 섹시한 이미지와 성 풍자를 담은 광고를 점차 늘려 왔다. 예컨대 1980년대에 만들어진 캘빈 클라인 청바지의 TV 광고에는 15세의 브룩 쉴즈가 출연했다. 이 광고에서 브룩 쉴즈는 카메라가 그녀의 몸 전체를 찍기 전에 그녀의 긴 다리에 초점을 맞추고 천천히 그녀의 청바지 안쪽 솔기를 따라 움직일 때, '나와 캘빈 청바지사이에 뭐가 있는지 알고 싶나요? 아무 것도 없어요.' 라고 말한다(Bello, Pitts, & Etzel, 1983). 이런 이미지는 '성적 소구'가 효과적이라는 연구 결과에 근거해서 만들어졌다. 이와 관련된 연구 중 하나가 스미스와 앵글(Smith & Engle)의 1968년 연구다. 연구자들은 두 집단의 남성 참여자들에게 섹시하게 보이는 여성이 출연한 자동차 광고와 여성이 출연하지 않는 자동차 광고를 각각 보여주었다. 흥미롭게도 참여자들은 섹시하게 보이는 여성의 출연만으로도 자동차를 더 빠르고 더 비싸고 더 디자인이 좋다고 평가하였다.

'섹시한 광고'는 성적 요소가 없는 광고보다 더 매력적이고 흥미롭게 지각될 뿐만 아니라(e.g. Judd & Alexander, 1983; Reichert & Alvaro, 2001), 더 주의를 끌고 더 호의적인 평가를 이끌어낼 수 있다(e.g. Dudley, 1999; Reichert, Heckler, & Jackson, 2001). 앞에서 설명한 캘빈 클라인 광고를 사용한 연구에서는 참여자들에게 이 광고의 두 가지 버전(하나는 성적 소구 광고, 다른 하나는 성적 소구가 아닌 광고)을 보여주고 성적 소구 광고가 더 흥미를 끄는지를 검증하였다. 그 결과 남성과 여성 참여자 모두 성적 소구 버전을 더 관심있게 지각하였다(Bello et al., 1983).

많은 경우 '섹시한' 광고에는 고전적 조건화가 응용된다(고전적 조건화에 관한 자세한 설명은 제2장 참조). 제품과 섹시한 여성의 반복적인 연합을 통해서 소비자는 그 여성을 보는 것으로부터 경험한 흥분된 감정을 제품과 연합시키는 것을 학습한다. 이 시나리오에서 무조건자극은 섹시한 여성이고 무조건반응은 그녀를 봄으로써 느끼는 각성이다. 조건자극은 광고 제품이고 조건반응은 일단 섹시한 여성과 제품 간에 연합이 이루어지고 난 후 제품을 보기만 해도 느끼게 되는 각성이다(제2장의 그림 2.6). 고전적 조건화는 어떤 대상이 생리적인 반응을 일으킬 때 가장 효과적이므로 섹시한 이미지는 광고에서 매우 강력한 도구라 할 수 있다.

광고음악의 사용

많은 방송 광고에는 음악이 들어있으며, 음악은 흔히 오디언스의 주의를 끌고 유지하기 위해 사용된다. 그러나 음악이 주의에 미치는 효과를 분명하게 밝힌 연구는 부족하다(Hecker, 1984). 그렇다고 음악이 오디언스에게 미치는 효과가 없다는 것은 아니다. 일련의 연구에서 음악이 구매율(North & Hargreaves, 1998), 회상(e.g. Roehm, 2001; Yalch, 1991), 설득(Muehling & Bozman, 1990)과 관계가 있음이 밝혀졌다. 많은 연구자들이 어떤 종류의 음악이 인지 반응에 긍정적인 효과를 주는지를 논의해왔는데, 광고효과에는 사용된 음악 유형, 음악과 광고 메시지와의 관계가 중요한 것으로 추측된다(Baker, Parasuraman, Grewal, & Voss, 2002). 광고에 적합한 음악이 선택되면, 그 음악은 즐거운 감정을 일으키고(Sweeney & Wyber, 2002), 광고의 의미를 더 잘 전달할 수 있으며(Zhu & Meyers-Levy, 2005), 더 나아가 메시지를 강화할 수 있다.

성적 소구와 마찬가지로 음악의 사용에도 고전적 조건화가 적용될 수 있다. 이는 고른(Gorn, 1982)에 의해 증명되었는데, 그는 음악과 특정 제품과의 연합이 형성될 경우 나중에 그 음악을 듣기만 해도 그 제품이 생각나는지를 검증하였다. 그는 참여자들에게 베이지색 또는 파란색 볼펜 광고 중 하나를 보도록 지시하였다. 베이지색 볼펜 광고를 보는 동안 참여자들에게 사전조사에서 호의적으로 평가된 음악을 동시에 들려주었고, 파란색 볼펜 광고를 보는 참여자들의 경우는 비호의적으로 평가된 음악을 들려주었다. 그 후 참여자들에게 베이지색 또는 파란색 볼펜 중 아무거나 선택하도록 지시한 결과, 79%가 베이지색 볼펜을 선택하였다. 대부분의 참여자들이 색이 좋아서 베이지색 볼펜을 골랐다고 말했으며, 오직 한 명의 참여자만이 음악 때문이라고 대답하였다. 따라서 이 연구에서 고른은 음악이 조건 자극으로 작용해서 즐거운 감정을 일으키고 참여자가 베이지색 볼펜을 선택할 가능성을 증가시켰다고 결론내렸다. 그러나 후속 연구들에서 다른 실험 방법을 이용하여 이 연구 결과를 반복 검증하고자 하였으나 실패했다는 점을 주목할 필요가 있다(e.g. Aden & Madden, 1985).

공포 소구 광고

공포 소구 광고는 일반적으로 과속운전이나 음주운전과 같은 무모한 행동을 바꾸려고 할 때 사용된다. 이런 광고는 문제가 있는 행동이 바뀌지 않으면 어떤 일이 벌어질지를 강조하는데, 이는 광고가 사람들을 위협해서 태도(e.g. Bennett, 1996; King & Reid, 1990)와 행동을 바꿀 수 있다는 아이디어에 근거한다.

그렇다면 공포 소구가 효과가 있는가? 대답은 '그렇다'이다. 그러나 강한 반응을 일으키려면 광고에 제시된 문제에 대한 해결책을 오디언스에게 알려주어야 하고 중간 수준의 공포를 사용하는 것이 좋다(e.g. Leventhal, Watts & Pagano, 1967; Ray & Wilkie, 1970; Ruiter, Abraham, & Kok, 2001). 따라서 음주 운전자의 수를 줄이기 위한 캠페인의 경우, 사람들을 너무 위협해서는 안 된다. 다시 말해 광고에 죽거나 피흘리는 사람을 담지 말고 그 사람들이 집까지 오는 데 이용할 수 있는 택시 전화번호를 제공하는 것이 더 좋을 수 있다.

중간 수준의 공포가 사용되고 소비자가 메시지에 귀를 기울여 적절한 행동 대안을 알게 되면, 소비자는 메시지를 정교하게 처리하고 그 결과 자신의 태도를 바꿀 가능성이 높아진다(Petty, 1995; Rogers, 1983). 그러나 오디언스가 광고에 의해 지나치게 위협을 느끼면, 그 메시지를 무시할 가능성이 더 크다(LaTour & Zahra, 1989). 한편 공포 소구가 너무 약해도 오디언스는 그 광고를 무시할 것이다. 따라서 공포와 태도

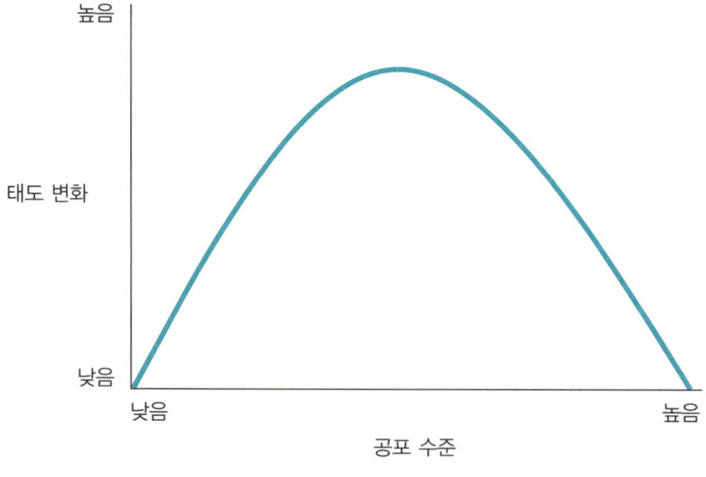

그림 7.4 공포와 태도변화의 관계

변화의 관계는 역 U자의 형태를 나타내며(그림 7.4), 적절한 양의 공포를 사용하는 것이 필수적이다.

위협을 포함하는 광고는 일반적으로 두 가지 범주 중 하나에 속한다. 즉 신체적 위협을 사용하는 것과 사회적 위협을 사용하는 것이다. 신체적 위협은 사람의 몸, 건강, 때로 생명과 직접적으로 관련이 있는 반면, 사회적 위협 메시지는 사회적으로 배제된 사람들에 더 초점을 맞춘다(e.g. Laroche, Toffoli, Zhang, & Pons, 2001; Schoenbachler & Whittier, 1996). 일부 연구자들은 사회적 위협의 사용이 신체적 위협만큼 또는 이상으로 설득력이 있다고 제안하지만, 신체적 위협이 광고에 더 보편적으로 사용된다(e.g. Dickinson & Holmes, 2008; Smith & Stutts, 2003). 그러나 그 효과는 무엇을 전달하고 누구에게 광고하는가에 달려있다. 예컨대 영국 성인들을 대상으로 수행된 연구에서는 담배가 흡연자를 사회적으로 바람직하지 않아 보이게 만든다는 단기적인 미용 효과를 강조한 금연 광고가 장기적인 건강의 문제를 강조한 광고보다 더 효과가 크다는 것을 발견했다(Michaelidou, Dibb, & Ali, 2008). 반면에 나이가 많은 오디언스는 장기적인 신체 건강의 위협을 담은 정보에 더 잘 반응하는 것으로 보인다(Leventhal et al., 1967).

쇼크 전략의 사용

공포 소구와 마찬가지로 충격적인 내용을 담은 광고 역시 자주 사용되는데, 경우에 따라서 두 가지 소구가 한 광고에 동시에 등장하기도 한다. '쇼크 소구 광고'는 의도적으로 청중에게 쇼크를 주고 불쾌감을 조성한다(Gustafson & Yssel, 1994). 일반적으로 사람들은 법체계, 문화 혹은 사회화 과정을 통해 학습한 관습에 따른 규범과 불일치할 때 모욕감을 느낀다. 이와 같은 보편적 규범을 위반하는 광고들이 있다. 예컨대 백인 아기를 젖먹이는 흑인 여성을 담은 베네통 광고, 독에 중독된 여자 아이를 보여주는 바나도(Barnardos, 영국의 어린이보호단체) 광고, 벗겨진 동물가죽을 이미지로 사용한 페타(PeTA, 세계동물보호협회) 광고 등이 있다(그림 7.5). 어떤 사람들은 이런 광고가 단순히 사회적인 의식을 높인다고 말하지만, 다른 사람들은 이런 이미지 광고가 사람들의 모욕감을 자극하고 분노를 이용해 주의를 끌려 한다고 비난한다.

한 선행 연구에서 참여자에게 쇼크, 공포, 정보 소구 광고가 포함된 5개의 광고를

'이 소녀는 아빠의 눈을 가졌습니다.'

그림 7.5 광고 자극에 대한 인식을 높이기 위해 쇼크 소구를 사용한 광고들
출처 : PeTA(왼), NBC Universal(오)

보여주고 반응을 측정한 결과, 쇼킹한 요소가 들어있는 광고가 다른 광고들보다 참여자의 주의를 더 많이 끌고 정보의 회상과 재인에 더 영향을 준 것으로 나타났다. 그 다음으로 공포 소구 광고가 효과적이었는데(Dahl, Frankenberger, & Manchanda, 2003), 이 결과는 공포 소구 광고가 쇼크 소구 광고만큼은 아니지만 오디언스에게 여전히 인상적이었음을 보여준다. 그러므로 오디언스의 주의를 끌려면 광고에 쇼킹한 요소를 더하는 것을 고려해볼 수 있지만 세심한 주의가 필요하다.

메시지의 핵심 요소를 언제 제시할 것인가

선행 연구들은 메시지의 처음(초두효과) 또는 마지막(최신효과)에 제시된 정보가 더 주의를 끌고 더 잘 기억된다고 주장했다(e.g. Jones & Goethals, 1971; Kruglanski & Freund, 1983; Miller, 1956). 그러나 이런 순서효과는 주로 긴 내용의 메시지에 적용되며, 메시지가 길면 소비자는 모든 정보를 처리하는 데 싫증을 느낀다. 초두효과와 최신효과는 노출된 메시지가 짧거나 메시지가 소비자의 관심과 일치해 전체 메시지를 정교하게 처리할 동기가 높을 때는 크게 감소한다(e.g. Haugtvedt & Wegener, 1994; Kruglanski & Freund, 1983).

TV 광고 배치의 중요성

광고의 효과에 영향을 주는 또 다른 요인은 TV 광고를 어떤 프로그램에 배치할 것인가의 문제다. 다른 미디어의 광고와 마찬가지로 TV 광고도 오디언스가 본 것을 기억을 해야 한다. 따라서 광고주들은 TV 광고를 가능하면 기억하기 쉽게 하려고 노력한다(Harris, 1999). 그러나 문제는 광고 자체만으로 조사했을 때 기억하기 쉽고 호감이 있다고 해서 그것이 다른 광고나 TV 프로그램에 삽입되었을 때도 기억하기 쉽고 호감이 가는 것은 아니라는 점이다. 소비자는 TV에서 노출된 정보에 기울이는 주의의 용량이 제한되어 있으며(Lang, Newhagen, & Reeves, 1996), TV 프로그램에 더 많은 주의를 기울일수록 광고에는 주의를 덜 기울이게 된다(Bushman & Bonacci, 2002). 또한 선행 연구들은 소비자 주의 용량이 폭력적이거나 성적인 내용을 담은 TV 프로그램에 더 많이 집중된다는 것을 발견했다(e.g. Geer, Judice, & Jackson, 1994; Geer & Melton, 1997; Lang et al., 1996). 이런 결과를 근거로 부시맨과 보나치(Bushman & Bonacci, 2002)는 폭력적이거나 성적인 프로그램 사이에 게재된 광고가 나중에 덜 기억되는지를 검증하였다. 이 연구에서 세 집단의 참여자에게 모두 똑같이 9개의 광고가 붙어있는 중립적이거나 폭력적이거나 성적인 프로그램 중 하나를 시청하도록 하였다. 그리고 프로그램 시청 후에 참여자에게 광고에서 본 브랜드명을 회상하도록 요청하였다. 또한 참여자에게 4개의 브랜드가 진열된 슈퍼마켓 진열대의 장면을 보여주고 광고에서 본 브랜드를 재인하는 검사를 실시하였다. 이중 하나의 브랜드는 광고에서 본 것이었다. 그 다음 광고에 제시된 9개의 브랜드가 재인 검사에 모두 포함되도록 같은 절차를 반복했다. 다음날 모든 참여자에게 전화를 걸어서 어제 광고에서 본 9개의 브랜드를 모두 회상하도록 요청하였다. 그 결과 세 가지 형태의 기억 검사에서 유사한 결과가 발견되었다. 즉 폭력적이거나 성적인 프로그램을 본 참여자들은 중립적인 프로그램을 본 참여자들보다 브랜드에 대한 회상이 낮았다. 따라서 이 결과는 광고주가 광고를 게재할 때 프로그램의 유형을 신중하게 고려할 것을 제안한다. 최근에 프라이드와 요한슨(Fried & Johanson, 2008)은 부시맨과 보나치의 연구가 프로그램 요인을 잘 통제하지 못했다는 점을 비판하였다. 이 연구자들은 프로그램의 내용을 동일하게 통제한다면 성과 폭력이 회상에 영향을 주지 못하며, 그보다는 줄거리의 전개나 프로그램이 얼마나 재미있는가가 영향을 줄 것이라고 제안하였다. 이 분야의 연구는 아직 초기 단계이므로 어떤 프로그램을 피할 것인가를 분명하게 추천하기는 아직 시기상조다. 그럼에도 불구하고 이 문제는 광고자와 매체 구매자에게 유념할 만한 아이디어를 제공한다.

역하 광고-진실 혹은 거짓

수많은 소비자 관련 교재들이 역하 광고를 지지하는 실질적인 증거가 없다는 것을 알면서도 광고를 논의할 때 빠지지 않고 다루는 것은 흥미롭다. 하지만 이 주제에 대한 관심은 '쉽게 사라지지 않을 것'으로 보이며, 따라서 이 책에서도 언급하려고 한다. 역하 메시지는 의식적으로는 지각할 수 없지만 사람들의 판단, 태도, 행동에 여전히 영향을 미친다고 간주되는 자극을 말한다.

역하 광고는 1957년 제임스 비케리(James Vicary)가 세상 사람들에게 역하 광고의 효과가 있음을 믿게 하려고 속임수를 쓴 시점부터 시작되었다. 그는 영화 상영 중에 '팝콘을 먹어라'와 '코카콜라를 마셔라'라는 메시지를 매우 짧은 시간 동안 제시해서 관객들이 그 사실을 인지할 수 없었다고 주장했다. 그리고 영화가 끝난 후 실제 영화가 끝난 후 실제 증가했다고 보고하였다. 그러나 비케리는 진실을 말하지 않았다(Weir, 1984). 비케리의 주장은 사람들을 흥분시키기에 충분했고, 많은 연구들이 역하 메시지의 효과를 검증하려는 목적으로 수행되었다.

역하 지각을 검증한 연구들은 팝콘의 판매 증가를 가져온 역하 메시지의 효과가 다이어트나 금연을 위해 개인 훈련용 테이프에 삽입한 역하 메시지의 효과 이상이라는 어떠한 증거도 발견하지 못했다(e.g. Brannon & Brock, 1994; Merikle, 1988; Moore, 1992; Pratkanis, 1992; Theus, 1994; Trappey, 1996). 비록 선행 연구가 압도적으로 역하 지각의 효과에 반대하고 있지만 그 효과를 지지하는 통제된 실험실 연구들도 존재한다(e.g. Bornstein & D'Agostino, 1992; Strahan, Spencer, & Zanna, 2002). 역하 지각을 지지하는 한 연구에서는 미국 대학생 참여자에게 일련의 한자를 보여주고 각 글자의 모양을 얼마나 좋아하는지를 평정하도록 하였다(Murphy & Zajonc, 1993). 한자를 보여주기 전에 참여자들에게 행복한 또는 화난 표정의 얼굴 사진 혹은 감정과는 상관없는 다각형을 보여주었다. 이 그림들은 의식 수준에서는 지각할 수 없도록 4/1000초의 짧은 시간에 제시되었기 때문에 참여자들은 아무도 이를 의식하지 못했다. 연구 결과, 화난 표정의 얼굴이 짧게 제시된 조건의 참여자들은 한자의 호감도가 가장 낮았고, 행복한 표정의 얼굴 조건의 참여자들에게서 한자의 호감도가 가장 높았으며, 다각형 조건에서 한자의 호감도는 중간 수준이었다. 이는 매우 흥미로운 발견이었다. 그러나 실제 생활에서는 통제할 수 없는 요인들이 실험실 상황에서는 통제되기 때문에 실험실 연구는 생태학적 타당성이 부족하다는 점을 주목할 필요가 있다. 실생활의 소비자 상황에서는 사람들이 어디에 그리고 어떻게 앉아 있는지에 따라 역하 자극의 영향을 방해할 소음과 우리를 둘러싼 환경 요인들이 너무도 많은 것이다. 따라서 일반적으로 볼 때 소비자는 역하 메시지에 의해 영향을 받을 가능성이 매우 낮거나 명확한 결론에 도달하기 어렵다고 말하는 것이 타당할 것이다.

문화적 차이

광고 캠페인은 종종 전 세계적으로 집행되는데 광고가 다양한 문화권의 모든 나라들은 똑같이 지각될 것이라고 가정하는 것은 큰 착오다. 연구들은 문화나 하위 문화적인 요인에 따라 사람들이 광고에 다르게 반응한다는 것을 발견했다. 그러므로 서로 다른 문화에 광고를 집행할 계획이 있다면 파일럿 광고(piloting ads)를 이용하여 미리 광고효과를 검증하는 것이 바람직하다.

자선 광고

광고 영역 중 자선단체들이 기금이나 도움을 호소할 때 사용하는 광고는 문화적 차이가 중요한 역할을 한다. 기존 연구들은 자선단체에 대한 사람들의 태도가 자선단체의 가치와 그들이 소구하는 광고의 일치성에 따라 결정된다고 밝혔다(Supphellen &

Nelson, 2001). 즉 자선단체의 광고 소구가 오디언스의 문화적 가치와 일치할 때 광고 메시지가 훨씬 더 긍정적으로 지각될 가능성이 높다(Han & Shavitt, 1994; Zhang & Gelb, 1996).

문화적 차이는 흔히 개인주의 문화와 집합주의 문화로 구분된다. 그러나 두 가지 문화가 자선 광고에 대한 반응이 두 가지 문화권에서 서로 다른지는 아직 실증적 증거가 불충분하다(e.g. Aaker & Williams, 1998; Han & Shavitt, 1994). 아마도 이런 불일치는 남성성/여성성과 같은 추가적인 문화적 요인에 의해 설명될 것이다. 넬슨, 브루나이, 서펠렌 및 맨찬다(Nelson, Brunei, Supphellen, & Manchanda, 2006)가 이 문제를 제안하고 연구한 바 있다. 연구자들은 남성성(미국과 캐나다)과 여성성(덴마크와 노르웨이)이 구분되는 모두 개인주의 문화권에 속한 4개의 나라에서 연구를 수행하였다. 참여자들은 이타적인 또는 이기적인 동기에 근거해서 돈을 기부할 것을 독려하는 두 가지 유형의 자선 광고 중 하나에 노출되었다. 그 결과 남성 문화권의 남성 참여자는 이기적인 동기의 자선 광고를, 여성 참여자는 이타적인 동기의 자선 광고를 선호한 반면, 여성 문화권의 경우는 이와 반대였다. 이들의 연구는 문화를 연구할 때 개인주의와 집합주의와 같은 광범위한 문화적 개념에 근거하는 것은 잘못된 결과를 낳을 수 있는데, 이런 개념이 연구 대상 국가의 전체 국민을 잘 대표하지 못하기 때문으로 볼 수 있다.

핵심용어

생생한 자극 눈에 띄는 특성을 가진 자극

현저한 자극 맥락에 의해 정해지는 특출한 자극

수면자효과 처음에는 그럴듯하다고 지각되지 않지만 나중에는 사람들의 의견을 바꿀 수 있는 설득 메시지의 효과

요약

광고심리학은 광고의 효과에 영향을 미치는 요소들을 이해하기 위해 많은 변인들을 고려해야 하는 복잡한 주제다. 첫째로 소비자의 주의를 끄는 것이 중요한데, 이는 생생하고 현저한 자극을 통해 얻을 수 있다. 일단 첫 단계가 성공하면 정교화 가능성 모형이 제안하는 것처럼, 소비자의 관여 수준이 소비자가 주어진 정보를 얼마나 정교하게 처리할 것인가에 영향을 준다. 소비자가 메시지를 정교하게 처리할 가능성은 광고에 어떤 요소들을 포함시킬지에 대한 답을 제공한다. 중심통로에 의한 처리는 행동에 미치는 영향력이 큰 장기적인 태도를 형성할 수 있기 때문에 사람들에게 중심통로를 통해 광고를 처리하도록 독려하는 것이 좋다. 유머, 성, 음악, 공포는 모두 바람직한 반응을 유도하기 위해서 광고에 사용할 수 있는 요소들이다. 일반적으로 이런 요소들이 잠재의식적으로 노출되기보다는 의식적인 수준에서 제시되도록 하는 것이 바람직하다. 광고의 효과를 높이기 위해 어떤 방법을 사용하든 문화의 영향력을 고려해야 한다.

연습문제

잡지나 신문에서 4개의 광고를 찾는다. 사람들이 주변통로를 이용하도록 만들어졌다고 생각되는 광고 2개와 중심통로 처리에 적합하다고 생각되는 광고 2개를 고른다. 학생들은 그렇게 생각하는 이유를 광고에 들어있는 요소와 광고의 표적 수용자에 관한 구체적인 예를 제시하고 설명한다. 또한 각 광고가 얼마나 효과적으로 사람들에게 최소한 또는 깊은 정교화 처리를 하게 만드는지 토론한다.

8 소비자행동의 동기 요인들

개요

우리가 제품이나 서비스를 소비하고자 하는 동기는 무엇인가? 이 장에서는 동기의 개념이 무엇이며, 동기의 세 가지 특성인 방향, 노력, 지속성이 어떻게 구조화되어 있는가를 살펴봄으로써 이 문제를 다루고자 한다. 이어서 매슬로의 욕구 위계설, 추동 감소 이론, 기대가치 이론, 균형 이론, 각성 이론을 포함한 동기 이론을 다룰 것이다. 마지막으로 소비자의 동기를 유발하는 방법들(표적 수용자 이해의 중요성, 정적 강화의 사용, 관여의 독려)을 간략하게 개관할 것이다.

동기

인간의 동기를 유발하는 요인이 무엇인가에 관한 문제는 심리학자들이 오랫동안 고민해온 것으로 소비자 연구 분야에서도 제품이나 서비스를 구매하는 소비자의 동기에 관한 많은 이론들이 존재한다. 동기(motivation)는 사람들로 하여금 특정한 방식으로 '행동하게 하는 과정'이라고 말할 수 있다. 동기의 라틴어 어원은 '움직이는 것(to move)'이며 동기 연구는 어떻게 신념, 가치, 목표가 소비자의 행동에 영향을 미치는가에 초점을 두고 있다.

동기는 다음의 세 가지 특성을 갖고 있다(Arnold, Robertson, & Cooper, 1995).

1. 방향 : 사람이 지향하는 바
2. 노력 : 원하는 목표를 달성하기 위해 얼마나 많은 노력을 쏟아 붓는가
3. 지속성 : 얼마나 오랫동안 목표를 이루고자 노력했는가

이 세 가지 특성은 동기에는 특정한 행동에 개입하고자 하는 근본적인 욕구가 있어야 하며, 동기는 이 욕구가 달성(목표)될 때까지 지속적으로 추구(추동)해야 하는 것임을 나타낸다. 욕구(need)는 목표 행동을 촉발하는 요소이고, 추동(drive)은 특정한 양의 노력을 쏟게 만드는 것이며, 목표(goal)는 달성하고자 하는 어떤 것이다. 욕구와 목표는 환경, 다른 사람과의 상호작용, 삶의 경험과 같은 요인들에 따라 계속해서 변한다. 따라서 욕구, 추동, 목표 간의 관계는 매우 밀접하다(그림 8.1).

욕구

사람들에게 어떤 욕구가 생기면 이를 충족시키려는 동기가 발생한다(e.g. Murray, 1951). 이는 행동과 의식적 과정 모두에 적용된다(e.g. Fazio, 1990; Kruglanski, 1989). 욕구는 선천적(생물학적)이거나 후천적(환경에 반응해서 학습된 것)이다. 선천적인 욕구는 음식, 물, 성, 옷에 대한 욕구를 포함하지만, 후천적인 욕구는 애정, 자존감이나 명예 등에 대한 욕구를 포함한다. 사람들은 배가 고프면 식욕이 생기고 그리하여 음식을 먹을 장소를 찾는다(선천적 욕구). 그러나 사람들이 음식을 먹기 위해 선택하는 음식점의 유형은 후천적인 욕구일 수 있다. 예컨대 돈을 잘 버는 변호사가 매우 비싸고 고급스런 레스토랑을 선택한다면 선천적인 욕구와 후천적인 욕구를 모두 충족시키는 경우이다.

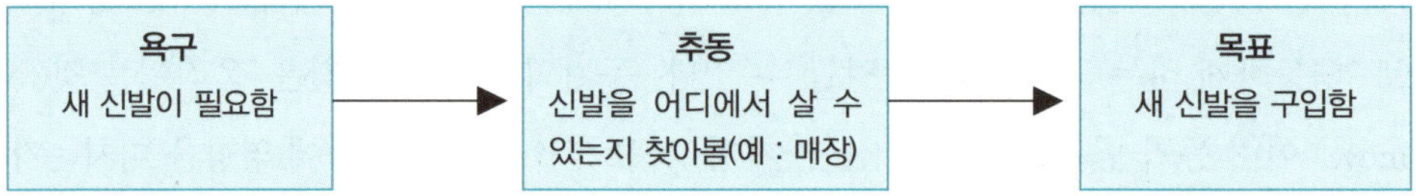

그림 8.1 욕구, 추동, 목표 간의 관계

선천적인 욕구와 후천적인 욕구는 또 다른 두 가지의 욕구 개념과 밀접한 관계가 있다. **실용적 욕구**(utilitarian needs, 실제적이고 기능적인 혜택이 있는 욕구)와 **쾌락적 욕구**(hedonic needs, 감정적 반응과 관련이 있는 경험적 욕구). 실용적 욕구는 일반적으로 선천적 욕구에 대한 즉각적인 반응(예 : 배고플 때 무언가 먹을 것을 찾음)으로 나타나며, 쾌락적 욕구는 고급 레스토랑을 찾는 것이 만족감을 가져오는 경우처럼 후천적 욕구와 유사하다.

어떤 제품이 실용적 또는 쾌락적 욕구에 부합하는지는 어느 정도 구분이 가능하다. 그러나 음식과 레스토랑의 예에서 보듯이, 다른 많은 소비재와 마찬가지로 음식은 두 가지 유형의 욕구를 모두 만족시킬 수 있다(Lowe & Butryn, 2007). 영양 상태가 좋은 사람들은 쾌락적 욕구에 따라 음식을 소비하기 때문에 과식과 비만의 위험이 있는데(Lundy, 2008), 이는 어떤 욕구는 사람들에게 꼭 유익하지는 않은 소비행동을 추동할 수 있음을 보여준다. 즉 소비자가 쾌락적 대안과 실용적 대안을 직접적으로 비교하지 않는 한 쾌락적 대안이 소비자를 유혹하는 것이 쉽다(Okada, 2005).

추동

소비자가 어떤 욕구를 경험하든 그 사람의 현재 상태와 이상적이라고 지각하는 상태 간에는 어느 정도 괴리가 있다. 예컨대 여러분이 지금 갖고 있는 것과 갖고 싶어 하는 것 간에는 차이가 있다. 이런 차이는 결국 사람들에게 어느 정도의 각성을 경험하게 하는 긴장과 심리적 불편감을 일으키는데, 이것이 추동이라고 일컬어지는 각성 상태다.

소비자들은 자신이 경험하는 각성을 줄이려고 노력하기 때문에 사람들의 바람을 동기화하는 요소가 무엇인지 그리고 사람들이 어떻게 행동하는가를 이해하는 것이 동기의 핵심적인 측면이다(이 장의 후반부에 있는 추동 감소 이론 참조). 결과적으로 사람들은 자신의 긴장을 줄일 수 있는 적절한 목표를 추구한다. 일단 소비자가 자신의 목표를 달성하고 나면, 긴장이 감소되며 새로운 긴장이 나타나기 전까지는 동기가 사라진다. 어떤 사람이 배고픔을 느끼면 배고픔에 의해 유발된 각성은 음식을 먹음으로써 줄어들 수 있다. 그러나 먹고 싶은 음식에 관해서는 많은 선택 가능성이 있으며 결과적으로 배고픔에 의한 긴장을 줄이려는 추동은 배고픔 자체에 의해 영향을 받을 뿐만 아니라 자존감 유지와 고양, 자아개선, 집단에 대한 소속 욕구와 같은 개인적 특성과 문화에 의해서도 영향을 받는다.

목표

목표는 동기화된 행동의 결과이며 '어떤 사람이 달성하고자 하는 것 혹은 행위의 목적'이라고 정의할 수 있다(Locke, Shaw, Saari, & Latham, 1981, p. 126). 욕구와 마찬가지로 목표도 한 가지 이상의 유형, 즉 **보편적 목표**(generic goal)와 **제품관련 목표**(product-specific goal)로 나눌 수 있다. 보편적 목표는 소비자가 자신의 욕구를 달성하는 방법이라고 생각하는 일반적인 범주의 목표들이다. 예컨대 어떤 여성이 핸드백이 필요하다는 말을 하고 있다고 하자. 그녀가 새로운 가방에 대한 욕구는 표현했지만 구체적인 가방을 말하지는 않았으므로 이것은 보편적 목표다. 그러나 그녀가 새로운 'D 골드' 구찌 핸드백이 필요하다고 말했다면 그녀는 제품 관련 목표를 표현한 것이 된다.

대부분의 소비자 욕구에는 그것에 적합한 여러 가지 목표들이 있다. 소비자가 이 중 특정한 목표에 초점을 맞추는 것은 내재적 신념, 이전 경험, 사회적 규범, 가치와 같은 여러 요인들에 의해 영향을 받는다. 가장 중요한 요인은 소비자가 자신을 어떻게 지각하는가와 목표가 '소비자의 정체성'과 얼마나 일치하는가이다(e.g. Emmons, 1996; Kasser & Ryan, 1993; Winell, 1987). 제4장에서 논의한 바와 같이, 소비자들은 자신의 정체성을 표현해주는 제품이나 서비스를 구매하는 경향이 있으며, 목표도 그에 따라 달라질 수 있다. 개인의 동기적 특성이 목표에 영향을 미치는 방식은 (1) 이상(ideals, 바람, 희망 그리고 열망으로 설명되는 바람직한 목표)과 (2) 의무(oughts, 책임과 책무를 말하는 책임을 포함하는 당위성)라는 두 가지 유형의 목표를 구분한 연구에서 발견된다(Higgins, 1987; Pham & Avnet, 2004). 두 가지 목표는 사람들의 자기조절(self-regulatory) 체계에 영향을 미친다. 이상적 목표는 촉진 체계(promotion system)와 관련되고(양육 욕구를 담당하는 체계), 의무적 목표는 예방 체계(prevention system)와 관련된다(안전 욕구를 담당하는 체계). 넓은 화면의 플라즈마 TV를 새로 사는 것과 같은 목표가 있을 때, 촉진 초점 체계를 가진 사람들은 주로 접근 전략에 근거해서 가능한 한 많은 돈을 모으지만, 예방 초점 체계를 가진 사람들은 점심때 추가로 간식을 사먹지 않는 것과 같은 회피 전략을 사용한다(Higgins, 1998). 따라서 넓은 의미에서 목표는 접근 지향적이거나 회피 지향적이라고 말할 수 있다. 목표 지향 유형은 소비자가 제품을 어떻게 지각하는가에 영향을 준다. 한 연구에서 목표 지향 유형이 광고의 평가에 영향을 주는 것으로 나타났는데, 소비자가 이상적 목표에 관심이 있을 경우 광고를 평가할 때 감정에 더 의존하지만, 의무적 목표에 관심이 있을 경우는 사실적인 내용에 더 의존하는 것으로 밝혀졌다(Pham & Avnet, 2004).

내적 동기와 외적 동기

목표는 내적 또는 외적으로 동기화된다. 내적 동기(intrinsic motivation)는 돈이나 보너스, 선물과 같은 보상을 기대할 때 나타나는 외적 동기(extrinsic motivation)와 달리 그 자체를 위해서 어떤 행동에 개입하려는 욕망이 있을 때 나타난다. 내적으로 동기화된 사람들은 외적으로 동기화된 사람들보다 자신이 선택한 행동에 더 깊이 관여한다(Decci & Ryan, 1985). 이러한 사실은 참여자에게 흥미로운 활동에 참가한 대가로 돈을 보상으로 준 연구들에서 발견되었다. 이 연구에서 돈을 보상으로 받은 참여자들이 그렇지 않은 참여자들보다 요구된 활동에 참가하는 시간이 유의미하게 적었다(Deci, 1971, 1972). 이와 유사하게 레퍼, 그린 및 니스벳(Lepper, Greene, & Nisbett, 1973)의 연구에서는 유치원생들을 대상으로 보상을 기대하는 조건, 보상을 기대하지 않는 조건, 기대하지 않은 보상을 준 조건의 세 집단으로 나눠서 내적 동기 과제에 참여시켰다. 연구자들은 일주일 후에 그 어린이들이 똑같은 과제에 관심을 보이는지를 관찰하였는데, 그 결과 보상을 기대했던 조건의 유치원생들은 관심을 적게 보인 반면, 다른 두 조건의 유치원생들은 그 과제에 계속적인 관심을 보였다.

컴퓨터 게임과 같이 내적인 오락 동기(Klimmt, 2003)를 제공하는 특별한 유형의 소비는 외적인 만족을 선호하는 소비자에게는 매력적이지 않은 것으로 보인다(Hartmann & Klimmt, 2006).

동기 이론

다년간 심리학자들은 동기에 관한 많은 이론들을 제안했다. 이들 가운데는 이론적 근거가 유사한 이론들도 있고 근본적인 가정이 서로 다른 이론들도 있다. 어떤 이론은 지지하는 실증적 증거가 없다는 점에서 다른 이론들과 구별되기도 한다. 무엇이 사람들을 동기화하는가를 이해하는 것은 결코 단순한 문제가 아니며, 그 만큼 이 주제의 복잡성을 반영한 많은 동기 이론들이 있다. 따라서 동기를 더 깊이 있게 이해하려면 다양한 동기 이론에 친숙해져야 한다.

매슬로의 욕구 위계설

매슬로(Maslow)의 욕구 위계설은 인간의 욕구가 어떻게 소비의 근본적인 요인이 될 수 있는지를 설명하며 소비자행동 교재라면 늘 등장하는 이론이다. 매슬로(1970)에 따르면 인간의 욕구는 모두 다섯 가지 단계로 구성되며 한 단계에서 다음 단계로 넘어가기 위해서는 욕구 충족이 하위 욕구로부터 순차적으로 이루어져야 한다고 가정한다(그림 8.2). 욕구 위계는 크게 생리적 욕구와 심리적 욕구의 두 가지로 나뉜다. 가장 낮은 단계에 생존에 필수적인 **생리적 욕구**(예 : 먹을 것과 마실 것에 대한 욕구)가 있다. 이 단계를 소비자에게 적용할 경우 소비자가 물과 음식을 소비할 것이라는 점에서 지극히 기본적인 욕구에 해당한다. 다음 단계는 **안전 욕구**(예 : 주거에 대한 욕구와 특정한 환경에서 안전감을 느끼는 욕구)다. 안전 욕구를 충족시키기 위해 소비자

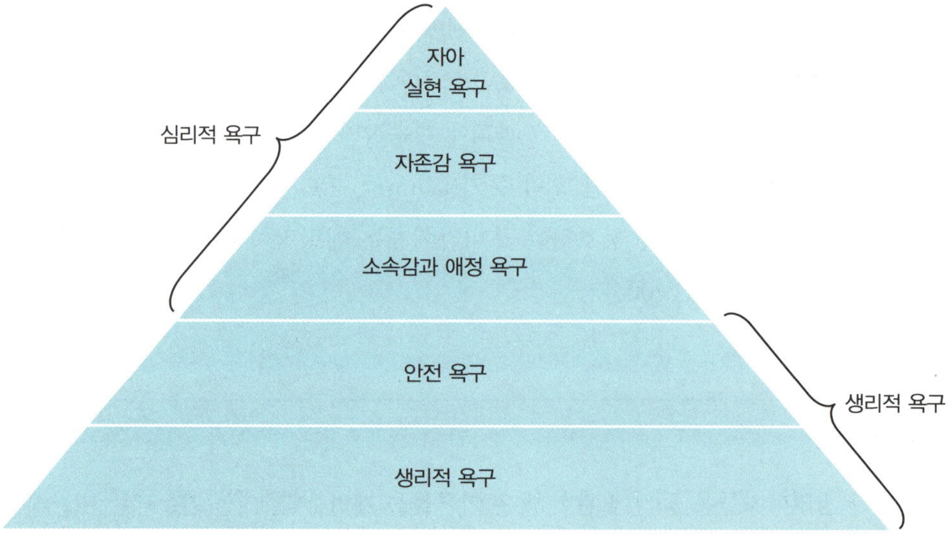

그림 8.2 매슬로의 욕구 위계설

는 안전이 보장되는 아파트를 구입하거나 건강보험을 들 것이다. 그 다음 단계는 **소속감과 애정 욕구**이며, 네 번째 단계가 **자존감 욕구**(예 : 다른 사람으로부터의 존경과 자기확신감)다. 소비자는 음악회에 참석하거나, 술집이나 박물관에 가는 활동을 통해 소속감의 욕구를 표현할 수 있다. 이런 활동을 통해 그들은 자신에게 소속감을 제공하는 특정 집단의 일원이 되려고 노력한다.

자존감의 욕구는 어린 나이에 나타나기 시작하며, 이 욕구는 다른 욕구가 완전히 충족되지 않더라도 존재한다(Csikszentmihalyi, 2000). 소비자의 관점에서 보면 사람들은 자신을 다른 사람과 구별하는 제품을 구매하고자 한다. 이런 목적을 위해 구매하는 제품은 일반적으로 다른 사람이 쉽게 해석할 수 있는 분명한 상징적 가치를 갖고 있다. 많은 연구에서 물적 소유는 자아의 확장인 동시에(Belk, 1988), 자아의 단면(예 : 지위와 부)을 표현하는 수단이 되는 제품은 사람들의 자존감을 증진시킨다는 사실이 밝혀졌다.

욕구 위계의 최종 단계는 **자아실현**의 욕구인데, 이는 사람이 자신의 잠재력을 충족시키고자 할 때 발생한다. 자아의 실현은 심리적 수준에서 발생하며 대부분 고등의 정신 세계를 나타낸다. 매슬로(1970, p. 46)는 자아실현을 다음과 같이 서술하고 있다. "자신이 궁극적으로 평온한 상태에 있으려면, 음악가는 음악을 해야 하고 화가는 그림을 그려야 하며 시인은 시를 써야 한다. 자신이 원하는 일이 있다면 이를 꼭 달성해야 한다."

매슬로는 이 이론에서 인간 행동을 동기화하는 것이 무엇인지에 대한 새롭고 흥미로운 관점을 제시했다. 그러나 매슬로가 동기에 대한 현상학적 접근(과학적 방법을 거절하고 의식적 경험을 기술하는 것)을 택했기 때문에 그의 이론은 검증하기가 매우 어렵다. 특히 자아실현은 그 정의가 분명하지 않으며 측정하기가 곤란하다. 그럼에도 불구하고 어떤 소비자 의사결정은 자아실현의 욕구에 의해 유발되는 것으로 보이며(Csikszentmihalyi, 2000), 특정한 구매를 설명하는 데 유용하다. 한 예로 당신이 마음의 평화를 얻기 위해 달라이 라마를 방문하고 싶은 욕구가 있다고 하자. 당신이 인도에 살고 있지 않다면 그를 보러 가기 위해 비행기 표를 사야 하는데, 비행기 표를 사는 것은 자아실현의 욕구에 의해 동기화된 것을 의미한다.

그의 이론을 실증적으로 검증하려 했던 연구자들은 대부분 욕구 위계를 지지하는 증거를 찾지 못했다(Arnold, Cooper, & Robertson, 1995). 이 때문에 사람의 행동이 특정한 욕구에 의해 동기화된다는 견해를 버려야 한다고 주장하는 연구자들도 있다. 비록 이 이론의 정확성이 의심받고 있을지라도 생리적 욕구와 심리적 욕구를 구분했다는 점에서 여전히 유용한 이론이며, 이 두 가지 구분은 실용적 욕구 및 쾌락적 욕구와 유사하다. 더욱이 이 이론은 '선택이 어떻게 실존적 욕구를 충족시키는가 하는 관점에서 소비자행동의 가치를 측정하는 척도'로 사용될 수 있다(Csikszentmihalyi, 2000, p. 269). 그럼에도 불구하고 이 이론의 사용은 제한적인데, 그 이유는 소비자가 언제나 특정 동기에 의해 추동되지 않을 뿐만 아니라 매슬로가 제안하는 순서를 반드시 따르지 않기 때문이다(Hilles & Kahle, 1985; Kahle, Homer, O'Brien, & Boush, 1997).

추동 감소 이론

추동 감소 이론(drive reduction theory)은 사람들이 특정한 행동을 하게 만드는 동기를 설명하는 행동주의적 접근이다. 헐(Hull, 1943, 1952)은 불쾌한 각성 상태를 생성하는 생물학적 욕구에 의해 사람들의 행동이 유발된다고 제안했다. 불쾌한 각성 상태를 경험하게 되면 사람들은 불쾌한 감정을 줄이고자 동기화된다. 따라서 소비자들은 **신체적 항상성**(homeostasis, 불쾌한 감정을 줄임으로써 '정상적인' 균형 상태의 감정을 유지함)을 회복하기 위해 목표 지향적인 행동에 참여한다. 예컨대 당신은 치통이 있을 때 이를 일시적으로 덜어줄 무언가를 사기 위해 가까운 약국에 갈 것이다. 치통을 덜어줄 약을 찾았다면, 다음에 또 치통이 있을 때 그 제품을 다시 구매할 가능성이 더 높을 것이다. 그러나 그 제품이 당신의 신체적 항상성을 회복시키는 데 실패한다면, 같은 제품의 반복구매보다는 **마음의 평정**(equilibrium)을 회복할 때까지 시행착오(여러 개의 다른 제품을 써 보는 것)를 겪을 것이다.

추동 감소 이론이 모든 소비자행동을 설명하지는 못한다는 점을 주목할 필요가 있다. 만일 어떤 사람이 점심시간이 다 돼서 배가 매우 고프지만 오후에 중요한 외식 약속이 있다면, 지금 무언가 먹을 것을 사지는 않을 것이다. 사실 이런 행동은 그 사람이 배가 고파서 불쾌해진 감정을 줄여야 함에도 불구하고 즉각적인 만족을 피한다는 점에서 추동 감소 이론과 단적으로 모순된다.

이 이론과 관계있는 많은 연구가 1950년대와 1960년대에 수행되었지만 최근에 이 이론을 지지하는 증거는 거의 없다. 많은 사람들이 추동을 감소시키기 보다는 증가시키는 행동을 실행하기 때문에 많은 심리학자들은 이 이론으로 소비자의 동기를 잘 설명할 수 없다고 생각한다. 일례로 사람들은 배가 고파도 다이어트를 위해 먹지 않을 수 있다. 이런 행동은 배고픔의 추동을 증가시키는 것으로, 추동 감소 이론과 상반되는 것이다.

기대 이론들

동기 이론에서 기대(expectancy)는 인지적 특성을 가진 매개 변인으로 대상(제품과 서비스)과 실제 세계 간의 관계에 관한 지식을 말한다. 여기서 관계란 어떤 대상이 존재할 때 반드시 그 뒤에 뒤따를 것으로 기대되는 사건과의 관련성을 말한다. 예컨대 어떤 남성 소비자는 자신이 링스(Lynx) 스프레이를 사용할 경우 여성들에게 매력적으로 보일 거라고 기대할 수 있다(마치 링스 광고에서처럼). 기대에 초점을 둔 이론에는 자아효능감 이론, 기대가치 이론들, 기대가치 모형, 보상 이론이 있다.

자아효능감 이론

반두라(Bandura, 1977, 1997)는 성공의 기대에 초점을 둔 동기에 관한 사회 인지 모형을 제안하였다. 그는 자아효능감(self-efficacy)을 특정한 문제를 해결하거나 과제를 완수하기 위해서 일련의 행위를 조직화하고 수행하는 자신의 역량에 대한 확신이라고 정의하였다. 어떤 사람들은 높은 자아효능감을 갖고 있지만 그렇지 않은 사람들도 있다. 반두라의 이론에서는 두 가지 유형의 기대신념을 구분한다.

1. 성과 기대 : 어떤 행동이 특정한 결과를 가져올 것이라는 믿음(예 : 당신이 루이비똥 가방을 들고 있을 때 친구들이 당신을 부러워한다고 생각함)
2. 효능감 기대 : 원하는 성과를 얻는 데 필요한 행동을 자신이 효과적으로 수행할 수 있는지에 대한 신념(예 : 루이비똥 가방을 살 돈을 모으기 위해 초과 근무를 할 수 있다고 생각함)

반두라는 두 가지 기대신념에서 원하는 성과를 얻으려는 특정 행동에 대한 기대와

이들 결정적 행동을 실행하는 데 사용되는 상위 수준의 기대를 구분하고자 했다. 즉 누군가 어떤 행동이 구체적 성과를 가져올 것이라고 믿을지라도(성과기대), 그에 요구되는 행동을 수행할 역량이 없다고 생각할 수 있다(효능감 기대)는 점에서 두 가지 기대신념은 다르다. 결국 소비자의 효능감 기대는 목표를 설정하고 그 목표를 지속적으로 추구하려 할 때 매우 중요한 결정요인이다.

기대가치 이론들

기대 이론들은 태도의 형성(제6장)과 관련이 있을 뿐만 아니라 기대가 어떻게 특정한 행동을 하도록 소비자를 동기화시키는가의 문제와도 관련이 있다. 1980년대 이후로 기대 이론들은 기대와 가치의 개념을 통합하는 이론으로 발전하였다(Eccles, 1987; Wigfield & Eccles, 2000). 지금까지 동기에 관한 기대가치 이론은 여러 가지가 제안되었는데, 이 중에는 사람들이 특정한 목표를 위해 노력하는 이유를 설명하지 않은 채 현상만을 기술한 이론들이 있다(e.g. Ajzen, 1986; Fishbein & Ajzen, 1975; Lewin, Dembo, Festinger, & Sears, 1944; Talman, 1932). 그럼에도 불구하고 모든 기대가치 이론의 근본적인 원리는 동일하다. 그 원리는 목표가 소비자에게 더 바람직해 보이고 소비자가 그 목표를 달성할 수 있다고 생각할수록 그것을 선택할 가능성이 높다는 것이다. 소비자가 다른 제품보다 특정 제품을 선택하는 것은 자신이 선택한 제품이 기대가치가 높은 성과를 제공할 것이라고 생각하기 때문이다.

헥하우젠의 기대가치 모형

헥하우젠(Heckhausen, 1991)은 동기에 관한 다양한 접근들을 자신의 이론에 통합하고자 하였으며, 다음과 같은 네 가지 기대를 제안하였다.

1. 상황-성과 : 사람들이 특정한 상황에서 행위 없이도 어떤 성과를 얻을 가능성이 얼마나 되는가에 대한 주관적인 관점
2. 행위-성과 : 행위를 통해서 어떤 성과를 얻을 가능성에 대한 주관적인 확률
3. 상황에 따른 행위-성과 : 상황적 요인이 행위에 따른 성과 기대를 얼마나 촉진 또는 방해할 것인가에 대한 주관적인 확률
4. 성과-결과 : 성과가 어떤 특정한 최종결과와 관련되어 있을 가능성에 대한 주관적인 지각

이 기대가치 모형(expectancy-value model)은 기대되는 성과가 기대를 형성하는 데 매우 중요하다고 제안한다. 헥하우젠의 모형에서 성과는 사람들의 행위로 나타나는 직접적인 결과다. 어떤 성과들은 최종 결과가 따르지만 다른 성과들은 최종 결과가 나타나지 않을 수 있다. 성과는 그 자체로 보상적인 가치를 지니지 않는다. 가치는 행위의 최종 결과에 의해 결정되는데, 이는 행위의 추동이 행동의 최종 결과에 부여된 가치에 의존한다는 것을 시사한다. 헥하우젠이 네 가지 동기 유형을 제안하기 이전의 기대가치 모형들은 주로 행위-성과에 대한 기대에 초점을 맞추어왔다.

인센티브의 사용

기대가치 이론들에서 언급한 것처럼, 얼마간의 인센티브는 소비자에게 특정한 제품이나 서비스를 구매하도록 동기화할 수 있다. 사람들은 환경 자극(광고나 매장 내 전시물과 같은 마케팅 자극)을 통해 다양한 제품과 서비스의 의미와 그것들에 대한 기대를 학습한다. 따라서 그러한 환경자극으로부터 소비자의 원하는 목표가 설정되고 행동이 유발된다는 점은 의심의 여지가 없다. 젊게 보이거나 인기를 얻거나 돈을 벌거나 아이스크림을 먹는 것과 같은 긍정적 혹은 부정적 성과와 관련하여 학습된 모든 자극들이 인센티브로 작용할 수 있다.

사람들은 긍정적인 인센티브를 제공하는 행동에 매력을 느끼지만 부정적 혹은 바람직하지 않은 성과와 연합된 행동은 피하려는 경향이 있다. 예컨대 인터넷을 사용하고 있는 어떤 사람이 과거에 이익(돈, 음식 등)과 조건 형성된 자극을 사용한 배너 광고를 보고 있다고 하자. 그는 광고를 클릭하면 긍정적인 결과가 있을 거라는 기대가 있기 때문에 배너 광고를 클릭하려고 동기화된다.

인센티브에는 유형 또는 무형의 인센티브가 있다. **유형의 인센티브**는 타인으로부터의 인정과 같은 보상 등을 포함하며, **무형의 인센티브**는 스스로에 대한 긍정적 느낌과 같은 내재적인 것들을 포함한다.

균형 이론

균형 이론(balance theory)은 서로 불일치한 태도가 어떻게 사람들을 설득하는지를 밝히고자 제안된 인지 일관성 이론이다. 이 이론은 하이더(Heider, 1946, 1958)가 제안하고, 카트라이트와 헤러리(Cartwright & Harary, 1956)에 의해 수정되었다. 연구자들은 일반적으로 사람들이 다른 사람, 대상, 아이디어, 사건에 대한 태도(감성 관계, sentiment relations)와 연결성(단위 관계, unit relations)을 갖고 있다고 주장한다. 이런 관계들이 어떻게 조직화되어 있는지가 관계들 간의 균형 상태를 결정짓는다. 관계들 간의 균형은 삼각형으로 표현될 수 있는데 각 꼭지점은 본인(p), 친구나 유명인과 같은 다른 사람(o), 제품, 서비스, 사건과 같은 대상(x)을 나타낸다. 삼각형이 불균형 상태이면, 사람들은 긴장을 느끼고 이를 줄이기 위한 동기가 발생한다(Jordan, 1953). 삼각형의 요소 중 한 요소가 다른 두 요소와 반대 방향일 경우 불균형이 생긴다. 예컨대 리사는 핸드백 쇼핑을 하고 싶지만 폴은 핸드백에 별로 관심이 없다. 그러나 폴은 리사를 정말 좋아하고 관계를 중시한다. 따라서 이 구조는 현재 불균형 상태이지만, 폴이 핸드백에 대한 태도를 바꾼다면 이 구조는 균형 상태가 될 것이다. 균형을 회복하는 다른 방법은 두 요소 간의 관계를 부정하는 것이다. 만일 당신이 본인(p)이고 데이비드 베컴이 다른 사람(o)이고 폴리스 선글라스가 대상(x)이라고 할 때, 당신이 데이비드 베컴을 무척 좋아하고(p가 o를 좋아함) 데이비드 베컴이 폴리스 선글라스를 좋아하지만(o가 x를 좋아함) 당신이 폴리스 선글라스를 좋아하지 않는 경우(p가 x를 싫어함)라면 불균형이 발생한다. 관계에 대한 부정을 통해 이 불균형을 다루는 방법, 예컨대 데이비드 베컴이 폴리스 선글라스를 좋아하는 것은 돈을 받았기 때문이라고 생각함으로써 데이비드 베컴이 폴리스 선글라스를 좋아하는 이유를 정당화할 수 있다. 따라서 당신이 좋아하는 데이비드 베컴과 돈을 받고 광고에 출연한 데이비드 베컴을 분리함으로써 불균형을 해소할 수 있다.

균형 상태의 삼각형은 긍정적인 관계가 홀수 개일 때 나타나며, 여러 가지 조합을 갖는다. 균형 상태는 더 학습하기 쉽고 정서적으로 즐거운 감정을 제공한다(Insko, 1981, 1984). 두 사람과 하나의 대상 간의 관계에서 4개의 균형 상태와 4개의 불균형 상태가 존재한다(그림 8.3).

균형 이론은 자주 논의되지는 않으나 광고와 마케팅 메시지가 소비자를 어떻게 설득하는가를 설명하는 이론으로 여전히 가치가 있다. 특히 이 이론은 유명인사가 등장하는 광고에 적용될 수 있다. 마케팅 담당자는 시청자인 당신(p)이 광고에 등장하는 유명인사(o)를 좋아하고 그 유명인사는 광고 제품(x)을 좋아한다는 생각을 당신이 갖기를 기대한다. 이런 경우 삼각형이 균형을 이루려면 당신이 제품(x)에 대해 긍정적인

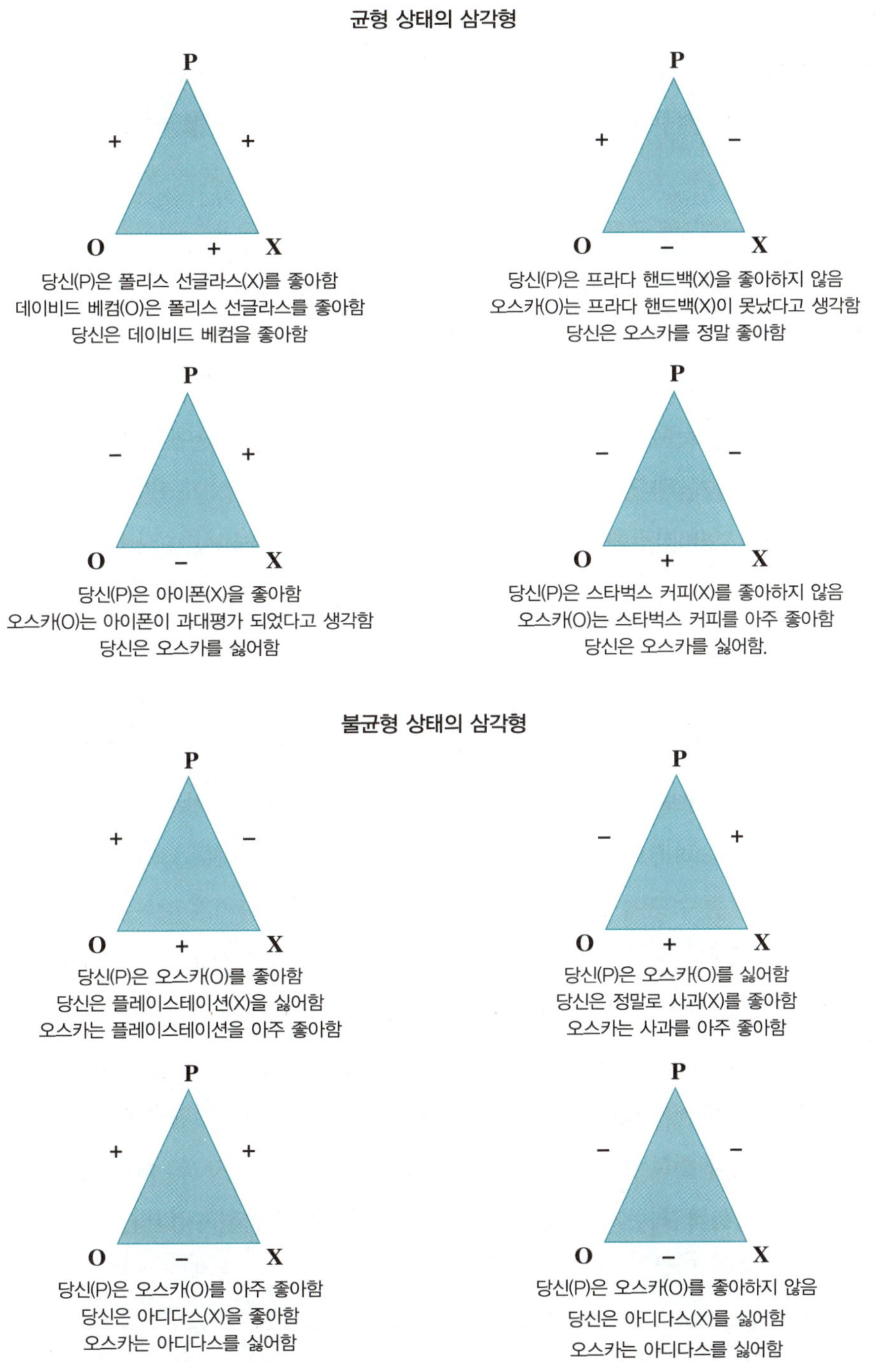

균형 상태의 삼각형에서는 관계들 간에 일관성이 있지만, 불균형 상태의 삼각형에서는 관계들 간에 일관성이 없다.

그림 8.3 균형이론의 삼각형 예시

태도를 갖도록 설득해야 한다. 그러나 소비자가 특정한 요소에 대해 부정적인 감정이 강하다면(데이비드 베컴과 폴리스 선글라스의 예처럼), 두 요소 간의 실제 관계가 부정됨에 따라 '호감 가는' 인물을 이용한 설득효과는 나타나지 않는다는 것을 기억해야 한다.

각성 이론

각성 이론(arousal theory)은 인간이 안정감을 느끼기 위해서는 적정 수준의 각성 상태가 필요하다고 제안하는데, 이는 헐(Hull)의 추동 감소 이론과 유사하다. 그러나 이 이론은 긴장의 감소를 주장하지 않는다는 점에서는 추동 감소 이론과 차이가 있다. 각성 이론은 사람들의 동기를 유발하기 위해서는 적정한 각성이 필요하다고 제안한다(Zuckerman, 2000). 따라서 각성 자체가 인센티브로 간주된다. 사람들은 각성 수준이 지나치게 낮으면 동기가 적어지며, 지나치게 높으면 스트레스를 받는다. 선호하는 수준의 각성은 사람마다 다르다. 행동 동기는 정적 강화물과 부적 강화물에 의해 고무된다. 어떤 사람들은 다른 사람들보다 높은 수준의 각성을 선호하기 때문에 훨씬 더 자극적인 것을 추구한다. 이런 사람들은 자신이 선호하는 각성 수준에 도달하기 위해서 위험을 감수할 준비가 되어있으며, 이런 사람들은 낙하산 타기, 자동차 경주, 활강 스키와 같은 과격한 스포츠 활동에 참여할 가능성이 크다(Zuckerman, 1994). 어떤 사람들은 각성 수준이 낮지만 지루함을 느낄 정도로 지나치게 낮은 각성을 피하기 위해서 평소와는 다른 제품을 구매하는 것 등을 통해 변화를 시도하기도 한다.

생물학적인 요인에 기반한 이런 동기 이론은 동기적 행동을 설명하는 데 한계가 있다. 이 이론으로는 사람들이 추론하는 방식을 설명하지 못한다. 예컨대 왜 어떤 사람은 가처분 소득에 상관없이 모든 옷을 자선 매장에서 사지만 어떤 사람은 값비싼 최신 유행 옷을 구매하는지 그 차이점을 설명하지 못한다. 따라서 소비자를 동기화시키는 것에는 생물학적 에너지 외에도 다른 많은 요인들이 수반될 수 있다.

소비자 동기화의 요인들

소비자로 하여금 제품과 서비스의 구매를 동기화시키는 데 유용한 기법들이 있다.

그러나 무엇이 소비자를 동기화시키는지에 대한 답을 찾기란 쉽지 않다. 대신에 소비자에게 특정 제품이나 서비스를 소비하도록 동기화하는 요인을 더 잘 이해하려면 소비자 그들은 누구이며, 언제 소비하는지와 무엇을 소비하는지를 고려하는 것이 중요하다.

표적 수용자를 파악하라

다른 집단에 속해있는 사람들이 동기화되는 자극 대상은 서로 다르다. 따라서 마케팅 담당자는 집단별 수용자의 행동을 철저히 파악할 필요가 있다. 특정 마케팅 전략의 효과를 확인하는 한 가지 방법은 그 전략의 기반이 되는 문화를 면밀하게 살펴보는 것이다. 문화의 중요성은 이미 널리 알려져있는데, 흔히 소비 맥락에서 문화는 '사람들이 마케팅 메시지를 바라보는 렌즈'로 묘사되기도 한다(Shavitt, Lee, & Johnson, 2008, p. 1103). 모든 문화 또는 하위 문화는 그 구성원에게 전달하는 핵심 가치 체계를 갖고 있다(Pollay, 1983). 소비자가 제품과 마케팅 메시지를 지각하는 방식에 영향을 주는 궁극적인 요인은 공유 가치이며, 가치(value)란 무엇이 중요하고 값어치가 있는지에 대한 신념으로 정의된다. 가치는 대상에 대한 일반적인 경향성을 말하며 태도는 구체적인 상황에 적용된다는 점에서 가치와 태도는 다르다(Schwarz & Bilsky, 1987).

모든 문화권에는 구성원들에게 전달하고자 하는 핵심 가치(core value)의 집합이다. 모든 가치는 친구, 스승, 부모와 같은 사회화 매개체를 통해 학습된다. 건강과 세계 평화 등은 대부분의 문화가 공유하는 가치들이다. 가치가 보편적임에도 불구하고 문화 간의 차이를 나타내는 것은 각 문화가 '보편적' 가치들에 우선순위를 부여하는 것이 다르기 때문이다. 이러한 가치 순위의 집합은 그 문화의 가치 체계를 나타낸다(Rokeach, 1973). 그러나 서로 다른 문화나 하위문화는 또한 그 문화에 특수한 가치들을 가지고 있다. 따라서 표적이 되는 문화의 핵심 가치를 더 철저하게 알기 위해서는 표적 수용자에 대한 정의를 수립하는 것이 중요하다. 물론 시장이 여러 다른 문화를 겨냥한다면 서로 다른 문화들이 어떤 종류의 가치를 공유하는가를 확인하는 것도 필요하다. 이처럼 다른 문화의 가치 체계를 조사하거나 학습하는 것을 **문화변용**(acculturation)이라고 한다(Lindridge, Hogg, & Shah, 2004).

정적 강화를 제공하라

사람들의 행동을 긍정적으로 강화하는 것은 바람직한 행동이 다시 나타날 가능성을 증가시키는 효과적인 방법이라는 점은 이미 선행 연구에서 반복 검증되었다(제2장). 따라서 이 기법은 마케팅 담당자가 판매 촉진을 하고자 하는 제품이나 서비스를 소비자가 이미 사용하고 있을 때 가장 효과적이다. 사람의 행동을 긍정적으로 강화하는 것은 그 사람의 행동에 대한 보상을 제공하는 것을 말한다(표 8.1 예를 참조). 따라서 소비자가 특정 제품을 또 다시 구매하기를 원한다면 그에게 할인, 무료 샘플, 또는 충성 고객 카드에 보상 포인트를 제공해야 한다.

보상은 일차 강화물과 이차 강화물로 나눌 수 있다(Rothchild & Gaidis, 2002). 일차 강화물은 내재적인 효용성(제품)이 있으나 이차 강화물은 그 자체로 이점이 있는 것이 아니라 다른 것으로 교환할 때 효율이 생긴다(예 : 교환권이나 쿠폰). 이차 강화물을 사용하면 소비자는 만족이 지연되는 것을 경험한다. 예컨대 교환권은 나중에 일차 강화물과의 교환을 위해서 제시해야 한다. 교환권을 받은 시간과 이를 나중에 제시하는 시간 간의 지연 때문에 판매 촉진의 성공률이 줄어든다. 소비자가 이차 강화물이 일차 강화물(제품)로 바뀔 수 있다는 것을 학습하게 되면 이차 강화물이 가치있게 지각된다. 그렇다 하더라도 이차 강화물은 일차 강화물보다 덜 효과적이다. 이런 점에서 일차 강화물은 소비자의 구매를 더 동기화하고 그것이 다시 재구매를 촉진할 가능성이 더 높기 때문에 '1개의 가격으로 2개 구매'와 같은 즉각적인 강화(그리고 만족)를 제공하는 일차 강화물이 더 효과적인 경우가 많다는 것을 기억할 필요가 있다.

표 8.1 정적 강화

행동	결과	행동변화
아이가 초콜릿바를 먹음	초콜릿바가 매우 맛있음	그러므로 아이가 초콜릿바를 다시 구매할 가능성이 높음
남성이 와인 한 상자를 구매함	두 병을 공짜로 얻음	그 결과 이 남자는 와인을 다시 구매할 가능성이 높음
두 아이의 엄마가 슈퍼마켓에서 기저귀 두 상자를 구매함	기저귀 구매로 보상 카드에 100포인트를 추가로 받음	결과적으로 그녀는 기저귀를 다시 구매할 뿐만 아니라 그 슈퍼마켓에서 계속 구매할 가능성이 높음

소비자의 관여를 높여라

제품에 대한 소비자의 관여도 제품 구매를 동기화한다. 관여(involvement)는 소비자의 욕구, 가치, 관심에 근거하여 대상(예 : 제품, 브랜드, 광고, 또는 구매 상황)을 중요하거나 관련이 있다고 지각하는 정도로 정의할 수 있다(Zaichkowsky, 1985). 관여는 동기적인 구성 개념이며 여러 가지 선행 요인에 의해 활성화될 수 있다(그림 8.4). 관여의 수준은 무관심에서 열망까지 연속적인 차원을 가지며, 소비자의 열망이 클수록 제품이나 서비스를 구매하려는 동기가 더 크다. 관여의 지속성(관여 강도의 지속 시간) 또한 동기에 영향을 주는데, 전문가적인 관심(예 : 와인 애호가나 스키광)을 가진 소비자가 일시적인 관심을 가진 소비자보다 자신의 관심 대상인 제품을 더 소비하고자 하는 동기가 크다(Bloch, 1981; Celsi & Olson, 1988). 소비자가 자신과 관련된 활동에 일시적인 관심을 보이는 것을 상황적 관여라 하는데, 상황이 변하면 관심도 변한다는 관점에 기초한다(Celsi & Olson, 1988). 따라서 상황적 관여를 고려한다면 소비자가 특정 제품군에 관여가 높지 않을 경우 소비자를 그 제품에 관심을 갖도록 동기화하는 것이 더 용이할 수 있다(Muehling & Laczniak, 1988; Petty & Cacioppo, 1986a).

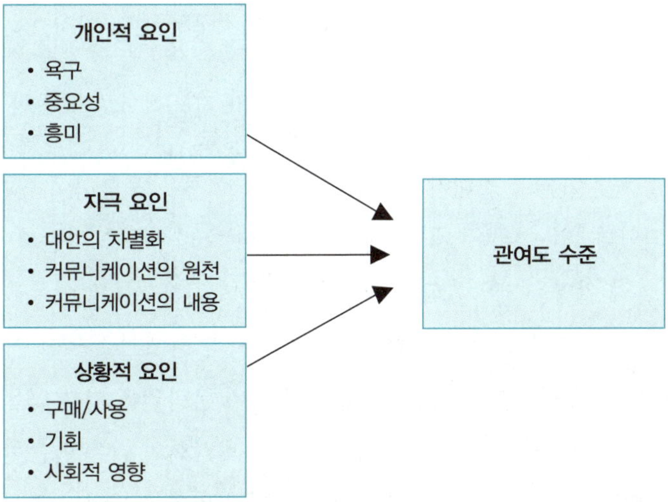

관여는 한두 개 또는 모든 요인들에 의해 영향을 받을 수 있다.

그림 8.4 감정적 관여 요소의 개념 체계

정교화 가능성 모형(제7장)은 소비자를 더 관여시키기 위한 이론적 틀로 사용될 수 있다(Petty & Cacioppo, 1986a). 이 모형은 마케팅 담당자가 광고 제품에 대한 소비자의 개인적 관련성을 통제함으로써 그 제품에 대한 관여를 변경시킬 수 있다고 주장한다. 이 모형은 또한 소비자가 경험하는 관여 수준을 제한하는 처리의 기회(예 : 주의 분산)와 처리 능력(예 : 친숙성)과 같은 요인들을 다루고 있다(e.g., Andrews, 1988; Batra & Ray, 1986a).

핵심용어

문화변용 다른 문화의 가치 체계를 배우는 것

자아실현 사람이 자신의 잠재력을 충족시켰을 때 나타남

요약

동기는 사람의 행동을 특정한 방향으로 인도하는 과정이다. 원하는 성과(목표)를 성취하기 위해서 소비자의 욕구는 구체적인 행동을 하도록 유도하지만 추동은 사람들이 투입하는 노력의 양을 결정한다. 목표는 내적 또는 외적으로 동기화될 수 있다.

지금까지 매슬로의 욕구 위계설, 추동 감소 이론, 기대에 초점을 둔 이론들(예 : 자아효능감 이론과 기대가치 이론들), 균형 이론을 포함하여 많은 동기 이론이 제안되었다. 각 이론은 왜 소비자가 특정한 소비행동을 하는가에 관해 서로 다른 관점의 설명을 제안한다. 동기 이론들은 소비자행동의 이유를 파악하는 데 유용하다. 소비자를 동기화하려면 표적 수용자가 삶에서 무엇을 가치있게 생각하는지를 파악할 필요가 있다. 모든 문화와 하위 문화권은 서로 공유하는 핵심 가치들이 있다. 이런 가치들을 확인하고 나면 정적 강화와 같은 단순한 기법들을 적용하여 소비자의 구매를 동기화할 수 있다. 제품 관여를 높이기 위해서 마케팅 캠페인에 핵심 가치를 이용하는 기법도 있다.

토론주제

1. 소비자는 내적 목표와 외적 목표 중 어느 것에 의해 더 동기화될 가능성이 큰가?
2. 장난감은 매슬로의 욕구 위계설로 어떻게 설명되는가?
3. 소비자가 제품이나 서비스를 소비하고자 하는 동기를 가장 잘 설명하는 동기 이론은 무엇인가?
4. 인센티브의 사용은 소비자의 행동을 정적으로 강화하는 것과 본질적으로 동일한가?
5. 문화적 가치를 잘 이해하는 것이 왜 중요한가?

9

소비자 의사결정과 브랜드 충성도

개요

이 장에서는 어떤 제품 또는 어떤 브랜드를 사야 하는지를 의사결정할 때, 소비자들이 다른 종류의 휴리스틱을 어떻게 사용하는지를 설명하고자 한다. 특히 예측, 설득 그리고 선택 휴리스틱에 대해 개괄적으로 다룰 것이다. 또한 소비자들이 합리적인 의사결정을 할 수 있는지(휴리스틱, 정서, 관여도 수준도 함께 고려해서), 그리고 의사결정이 특정한 속성에 의해서 어떻게 이루어지는지 살펴볼 것이다. 마지막으로 브랜드 충성도가 어떤 의미를 가졌는지 그리고 왜 일부 소비자들이 같은 브랜드의 제품을 반복적으로 구매하는지에 대해서 간략하게 설명할 것이다.

소비자 의사결정

소비자들이 경험하는 모든 제품과 서비스는 의사결정 과정을 필요로 한다. 소비자들은 한 번만 쓸 제품을 고르기도 하지만, 어떤 경우에는 계속 사용할 제품을 고르기도 한다. 소비자가 동일한 제품이나 브랜드를 반복적으로 사용한다는 것은 해당 제품 또는 브랜드에 대해서 충성도가 높다는 신호로 볼 수 있다. 소비자들의 브랜드 충성도는 대부분의 기업이 얻고 싶어하는 것이다. 브랜드 충성도를 획득하기 위해서는 소비자들이 어떻게 의사결정을 하고 어떠한 요인들이 지속적인 반복 구매를 이끄는지를 이해하는 것이 필요하다.

대부분의 마케팅 담당자와 제조업자들은 오직 자신들이 제공한 정보를 바탕으로 소비자들이 의사결정하기를 바란다. 하지만 불행하게도 소비자의 의사결정 과정은 그렇게 단순하지 않다. 소비자들에게 제시된 정보 이외에도 구매 결정을 할 때 영향을 미치는 요소들은 매우 많다. 제품이 제시된 맥락, 라이프스타일, 문화, 또래집단으로부터의 압력, 관여 수준, 정서, 사회적 지위, 선택 대안의 수, 상점 내부의 자극, 그리고 소비자의 태도 등이 의사결정에 영향을 미치는 요인들로 알려졌다.

소비자 의사결정에 영향을 미치는 요인들은 이처럼 수없이 많지만, 실제 대다수의 의사결정에서는 선택된 소수의 요인에 의해서만 이루어지는 경우가 많다. 그 이유는 소비자들이 구매하고자 고려하는 제품과 관련된 모든 지식을 활용하는 것 자체가 시간과 노력이 많이 투입되는 힘든 과정이기 때문이다. 이와 같이 시간적, 정신적 소모를 피하기 위해서 소비자들은 **휴리스틱**(heuristic)에 의존하여 의사결정을 한다.

휴리스틱

보통 소비자들은 그들에게 주어진 모든 정보에 주의를 기울이거나 처리하지 않으며, 그 중 일부만을 고려한다. 물론 제품에 대한 정보들이 모두 제시되는 경우도 드물지만 중요한 것은 실제로 소비자들이 처리할 수 있는 양보다 더 많은 정보가 제시된다는 것이다. 게다가 소비자들은 제시된 정보 중 일부를 처리하는 것조차 시간에 쫓길 때가 많으며, 따라서 특정 제품 정보들이 다른 정보보다 더 많이 고려되는 경우가 생긴다. 이러한 과정은 주로 휴리스틱을 통해 이루어진다.

휴리스틱은 간단히 '경험에 의거한 주먹구구식 법칙'이라 할 수 있으며, 개인이 의사결정에 들이는 노력을 감소하기 위해 무의식적으로 적용된다(Shah & Oppenheimer, 2008). 이렇게 휴리스틱을 사용함으로써 정신적인 소모를 줄일 수 있다. 인간의 인지적 용량은 제한되어있기 때문에 휴리스틱, 즉 간결한 추론 방식을 사용함으로써 복잡한 문제를 쉽게 해결할 수 있게 된다. 이러한 휴리스틱은 보통 소비자들이 제품이나 서비스에 대해 관심이 부족하거나 많은 노력을 필요로 하는 복잡한 의사결정 전략이 불가능할 때 사용된다.

휴리스틱 사용의 문제점은 소비자들에게 옳은 결정을 하도록 이끌지 못하고 종종 오류나 편향을 낳는다는 것이다. 예컨대 우연히 친구가 사용하는 제품에 문제가 있는 것을 보고 그 제품은 신뢰할 수 없다고 결론지어버리는 경우다. 이러한 결정은 해당 제품이 전반적으로 우수함에도 불구하고 올바른 평가를 내리지 못하게 되며, 결과적으로 자신의 욕구를 충족시킬 수 있는 훌륭한 제품의 선택 기회를 잃게 만든다(Solomon, Drenan, & Insko, 1981). 이처럼 휴리스틱을 적용하여 의사결정을 하는 것은 소비자들이 특정한 정보만을 사용한다는 것을 의미하기 때문에 의사결정 과정을 단순화시킨다.

예측, 설득, 동조, 선택 휴리스틱, 이 네 가지 종류의 휴리스틱은 소비자 의사결정을 이해하는 데 유용하다. 따라서 소비자 의사결정 과정에 있어서 이 네 가지 휴리스틱이 어떻게 적용되는지를 이해하는 것이 중요하다. 휴리스틱을 이해함으로써 소비자에게 특정 제품이나 서비스에 대한 호감적 의사결정을 유도하기 위한 마케팅 메시지의 제시 방법을 찾을 수 있다.

예측 휴리스틱

트버스키와 카너먼(Tversky & Kahneman, 1974, 1983)은 의사결정에 있어서 중요한 것으로 밝혀진 예측 휴리스틱(prediction heuristics)을 네 가지 유형(대표성, 가용성, 시뮬레이션, 기준점-조정 휴리스틱)으로 구분하였다(표 9.1). 이 네 가지 휴리스틱은 대부분 소비자들이 결과를 예측하려고 할 때 보편적으로 활용하는 것들이다. 결과를 예측하는 능력은 제품과 서비스에 대한 판단이나 결정을 내릴 때 중요하다. 따라서 예측 휴리스틱은 '지금으로부터 5년 후 내가 여전히 여기에 투자하고 싶을까?' 또는 '이 소파를 얼마나 오래 쓸 수 있을까?'와 같은 질문에 대한 답을 구하고자 하는 상황에서 사용될 수 있다.

대표성 휴리스틱(representativeness heuristic)은 특정 사건이 일어날 확률에 대해서 판단하는 것인데, 해당 사건이 전형적인 사건과 얼마나 유사한 것인지에 따라 판단을 달리하며 확률의 기초 원리는 무시되는 것이 특징이다(Tversky & Kahneman, 1983). 트버스키와 카너먼은 이와 같은 특징을 실증적으로 밝혔는데, 참여자들에게 린다라고 불리는 여성에 대해서 '사회 정의에 깊은 관심을 지닌 철학 전공자'라고 기술된 설명문을 보여주었다. 그리고 8개의 진술문을 제시하고 린다가 어떤 사람인지를 평가하여 진술문에 순위를 부여하도록 했다. 연구 결과, 참여자들은 린다가 그냥 은행직원이 아니라 은행직원이면서 페미니스트일 가능성을 더 높다고 생각하였다. 즉 은행직원이라는 범주가 페미니스트인 은행직원보다 더 큰 범주임에도 불구하고 사람들은 이와 같은 오류를 범하곤 했다. 이는 참여자들이 확률의 기초 원리(은행직원이 더 큰 범주이므로 확률적 진술로서 보편적임)를 무시하고 해당 진술문이 린다에 대한 설명문과 얼마나 유사한지에 따라 평가했다는 것을 증명한다.

이러한 의사결정 방식은 소비자들이 제품을 평가할 때도 적용된다. 예컨대 소비자들이 기존의 CD 플레이어가 제공하지 못한 다양한 기능을 실행할 수 있는 새로운 종류의 CD 플레이어에 대한 정보를 제공받았다고 하자. 이러한 상황에서 소비자들은 새로운 플레이어의 외형이 기존의 것과 유사한지를 판단하여, 외형이 유사한 경우에는 새로운 플레이어를 기존의 제품에서 단순히 업그레이드된 것으로 분류하기 쉽다. 따라서 이러한 소비자의 판단 방식은 새로운 제품이 출시될 때 분명히 영향을 줄 수 있다.

가용성 휴리스틱(availability heuristic)은 확률이나 빈도를 판단하는 의사결정에 있어서 관련 정보가 얼마나 쉽게 떠오르는지가 판단의 근거로 작용하는 휴리스틱이다(e.g. Kahneman, Slovic, & Tversky, 1982; Schwarz & Vaughn, 2002; Tversky & Kahneman, 1973). 가용성 휴리스틱은 소비자들에게 있어서 매우 유용하며 때로 잘못된 결정을 내릴 수도 있는 위험으로부터 소비자들을 보호해준다. 만일 한 소비자가 '블리오스(Blios)'라 불리는 가게에서 아이스크림과 잼을 다른 가게보다 더 비싼 가격에 샀던 경험을 여러 번 떠올리게 되면, 블리오스에서 판매하는 모든 제품이 다른 가

표 9.1 예측 휴리스틱

대표성	다른 것과 얼마나 유사한지를 기준으로 대상을 판단함
가용성	기억에서 쉽게 인출되는 사건일수록 더 빈번히 일어날 것이라고 가정함
시뮬레이션	사건들의 발생 가능성이 쉽게 상상되는 정도에 의존함
기준점-조정	대상에 대한 최초의 판단을 기준으로 하여, 이후 제시되는 증거에 따라 긍정적 또는 부정적 방향으로 판단을 조정함

게보다 더 비쌀 것이라고 생각하게 될 것이고 추후에 블리오스가 아닌 다른 가게에서 물건을 구매할 가능성이 높아진다.

하지만 가용성 휴리스틱이 소비자의 의사결정에 있어서 항상 도움이 되는 것만은 아니다. 왜냐하면 소비자들은 주어진 정보가 선택과 얼마나 관련이 있는 것인지를 고려하기 보다는 스스로 가장 쉽게 가용한 정보를 이용하려고 하기 때문이다(Wyer, 2004). 예컨대 미디어는 선정적이거나 세상을 깜짝 놀라게 하는 이야기 혹은 시청자들의 관심을 사로잡을 수 있는 이야기에만 초점을 맞추고 있다. 그러다보니 미디어에서 자동차 사고는 잘 언급되지 않지만 비행기 사고는 자주 다뤄진다. 따라서 대부분의 사람들은 비행기 사고를 더 쉽게 기억하며, 이로 인해 자동차 사고의 확률이 실제 훨씬 더 높음에도 불구하고 비행기 타는 것을 더 두려워한다.

방금 머릿속에 떠오른 것에 쉽게 영향을 받는다는 사실은 실험 연구에서도 증명되었다. 트버스키와 카너먼(Tversky & Kahneman, 1973)은 참여자에게 R로 시작하는 단어를 생각하라고 하고, 이어서 R이 세 번째에 들어가는 단어를 생각해보라고 하였다. 그 결과 R이 세 번째에 들어간 단어가 더 많음에도 불구하고 참여자들은 R로 시작하는 단어를 더 쉽게 떠올렸다.

이는 어떤 것이 더 쉽고 빠르게 떠오르는지에 따라서 개인의 의사결정이 잘못된 방향으로 갈 수 있으며, 결과적으로 그들은 최적의 결정을 내리지 못할 수 있음을 의미한다. 같은 맥락에서 사람들은 비행기 타는 것은 피하면서 자동차는 안심하고 타는 경향이 있다.

어떤 정보가 소비자의 마음속에 존재하고 이용 가능한지, 그리고 그 정보가 소비자의 의사결정에 어떻게 영향을 미치는지는 정확하지 않다. 특히 개인적인 경험에 의한 정보일수록 마케팅 담당자나 기업이 그 정보를 이용해서 할 수 있는 일은 없을 지도 모른다. 반대로 일반적인 견해나 미디어에서 나오는 이야기와 관련된 정보일 경우에는 추가적인 정보를 제공하여 소비자의 결정에 영향을 미칠 수 있을 것이다.

비록 휴리스틱 연구에서는 접근성이 높은 정보일수록 의사결정 과정을 쉽게 이끌 수 있음을 밝혔지만, 단순히 어떤 정보가 떠올랐는지가 직접적으로 소비자행동에 항상 영향을 미치는 것은 아니다(Schwarz, 2004). 연구자들은 제품에 대한 긍정적 속성이 떠오를수록 제품을 더 호의적으로 평가한다는 것을 밝혔다(Menon & Raghubir,

2003; Wanke, Bohner, & Jurkowitsch, 1997).

시뮬레이션 휴리스틱(simulation heuristic)은 기억 속에서 쉽게 인출되는 정도 혹은 발생 가능성을 쉽게 상상(시뮬레이션)할 수 있는 정도에 의존한다는 점에서 가용성 휴리스틱과 유사하다(Kahneman & Tversky, 1982). 따라서 소비자가 어떤 일을 상상했다면 그 일이 일어날 가능성이 높다고 믿는데, 이는 그레고리, 치알디니 및 카펜터(Gregory, Cialdini,& Carpenter, 1982)가 진행한 몇 차례의 실험에서 확인되었다. 연구자들은 참여자들에게 케이블 TV 서비스를 구매하는 상황이나 콘테스트에 우승하는 것과 같은 특정 상황에 대해 상상하게 하였다. 그리고 나서 해당 상황이 실제로 참여자들에게 발생할지 여부를 판단하게 하였다. 그 결과 해당 상황이 일어날 것이란 신념이 증가하는 것을 볼 수 있었다. 추후 조사에서는 케이블 TV 서비스를 구매하는 것을 상상시킨 참여자들이 실험 이후에 실제로 서비스를 구매하는 것으로 나타났다. 상상한 것이 실제로 일어날 것이라는 생각은 스포츠 경기에서 자신의 팀이 우승할 것이라고 상상하는 상황에도 적용되었다(Hirt & Sherman, 1985; Sherman, Zehner, Johnson, & Hirt, 1983). 하지만 이는 상황이 상대적으로 상상하기 쉬울 경우에 효과를 발휘한다. 즉 그 상황을 상상하지 못한다면, 실제로 그 일이 일어날 것이라는 생각은 감소한다(e.g. Anderson & Godfrey, 1987).

기준점-조정 휴리스틱(anchoring-adjustment heuristic)은 의사결정에 영향력 있는 또 하나의 휴리스틱으로서 의사결정자가 첫 판단(기준점)을 내린 후 그 판단을 위로 또는 아래로 조정하는 것을 의미한다. 소비자의 최종 판단은 대부분 처음 기준점과 가까우며, 이는 제품이나 서비스에 대한 첫 인상이 쉽게 바뀌지 않는다는 것을 의미한다. 한 연구에서는 집을 실제로 보기 이전에 부동산 중개인에게 집 값을 최저, 중간, 최고 가격으로 각각 다르게 제시했다. 그리고 집을 보고 난 이후 집에 대한 평가를 하게 했는데, 중개인들은 연구자들이 처음에 제시했던 가격표에 가깝게 그 가치를 평가하는 것으로 나타났다(Northcraft & Neale, 1987).

이 연구의 결과는 '보통' 사람들과 달리 부동산에 대해서 정확하게 평가할 것으로 예상되는 부동산 전문가들조차 기준점-조정 휴리스틱에 영향을 받는다는 사실을 보여준다.

설득 휴리스틱

태도 변화와 설득에 관한 연구에서는 정보를 빠르게 처리하기 위해서 혹은 처리할 정보에 관한 사고를 넓히기 위해서 인지적 지름길을 택한다고 말한다(e.g. Petty & Cacioppo, 1986a). 이러한 주장은 설득 휴리스틱(persuasion heuristic)에 관한 연구에서 찾아볼 수 있다(표 9.2). (설득의 처리 과정에 대한 설명은 제7장 참조.)

설득적 메시지를 처리할 때 쓰이는 휴리스틱은 경험이나 관찰에 더 의존적이다(Chaiken, 1980). 즉 소비자가 제시된 정보를 처리하고자 하는 동기 수준이 낮으면 낮을수록 인지적인 피로감을 덜 느끼기 위해 이전 경험으로부터 정보를 꺼내온다는 것을 의미한다(Giner-Sorolla & Chaiken, 1997). 소비자들은 제품 설명이나 그림이 많은 광고를 보고 제품이 좋을 것이라고 결론내리는 것은 바로 이러한 이유 때문이다. 이 같은 휴리스틱을 **길이-강도 휴리스틱**(length-implies-strength, 설명의 길이가 설득력에 힘을 실어준다는 의미)이라 부른다. 누군가를 설득하려할 때 말이 장황해지고 빨라지는 것 역시 비슷한 이유다. 빠른 속도로 말하는 것은 청자에게 신뢰할 수 있는 메시지라는 신호로서 작용할 뿐만 아니라 주어진 메시지를 정교하게 처리하려는 것을 막기도 한다(Smith & Shaffer, 1995).

호감-동의(liking-agreement) 휴리스틱과 **합의-정확성**(consensus-implies-correctness, 다수가 합의한 것이 곧 옳다는 의미) 휴리스틱에서도 표면적인 단서가 사용된다(Chaiken et al., 1989). 호감-동의 휴리스틱은 그들이 좋아하는 사람들에게 동의할 가능성이 높은 것을 의미한다. 합의-정확성 휴리스틱은 많은 사람들이 지지하는 의견은 옳은 의견일 것이라는 신념이다. 예컨대 어떤 잡지의 투표 결과에서 특정 브랜드가 대다수의 구독자들에 의해 신뢰할만한 브랜드로 뽑혔다는 것을 보거나 듣게 된다면, 사람들은 그 말에 설득될 가능성이 높다.

표 9.2 설득 휴리스틱

길이-강도	제품에 관하여 사실과 묘사로 채워진 긴 메시지는 해당 제품이 높은 품질일 것이라 생각을 촉진함
호감-동의	대체로 사람들은 자신이 좋아하는 사람들의 의견에 동의하기 쉬움
합의-정확성	보통 다수의 의견이 옳다고 여기고 따름

동조 휴리스틱

사람들이 요청에 순응할 가능성(compliance heuristic)을 더 높게 만들어주는 여섯 가지 휴리스틱이 있다(Cialdini, 1993)(표 9.3). 이 여섯 가지 휴리스틱은 모두 근본적으로 상이하며 소비 상황에 따라 다르게 쓰일 수 있다. 개입-일관성(commitment and consistency) 휴리스틱은 한 번 요청에 응하게 되면 그 요청의 성질이 바뀐다 할지라도 계속해서 요청에 응하게 되는 상황을 말한다(Cialdini, Cacioppo, Bassett, & Miller, 1978).

상호성(reciprocity) 휴리스틱은 굳이 부탁을 하지 않더라도 받은 호의에 보답하도록 만드는 방법이다(Langer, 1989). 예컨대 판매원이 소비자에게 무료 샘플을 주면, 샘플을 받은 소비자는 호의에 답하기 위해서 무언가를 구매할 가능성이 높아진다.

희소성(scarcity) 휴리스틱은 특히 광고 캠페인에 유용하다. 대부분의 사람들이 가지지 못한 것을 소비자들은 더 가치 있게 생각하고 갖기를 원한다. 그에 따라 '한정기간에만 판매합니다'라는 문구에 쉽게 넘어갈 수 있다.

사람들은 사회적 유효성(social validation) 휴리스틱이 사용될 때에도 순응하려는 경향이 있다. 이 휴리스틱은 '수량적 증거 원리(proof in numbers principle)'라고도 알려져 있다. 즉 소비자들이 어떤 행동을 생각할 때 그 행동을 많은 사람들이 하고 있다고 생각한다면 그에 순응해야 할 것 같은 심리적 압력을 느낀다. 예컨대 특정 제품에 대해 수많은 사람들이 구매하고 있다는 광고를 보여주는 것은 다른 소비자들에게도 구매에 대한 압력으로 작용할 수 있다. 이는 기금모금자가 주로 쓰는 방법으로 이미 많

표 9.3 동조 휴리스틱

개입-일관성	요청에 한 번 응하게 되면 다른 부탁에도 계속해서 응해줄 가능성이 높음
상호성	요청하지 않아도 사람들은 응당 호의에 보답하려는 신념을 가짐
희소성	소비자들은 다른 사람이 가질 수 없는 것을 추구함
사회적 유효성	많은 사람들이 어떤 제품/서비스를 이용한다고 생각하면 그에 따라야 할 것 같은 심리적 압력을 받음
호감	좋아하는 사람의 요청일수록 응하기가 더 쉬움
권위	어려운 요청일지라도 권위 있는 인물이 요구하면 응할 가능성이 높음

은 사람들이 기부했다는 것을 알게 되면 다른 사람들도 그에 동참할 가능성이 더 높아진다(Reingen, 1982).

호감 휴리스틱은 사람들은 단순히 자신이 좋아하는 사람들의 요청에 순응할 가능성이 높다는 것이다. 더욱이 사람들은 '권위적인 인물'의 부탁에도 응해줄 가능성이 높으며, 이를 **권위**(authority) 휴리스틱이라고도 부른다. 따라서 광고에서는 '과학자'라는 이미지를 심어주어 소비자들이 순응할 수 있도록 하얀 가운을 입힌 모델을 단서로 이용하기도 한다.

선택 휴리스틱

소비자가 정보를 처리하려는 동기가 낮을때(이것이 동기의 문제든 능력의 문제든 상관없이)에 선택 휴리스틱(choice heuristic)을 이용하려는 경향성이 있다(표 9.4). 이것은 치약이나 휴지와 같은 일용재나 습관적 구매 제품을 구매할 때 주로 나타난다.

사전편찬식(lexicographic) 휴리스틱은 소비자들이 가장 중요하다고 생각하는 하나의 속성을 근거로 제품을 선택하는 방법이다(Fishurn, 1974; Payne, Bettman, & Johnson, 1993). 어떤 소비자에게는 중요한 속성이 가격이나 색상 또는 안전성이 될 수도 있으며, 또 다른 소비자에게는 최저가의 브랜드인지 아닌지가 가장 중요한 속성일 수 있다.

하지만 때로 소비자가 가장 중요하다고 생각하는 속성을 여러 제품이 동시에 갖고 있을 수 있다. 이 경우에는 **속성 제거**(elimination by aspect) 휴리스틱을 이용하여 제품 선택이 이루어진다(Tversky, 1972). 소비자들은 그들이 가장 선호하는 속성이 없는 제품(브랜드)을 제거하고, 그 다음으로 선호하는 속성을 가진 브랜드를 탐색하는 순환적인 과정을 거친다. 만약 두 번째로 선호하는 속성 역시 다른 브랜드에도 있을 경우, 타 브랜드에 없는 속성을 가진 단 하나의 브랜드가 남을 때까지 계속해서 속성을 비교하여 제거해간다.

만일 소비자들이 두 가지의 브랜드에 직면하게 되면, 두 브랜드 사이에서 차이점을 대조한다. 이 경우 소비자들은 속성의 중요성에 따라 가중치를 부여하며, 가중치가 부여된 속성의 합을 구하여 최대값을 선택하는 **가산 차이**(additive difference) 휴리스틱을 사용하게 된다(Payne et al., 1993). 만일 특정 브랜드의 세제가 비싸긴 하지만 매우

표 9.4 선택 휴리스틱

사전편찬식	가장 중요한 속성을 바탕으로 브랜드를 선택함
속성 제거	중요하다고 생각하는 속성이 다른 대안들에도 있을 경우, 원하는 기능이 없는 브랜드를 제거해 가며 하나가 남을 때까지 같은 과정을 반복함
가산 차이	두 브랜드 간의 차이점을 대조할 때 쓰이며, 속성의 중요성에 따라 가중치를 부여하고 가중치 합이 가장 큰 것을 선택함
결합과 분리	**결합** : 소비자가 찾고 있는 제품의 각 속성에 수용 가능한 최소한의 기준점을 설정 **분리** : 수용 가능하지만 최소한의 기준보다는 다소 높은 기준점을 설정

효과적이라면 가격은 제품의 효과에 비해 덜 중요하다고 생각한다. 이때 가격은 낮은 가중치를 부여받게 된다.

소비자가 급하게 결정을 내려야 할 때에는 결합과 분리(conjunctive and disjunctive) 휴리스틱을 종종 사용한다(Payne et al., 1993). 시간 압박이 있는 상황에서 소비자는 맨 처음 본 브랜드가 수용 가능하다면, 이를 구매하기에 적당한 것으로 생각할 수 있다. 결합 휴리스틱은 브랜드에서 탐색되는 속성이 수용 가능한 기준점을 초과하는지에 따라 선택을 하는 방법인 반면, 분리 휴리스틱은 소비자가 만족하리라 생각되는 바람직한 브랜드의 속성보다 약간 더 높은 최소 기준점에서 선택이 이루어진다.

소비자는 이성적인 의사결정자인가

휴리스틱이 의사결정에 영향을 미친다는 사실을 보면 이성적인 소비자는 없을지도 모른다. 하지만 다른 연구를 보면, 소비자가 이성적인지 혹은 그렇지 않은지를 판단하는 것은 그리 단순하지 않다. 예컨대 제품에 익숙해진다는 것은 휴리스틱에 덜 의존하면서 의사결정이 가능하고(Hutchinson & Eisentein, 2008), 그에 따라 좀 더 이성적인 소비자가 될 수도 있다.

소비자가 이성적일 수 있는지의 여부를 조사한 또 다른 연구 결과를 보면, 소비자들은 비논리적인 의사결정에 의존하는 것처럼 보이면서도 때로는 객관적인 추론 과정을 통해 의사결정을 하려고 노력한다. 시(Hsee)가 연구한 2개의 실험에서 그 증거를 찾아볼 수 있다. 그는 한 실험에서 사람들이 항상 이성적인 의사결정을 하는 것은 아니라는 사실을 발견했는데(Hsee, 1999), 먼저 실험 참여자들에게 2개의 초콜릿을 선택할 수 있는 기회를 주었다. 하나는 바퀴벌레 모양의 초콜릿이었고(사이즈가 크고 가격은 2달러), 다른 하나는 하트 모양의 초콜릿이었다(바퀴벌레 모양의 초콜릿보다는 작고 가격은 50센트). 참여자들에게 불쾌한 감정을 유발시키기 위해 바퀴벌레 모양의 초콜릿을 제시하였기 때문에 대부분의 참여자들이 바퀴벌레 모양의 초콜릿 대신 하트 모양의 초콜릿을 선택할 것이라고 가정했다. 하지만 실험 결과는 그 반대였다. 많은 비율의 참여자들(64%)이 바퀴벌레 모양의 초콜릿을 선택한 것이다. 그렇다면 왜 사람들은 좋아하지 않을 것 같은 생김새에도 불구하고 바퀴벌레 모양의 초콜릿을 선택한 것일까? 그 이유는 사람들이 바퀴벌레 모양이 주는 혐오스러운 감정 때문에 자신의 행동을 결정한다는 것이 이성적이지 못하다고 판단하고 일부러 그러한 감정을 억제하려 했다고 추측된다. 즉 바퀴벌레 모양 때문에 대용량의 초콜릿을 선택하지 않았다는 것은 객관적인 판단으로 보이지 않을 수도 있다는 생각 때문에 바퀴벌레가 주는 느낌이 강력함에도 불구하고 선택했을 가능성이 높다. 그런 이유로 적은 용량의 하트 모양 초콜릿을 선택할 정당성이 사라진 것이다. 또 다른 설명은 초콜릿의 외형에 대해서는 낮은 가중치를 부여했기 때문에, 그것이 어떤 모습이든 관계없이 먹을 수 있다고 판단했을 수도 있다.

그의 두 번째 실험은 **대중적인 과학주의**(lay scientism)에 관한 연구였다(Hsee, Zhang, Yu, & Xi, 2003). 이번에는 참여자들에게 두 종류의 스테레오 시스템을 제공하였다. 하나는 파워가 좋은 스테레오이었고 다른 하나는 사운드가 풍부한 스테레오였다. 그리고 참여자의 절반에게는 와트나 음량과 같이 객관적인 수치로 파워와 사운드의 풍부함을 표시해주었고, 나머지 절반의 참여자에게는 사운드는 음량으로 객관적인 수치를 제공했으나 파워에 대해서는 주관적인 경험치로 제시해주었다. 그 결과 사람들은 성능이 '객관적으로' 표시된 스테레오를 선택하는 경향이 높았다. 이는 사람들이 자신의 선택을 주관적인 경험에 바탕을 두기보다는 '이성적으로' 보일 수 있는 객관적 수치에 기반을 둔다는 것을 의미한다.

정서의 역할

정서가 의사결정에 어떤 역할 하는지를 이해하면 왜 소비자가 항상 이성적일 수 없는지를 알 수 있다. 그 동안의 연구를 살펴보면, 실험 자체나 현상에서 주어지는 자극이 사람들의 의사결정이나 판단에 영향을 미친다는 것이 밝혀졌다(Schwarz, 1990, 2004;

Schwarz & Clore, 1983, 1996; Schwarz, Bless, Strack, Klumpp, Rittenauerschatka, & Simons, 1991). 특히 정서는 정보로서 사용될 수도 있고(예 : '지금 기분이 좋은걸 보니, 내가 이걸 좋아하는 것이 틀림없어'라는 생각), 또한 생각하는 과정에서 메타인지 정보(metacognitive information)도 사용될 수 있다(예 : '내가 예시를 잘 떠올릴 수 없는 걸 보니 내가 이 물건에 대해서 아는 것이 별로 없는 것 같아').

자신의 느낌을 정보로서 활용하는 것(Schwarz, 1990, 2001)은 잘못된 의사결정을 내리게 할 수도 있다(Pham, 1998). 일반적으로 유쾌한 느낌은 우리가 어떤 것을 좋아한다는 증거로서 해석되고, 반대로 불쾌한 느낌은 싫어한다는 증거로 해석될 수 있다. 그러한 해석은 기분이 특정 자극에 의한 직접적인 결과라는 것을 소비자가 100% 확실할 때만 가능한 것이다. 하지만 우리가 느끼는 정서의 원천은 우리가 지금 평가하고 있는 제품이나 서비스에서 비롯된 것이 아닐 수도 있다. 일상에서 화창한 날씨나 좋아하는 라디오를 듣는 것 등은 우리의 정서에 흔히 영향을 미치지만 의사결정과는 전혀 상관없는 이런 요인에 의해 정서가 종종 판단을 위한 정보로 사용되고 그에 따라 그릇된 의사결정을 할 수 도 있다.

고관여

앞에서 언급했듯이, 소비자들은 시간 압박이 있거나 제품이나 서비스에 특별히 관심이 없는 경우에는 휴리스틱을 사용하는 경향성이 있다. 이와 같이 저(低)관여 상황에서는 브랜드명과 같이 '표면적인' 속성에 현혹될 가능성이 그만큼 높아진다(Maheswaran et al., 1992). 그러나 소비자가 제품군이나 브랜드에 관여가 높아지면 휴리스틱 사용은 줄어든다. 제품이나 브랜드에 관심이 높은 경우, 소비자들은 보다 깊이 있는 정보를 기반으로 판단 과정을 진행하려 한다. 즉 소비자들은 좀 더 이성적인 의사결정자가 된다. 소비자들은 이러한 의사결정을 할 기회나 능력이 주어진다면 충분히 이성적으로 결정할 수 있다(Petty & Cacioppo, 1986a). 어떤 주장에 대해서 소비자들이 보다 확장적으로 생각하고자 할 경우에는 반대되는 정보나 다른 가능한 인지적 반응들, 그리고 지지 정보까지도 만들어가면서 정교한 사고과정을 거친다(e.g. Batra & Ray, 1986b; Hastak & Olson, 1989). 따라서 마케팅 담당자가 표적으로 삼는 소비자들이 이성적인 의사결정을 하길 바란다면, 그러한 욕구에 부합하는 정교한 정보처리를 할 수 있도록 전략을 세워야 한다.

속성기반 의사결정

제품의 특정 속성이나 기능을 직접적으로 비교함으로써 소비자의 의사결정이 이루어질 수 있다. 속성 비교는 소비자가 그 속성을 기억하고 있거나 제품이 눈 앞에 있어 비교가 가능한 상황에서만 자연스럽게 이루어질 수 있다(Biehal & Chakravarti, 1986). 소비자가 어떤 정보를 사용하여 의사결정을 내릴지를 이해하는 데 도움이 되는 모형으로 접근-진단 모형(accessibility-diagnosticity model)이 있다.

접근-진단 모형

접근-진단 모형은 소비자의 기억 속에서 접근이 용이하고 더 진단적인 정보가 제품에 대한 판단을 내리는 데 어떻게 사용되는지를 이해하는 데 도움이 된다(Feldman & Lynch, 1988). 간단히 말해 이 모형은 언제든 다양하고 현저한 자극이 마음속에 떠오르는 단서에 영향을 미칠 수 있음을 제안한다.

인지에 기반을 둔 이 모형은 일시적으로 활성화되는 인지 요소들이 판단에 영향을 미칠 수 있음을 주장한 사회인지 연구로부터 출발한다(e.g. Fazio, Chen, McDonel, & Sherman, 1981; Lichtenstein & Srull, 1985).

이 모형에서 **접근성**이란 자극(정보)이 얼마나 쉽게 기억으로부터 인출될 수 있는지를 말한다. 이는 정보의 빈도수, 최신성, 그리고 기억에서 얼마나 활성화되었는지와 직접적인 연관이 있다(Higgins, 1989). 접근성은 자극이 현저하거나 생생할 때 혹은 소비자가 정교한 정보처리를 거칠 때 증가한다. 부정적인 정보는 일반적으로 접근성이 더 높으며, 그렇기 때문에 행동에 관여하기가 쉽다(Higgins, 1989). 이 또한 소비자들의 정보 사용 방식이 왜곡될 수 있음을 보여준다. 부정적인 정보는 하나로 범주화되기 쉽기 때문에(예 : 저품질), 현저할 뿐만 아니라 진단성이 높다(Skowronski & Carlston, 1987). **진단성**은 지각되는 관련성과 연관되어 있으며, 두 변인 간의 관련성이 높다고 지각할수록 진단성도 높아진다. 두 요소 간의 지각된 관련성이 높아질수록 진단성도 높아지므로, 상황의 일관성과 소비자의 지식 정도에 따라서도 영향을 받기 쉽다(Dick, Chakravarti, & Biehal, 1990; Ross & Creyer, 1992). 예컨대 소비자가 고려하는 참치 브랜드가 세 가지가 있고 제품의 용량이 모두 같다면, 제품 용량은 관련성이 낮기 때문에(비진단적) 의사결정에 영향을 미치지 않을 것이다. 하지만 제품 용량에서 크게 차이가 난다면, 제품 용량은 그 자체로 의사결정과 관련이 있으므로(진단적) 제품 선택에 있어 중요한 역할을 하게 된다.

프레이밍효과

의사결정 과정이 얼마나 복잡한지를 좀 더 확인하기 위해서 선택이 상황적 요인에 의해서도 영향을 받는다는 것을 살펴볼 필요가 있다. 정보가 어떻게 제시되는지는 의사결정에 영향을 미치며, 이를 **프레이밍효과**(framing effect)라고 한다. 프레임은 특정 상황에서 제시된 정보의 직접적 영향을 받으며(Kahneman, 2002), 사람들이 이 프레임에 맞추어 대상을 지각하기 때문에 프레이밍효과라고 부른다. 즉 준거점을 바꿈으로써 소비자의 선호를 바꿀 수 있으며(Kahneman, Knetsch, & Thaler, 1986), 특히 불확실한 상황에서의 의사결정에서 이러한 현상이 자주 나타난다(Kahneman & Tversky 1982; Tversky & Kahneman, 1982)(표 9.5의 예를 참조).

프레이밍효과가 어떻게 적용될 수 있는지에 대한 예는 제품 설명이 어떻게 되어있는지에서 찾아볼 수 있다. 한 실험에서 동일한 소고기 제품이 25%가 지방이라고 표기된 것보다 75%가 살코기라고 표기된 경우에 소비자들은 더 호의적으로 평가한다는 사실을 확인했다(Levin & Gaeth, 1988). 하지만 소비자가 제품을 시식할 수 있는 기회가 주어지면 이러한 효과는 감소하였다.

휴리스틱한 정보처리를 할 경우, 중장년층이 프레이밍효과의 영향을 더 쉽게 받는 것으로 알려졌다(Kim, Goldstein, Hasher, & Zacks, 2005). 중장년층의 인지적 자원이 상대적으로 적다는 점을 고려하면, 직관적이고 자동적으로 신속한 결정을 내리는 **감정적/경험적**(affective/experiential) 의사결정 방식의 사용 가능성이 높으며(Hess, Rosenberg, & Waters, 2001), 보다 중요한 과업을 위해 사용될 정신적 에너지를 아끼기 위해서 휴리스틱에 의존할 가능성이 높다고 볼 수 있다. 만일 이것이 사실이라면 중장년층의 소비자들은 쇼핑하는 상황에서 프레이밍효과에 상당히 취약할 것이다. 중장년층이 노화에 따른 신경심리학적 변화로 인해 의식적인 의사결정력이 약화된다는 것을 고려하면 충분한 개연성이 있는 일이다.

프레이밍효과는 제품 가격의 지각에도 영향을 미친다. 카임스와 윌츠(Kimes & Wirtz, 2003)는 골퍼들에게 제시된 골프 코스 비용이 합당한지를 생각하게 했을 때, 프레이밍효과가 나타날 수 있음을 밝혔다. 즉 '황금시간'대에 정가 요금을 받고 다른

표 9.5 프레이밍효과의 예

600명을 사망에 이르게 할 수 있는 특이한 질병이 발병하여 이에 대해 국가가 대안을 마련하고 있다고 생각해보라. 이러한 질병에 대처하기 위해 두 가지 대안이 마련되었고 각 대안에 대한 예상 결과는 다음과 같다.

긍정 프레임	부정 프레임
• A 대안을 선택할 경우, 200명의 사람들이 생존할 수 있음 • B 대안을 선택할 경우, 600명의 사람들이 모두 생존할 확률은 1/3, 아무도 생존하지 못할 확률은 2/3임	• C 대안을 선택할 경우 400명이 사망함 • D 대안을 선택할 경우 아무도 죽지 않을 확률이 1/3, 600명이 모두 죽을 확률이 2/3임

흔히 부정 프레임은 강한 위험추구 반응을 유발하고 긍정 프레임은 약한 위험추구 반응을 유발한다. 실제 A의 선택은 C와 같고 B는 D와 같지만, 흥미롭게도 대부분의 사람들은 서로 모순된 A안과 D안을 선택했다.

시간대에는 20% 할인을 해준다고 한 경우 그 가격이 합당하다고 지각하지만, 이와는 달리 '황금시간'대에는 20% 할증 요금을 받고 다른 시간대에는 정가 요금을 받는다고 했을 경우에는 그 요금 체계가 불합리하다고 응답했다. 이러한 연구 결과는 가격이 의사결정 과정에 있어서 중요한 역할을 한다는 것을 보여준다. 또한 이 연구에서 주목할 사실은 가격이 제품의 품질을 결정할 때 사용될 뿐만 아니라(Cronley, Posavac, Meyer, Kardes, & Kellaris, 2005), 가격이 점화된 이후에 기억에 대한 접근성이 훨씬 높아질 수 있다는 점이다(Herr, 1989).

브랜드 충성도

의사결정 과정이 복잡하다는 사실과 함께, 왜 어떤 소비자들은 반복적으로 특정 제품이나 브랜드를 구매하는가를 알아보는 것은 흥미로운 주제가 된다. 이처럼 선호하는 브랜드를 계속적으로 구매하는 것을 **브랜드 충성도**(brand loyalty)라고 한다(Busch & Houston, 1985). 장기간 또는 소비자의 일생 동안 계속적으로 호의적 태도를 갖는 동일한 '선호' 브랜드를 가지고 있다는 것은 흔치 않은 일이다. 기업은 소비자들이 타사 브랜드보다 자사 브랜드를 선호해 주기를 바라고, 궁극적으로 자사에 대한 소비자들의 브랜드 충성도가 높아지길 바란다. 브랜드 충성도가 높은 소비자를 갖고 있는 기업은 새로운 브랜드를 확장하는 것이 더 쉽다는 의미를 내포한다. 그 이유는 선호하는 브랜드의 연상이 확장 브랜드에도 전이될 수 있기 때문이다(Aaker & Keller, 1990;

Boush & Loken, 1991).

중요한 점은 브랜드 충성도는 **관성적 소비**(inertia)와는 다르다는 것이다. 관성적 소비는 인지적 노력이 덜 요구되기 때문에 동일한 브랜드를 반복 구매하는 것을 말한다. 하지만 이 경우는 (어떤 이유에서든) 다른 브랜드 제품의 구매가 용이하다면 언제든, 소비자들은 망설이지 않고 다른 브랜드 제품을 구매하게 될 것이다. 하지만 브랜드 충성도가 높은 경우에는 그러한 브랜드 전환은 거의 나타나지 않는다(Jacoby & Chestnut, 1978).

브랜드가 중요하다는 사실은 브랜드가 소비자에게 더 즐거운 경험을 제공한다는 연구에서 확인되었을 뿐만 아니라 음료수 시음 연구에서도 확인됐다. 예컨대 소비자들은 자신이 어떤 브랜드의 음료를 마시고 있는지 알고 있을 때에만 올드 셀처 탄산수보다 페리에 샴페인을 더 선호하는 것으로 나타났다(Nevid, 1981). 또 다른 실험에서는 컵에 브랜드 로고가 있는 경우에만 코카콜라 브랜드를 더 선호하였으며(McClure et al., 2004), 브랜드 로고가 보이지 않는 경우에는 특정 브랜드의 맥주에 대한 선호도가 사라지는 것을 확인했다(Allison & Uhl, 1964).

브랜드 연상

특정 브랜드에 충성하는 소비자들은 자신이 선호하는 브랜드에 대해 관여도가 높으며, 자신이 선호하는 브랜드가 타 브랜드와는 다르다는 사실을 분명히 자각한다(Odin, Odin, & Valette-Florence, 2001). 특정 브랜드에 대한 소비자의 연상이 긍정적이어야 한다는 것은 마케팅 담당자에게 너무나 당연한 사실이다. 브랜드 연상은 소비자가 특정 제품을 구매할지를 결정하며, 확장된 브랜드 제품의 구매 가능성에도 영향을 미친다(Belen del Rio, Vacquez, & Iglesias, 2001). 또한 소비자들은 광고 메시지나 또래의 추천을 통해서 해당 브랜드가 얼마나 좋은지, 그리고 자신들의 특정 라이프스타일을 어떻게 충족시켜줄 수 있는지에 대한 신념을 갖게 된다. 만약 브랜드에 대한 연상이 매우 강하다면(그림 9.1에 있는 메르세데스 벤츠와 같이), 소비자들은 동일 브랜드의 다른 제품에 대해서도 좋을 것이라고 믿기 때문에 확장된 브랜드 제품 구매도 만족할 가능성이 높다. 이는 제품군이 서로 비슷하다는 전제하에 가능한 논리적 추론이다. 하지만 버진(Virgin) 브랜드의 경우와 같이 브랜드명만 같고 확장 제품과 모 제품 간의 유사성이 없다면, 이러한 현상을 기대하기는 어렵다. 이론적으로는 버진 항

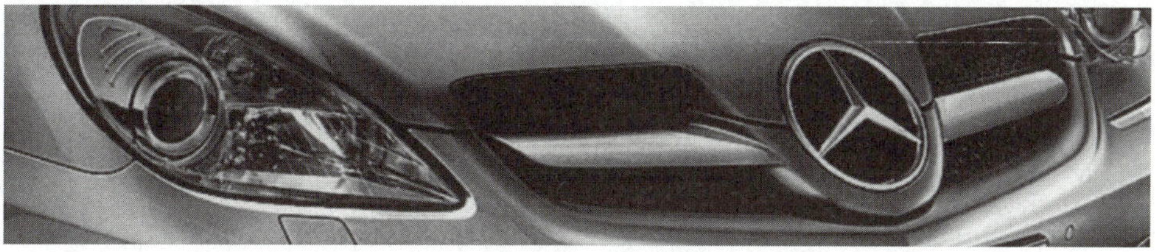

브랜드 로고는 즉각적으로 인식할 수 있고 긍정적 연상이 풍부하다는 점에서 상징적인 역할을 한다.

그림 9.1 잘 알려진 브랜드가 강한 연상을 만들어내는 예
출처 : Courtesy of Mercedez-Benz.

공이 버진 콜라와 어떻게 비교될 수 있는지는 명확하지 않지만, 그럼에도 단순히 동일한 브랜드명이 붙어있단 이유만으로도 좋은 품질로 지각되거나 비용 대비 괜찮은 제품으로 지각된 성공적인 제품 확장의 사례도 있다.

소비자들은 왜 브랜드에 충성하는가

소비자가 특정 브랜드를 오랫동안 지속적으로 구매하거나 애착을 보이는 이유를 정확하게 설명하기는 어렵다. 그러나 특정 브랜드가 자신의 욕구를 충족시켜준다는 사실을 소비자가 학습한다는 것은 분명하다. 그럼에도 브랜드가 어떤 욕구를 충족시켜주는지를 알기는 더욱 어렵다. 그 욕구가 꼭 어떤 구체적인 본능이 아닐 수도 있으며 심리적인 욕구와 관련되어있을 수도 있다. 이러한 욕구 중 하나로 소속 욕구를 들 수 있는데, 소속 욕구는 우리가 자라온 문화적 바탕에 의해서 생길 수 있다. 추가적으로 소비자들은 동일한 제품이나 서비스를 반복적으로 사용함으로써 얻게 되는 보상에 의해서도 브랜드 충성도를 가질 수 있다.

집합주의 문화

집단이나 문화도 소비자의 의사결정에 영향을 미친다. 소비자들이 속한 집단이 의사결정에 얼마나 큰 영향을 미치는지는 소비자 개인이 그 집단과 얼마나 강하게 연결되어 있는가에 달려있다. **집합주의 문화**(collectivist culture, 사회 체계 안에서의 역할과 관계를 중요시하는 문화)에서 성장한 사람들은 자신들이 지지하는 집단에 강한 애착을 보이며, 결과적으로 그들의 선택이나 결정은 집단에 의해 영향을 받기 쉽다. 따라서 문화의 차이를 통해서 소비자들의 브랜드 충성도를 예측할 수 있다는 것은 그리

놀라운 일이 아니다. 예컨대 집합주의 문화의 소비자들은 일반적으로 자신들은 속한 집단에 순응하고자 한다. 이를 **동조 욕구**(need to conform)라고 하며, 동조 욕구가 높을수록 집합주의 문화권의 소비자들은 상대적으로 더 높은 브랜드 충성도를 보일 가능성이 있다. 그 이유는 다른 사람들이 아직 사용해보지 않은 제품을 사서 위험을 감수하는 것보다는 이미 집단 구성원들에게 인정을 받은 제품을 구매하려는 경향이 강하기 때문이다(Lee, 2000). 집단 규범과 거리가 있는 제품을 구매하는 행동은 위험을 감수하고 새로운 제품을 구매하는 행위와 마찬가지로 개인주의 문화의 특징으로 간주된다(Baumgartner & Steenkamp, 1996).

소속 욕구는 **브랜드 커뮤니티**(brand community)가 형성되는 이유를 설명할 수 있다(Muniz & O'Guinn, 2001). 구성원들이 모두 같은 브랜드를 사용하는 특정 집단에 소속되어 있을 때 소비자들은 소속 욕구를 강하게 느낀다. 브랜드 커뮤니티는 함께 같은 제품을 소비하고 구성원들과 의무나 책임감을 공유하면서 내집단에 대한 소속감을 증폭시키는 고유한 특성을 소유한다.

보상

소비자에게 목표를 달성할 수 있도록 보상(incentives)을 제공하는 것은 소비자가 해당 브랜드에 대해 충성할 수 있는 기회를 제공하는 것과 같다. 이는 누네스와 드로즈(Nunes & Dreze, 2006)의 연구에서 확인할 수 있다. 연구자들은 세차장에서 손님들에게 로열티 카드를 주는데, 손님 중 절반은 무료 세차를 받기 전에 10회 세차를 해야 하는 카드를 받고 나머지 절반은 8회만 세차를 하면 무료 세차를 할 수 있는 카드를 받았다. 그러나 10회 세차를 해야 하는 카드를 받은 사람들의 경우도 이미 2회 도장이 찍혀 있는 상태였기 때문에 실제로 돈을 주고 세차를 해야 하는 횟수는 8회로 동일했다. 그 결과 10회 세차 카드를 받은 손님들 중 34%가 무료 세차까지 8회의 빈칸을 모두 채웠으나, 8회 세차 카드를 받은 손님들의 경우는 19%만이 빈칸을 채웠다. 이러한 결과는 소비자들로 하여금 목표를 위해서 장기간 노력을 해왔다는 생각을 갖게 함으로써 개입의 수준을 높일 수 있다는 것을 보여준다.

핵심용어

브랜드 커뮤니티 같은 브랜드 제품을 사용함으로써 집단 구성원들이 동질의 소속감을 느끼게 됨

프레이밍효과 정보의 제시나 구성 방식이 의사결정에 영향을 미치는 것

휴리스틱 노력 없이 그리고 신속하게 의사결정을 내릴 수 있는 인지적 지름길 혹은 주먹구구식 의사결정법

관성적 소비 습관에 의한 구매, 그리고 더 나은 대안을 찾으려는 동기가 부족할 때 나타나는 반복적 구매

대중적인 과학주의 소비자가 객관적인 속성에 초점을 맞출 때

요약

소비자들의 의사결정 과정은 다양한 요인에 의해 영향을 받기 때문에 매우 복잡하다. 무엇을 구매할지 결정할 때 소비자들은 종종 휴리스틱을 사용한다. 무의식적으로 사용되는 휴리스틱의 공통적인 유형으로는 예측 휴리스틱, 설득 휴리스틱, 선택 휴리스틱 등이 있다. 휴리스틱은 소비자들이 왜 이성적인 의사결정을 하지 않는가에 대한 부분적인 이유를 제공한다. 정서는 종종 소비자들의 잘못된 결정을 유도하기도 한다. 그 이유는 소비자들이 특정한 시점에 느끼는 정서와 제품을 연합하기 때문이다. 심지어 그러한 정서가 전혀 다른 원인에 의해 발생하더라도 정서가 제품과 연합되어 의사결정에 개입할 수 있다. 소비자로 하여금 제품 혹은 브랜드에 좀 더 관여시킴으로써 이성적인 의사결정을 하도록 유도할 수 있다.

의사결정은 제품의 특정 속성에 의해서 영향을 받으며, 접근성-진단성 모형은 의사결정 과정에서 특정 속성이 영향을 미치는 이유를 설명한다.

소비자들은 때로 특정 브랜드를 반복적으로 구매하는데, 이를 브랜드 충성도라고 한다. 특정 브랜드가 집단 내의 동료들에게 더 많이 수용되고 있다는 사실을 알게 되면 집합주의 문화권의 사람들은 더 높은 브랜드 충성도를 보일 가능성이 크다.

토론문제

1. 마케팅 담당자들은 휴리스틱을 어떻게 활용할 것인가?
2. 휴리스틱을 사용하는 것은 비이성적인 것인가?
3. 의사결정이 정서에 영향을 받지 않을 수 있는가? 의사결정을 할 때 소비자는 자신이 느끼는 감정을 완전히 분리할 수 있는가?
4. 자신이 선호하는 브랜드에 대해 관여가 높은 소비자들이 브랜드 충성도가 높은 이유는 무엇인가?
5. 브랜드 충성도는 인센티브를 사용함으로써 얻을 수 있는가?

10 인터넷

개요

인터넷의 사용은 그 자체로 소비활동이다. 온라인 활동은 지속적으로 증가하고 있으며, 이는 인터넷의 매력이 점점 더 커지고 있음을 입증한다. 이 장에서는 인터넷 쇼핑객의 정보 수집과 온라인 의사결정에 영향을 미치는 요인들을 알아보고자 한다. 그러나 인터넷이 쇼핑 목적으로만 이용되는 것이 아니기 때문에, 이 장에서는 페이스북을 포함한 소셜 네트워크 사이트나 대화방과 같은 소셜 도구로서 인터넷이 어떻게 이용되는지도 살펴볼 것이다. 마지막으로 이 장에서는 사람들이 인터넷에 중독될 수 있다는 점에서 인터넷의 부정적인 면도 간략하게 다룰 것이다.

인터넷의 사용

인터넷의 사용은 1990년대 중반부터 급속히 증가하였다. 전 세계적으로 인터넷 사용자는 1999년에 1억 2,000만 명이었다(Commerce Net, 1999).* 인터넷 사용자 통계는 〈표 10.1〉에 제시되어 있다.

---

* 2012년에는 24억 명이 넘은 것으로 추정된다(http://www.internetworldstats.com/stats.htm).

표 10.1 인터넷 사용 통계

	유럽	미국	오스트레일리아
사용자 수	393,373,000	220,141,000	16,736,000
사용 증가율(2000~2008)	274%	130%	153%

출처 : http://www.internetworldstats.com/europa2.htm

이베이와 아마존과 같은 웹사이트의 상업적 성공은 인터넷 비즈니스가 높은 이익을 낼 수 있음을 보여준다. 전자상거래의 중요성은 점점 더 가시화되고 있다. 2009년 고든 브라운(Gordon Brown)은 영국 정부가 디지털 통신 산업을 신장시킬 계획을 가지고 있으며, 이것이 연간 약 500억 파운드(약 87조 4,000억 원)의 경제적인 기여를 할 것이라고 언급한 바 있다(BBC, 2009).

인터넷은 소비자, 마케팅 담당자, 제조업자, 소매업자 모두에게 유용하다. 소비자의 관점에서 인터넷은 제품과 서비스 정보를 광범위하게 검색하고(e.g. Schwartz, 2004) 가격 비교를 단순하게 해주는 장점이 있다(e.g. Baker, Marn, & Zawada, 2001; Kambil, Wilson, & Agrawal, 2002). 마케팅 담당자와 제조업자 또한 인터넷을 통해 경쟁사가 어떤 활동을 하고 있는지 추적할 수 있고, 경쟁사에 맞춰 자사 제품과 서비스의 가격을 정할 수 있기 때문에 가격 정책에 활용할 수 있다.

소매업자는 웹사이트 방문객의 이동 경로를 추적할 수 있어서 고객에 대한 세밀한 모니터링이 가능하며, 고객의 구매 데이터를 분석하여 온라인 '매장'의 개설에 참조할 수 있다. 그러나 마케팅 담당자와 제조업자의 관점에서 인터넷의 가장 큰 장점 중 하나는 다른 방법으로는 접근이 불가능한 광범위한 소비자에게 도달할 수 있다는 것이다.

인터넷 사용자

인터넷 사용자는 광범위하기 때문에 특정 유형의 인터넷 사용자가 있다고 말하기는 어렵다. 모든 연령대의 남녀가 인터넷을 사용하고 있고 또한 관심을 보이고 있는데(Rogers & Fisk, 2000), 마케팅 담당자나 제조업자가 그들의 잠재 고객에 특별히 제한을 둘 필요가 없다는 점에서 인터넷은 대단히 매력적이다. 그러나 온라인 정보를 처리할 능력이 모든 연령 집단에게 동일하지 않다는 점을 명심해야 한다. 예컨

표 10.2 인터넷의 다양한 용도

목적	사례
조사/정보	구글, 야후 같은 검색 엔진의 사용
엔터테인먼트	특별한 목적이 없는 웹서핑
게임	게임 이용자간에 인터렉티브 게임 가능
사교	대화방, 소셜 네트워크 사이트, 이메일 등의 이용
소통	야후, 구글 또는 핫메일 등에서 제공하는 이메일의 사용
쇼핑	이베이를 포함한 수많은 온라인 쇼핑 사이트를 통하거나 이케아(IKEA) 같은 매장과 직접 연결된 사이트를 사용
영화 감상	영화와 TV 프로그램의 다운로드
교육	새로운 주제 영역의 학습. www.topmarks.co.uk 또는 kidsknowit.com 같은 교육 관련 웹사이트의 사용

대 나이든 사람들은 작업 기억 용량의 감소와 정보 저장의 어려움 때문에 젊은 사람들만큼 온라인 정보를 처리할 수 없다는 증거가 있다(제2장). 따라서 일반적으로 나이든 소비자는 젊은 소비자보다 정보를 덜 읽고 정보 검색 수준도 낮다(e.g. Cole & Balasubramanian, 1993; Lin & Lee, 2004).

온라인 쇼핑을 주저하는 소비자 유형을 정확하게 찾아내는 것 또한 어렵다. 선행연구에서 온라인 쇼핑에 대해 불평하는 경향이 있는 소비자는 실제로 온라인 쇼핑을 하지 않는다는 것을 밝혔다(Yang & Lester, 2004). 이런 소비자들은 자신의 행동을 바꿀 동기가 생겨야 온라인 쇼핑을 긍정적으로 검토할 것이지만, 사람들은 소비뿐만 아니라 다른 여러 용도로 인터넷을 이용한다는 점에서 소비의 기회 요인은 많다고 볼 수 있다(표 10.2). 그중 한가지가 소셜 커뮤니케이션인데, 인터넷이 다른 사람들과 소통할 수 있는 기회를 주기 때문에 남녀노소를 막론하고 그 사용 빈도가 높다.

인터넷 소비

온라인 쇼핑과 전통적인 매장 내 쇼핑 간에는 공통점도 있지만 차이점도 있다. 한 가지 핵심적인 차이점은 온라인 쇼핑은 공간적, 시간적 제약이 없다는 것이며(Sheth &

Sisodia, 1999), 소비자가 필요하면 다른 나라에서 제품을 구할 수도 있고 편리한 시간에 언제든 쇼핑을 할 수도 있다. 할인된 가격으로 제품을 구매할 수 있다는 점과 더불어 편의성은 사람들이 온라인 쇼핑을 선택하는 주된 이유 중 하나다(Ernst & Young, 1999). 그러므로 소비자들이 전통 매장에서의 쇼핑이 불편하다고 생각할수록 온라인 쇼핑 의도가 더 커지는 것은 당연하다(Chiang & Dholakia, 2003).

온라인 쇼핑의 가능성을 증가시키는 또 다른 요인은 구매하고자 하는 제품의 유형과 관련된다. 소비자가 구매 전에 직접적인 체험이 필요한 향수와 같은 제품을 쇼핑할 때는 온라인 쇼핑 이용을 덜하는 경향이 있다. 그러나 직접적인 체험 없이 온라인 탐색으로도 충분한 책과 같은 제품을 구매할 경우에 인터넷 쇼핑의 가능서이 크게 높아진다(Chiang & Dholakia, 2003). 인터넷 소비 과정을 완전하게 이해하기 위해서는 소비자들이 어떻게 정보를 탐색하는지, 어떻게 구매 의사결정을 내리는지를 파악해야 한다.

정보 탐색

온라인에서 제품을 탐색하는 것은 매일의 일상적인 활동이다. 한 설문 조사에서는 무려 93%의 소비자가 온라인에서 제품을 검색한다고 밝혔다(Yankelovich Partners, & Harris Interactive, 2001). 소비자는 인쇄 광고의 제품에 노출될 때보다 웹사이트에서 제품을 탐색할 때 그 제품을 더 깊이 생각하고 더 많은 정보를 요청하는 경향이 있다(Schlosser, 2003). 이는 143명의 참여자에게 2개의 가상 제품(스포츠카와 패스트푸드 레스토랑) 광고를 컴퓨터에서 보여주거나 인쇄된 형태로 보여주고 평가한 연구에서 밝혀졌다. 컴퓨터에서 광고를 본 참여자들은 인쇄된 광고를 본 참여자들보다 더 많은 정보를 탐색했으며 더 많은 속성을 언급하였다. 이런 결과는 제품을 단지 컴퓨터에서 보여주는 것만으로도 사람들이 해당 제품에 관해 좀 더 생각하도록 만드는데, 이는 사람들이 컴퓨터가 자세한 정보를 제공한다고 믿기 때문인 것으로 보인다(Schlosser, 2003). 이 연구에서 참여자들이 추가적인 정보를 요청했다고 해서 일반적으로 소비자가 모든 구매에 앞서 엄청난 양의 정보를 수집한다는 의미는 아니다. 값싼 제품을 구매하거나 어떤 사이트를 탐색해도 차이가 없는 제품(예 : 책)을 구매할 때 소비자들은 제한적으로 정보를 수집할 가능성이 훨씬 더 크다.

제한된 정보 수집

몇몇 상황에서 온라인 구매자들은 제품 구매를 결정할 때 제한된 사이트에 기초하여 정보를 탐색한다고 알려졌다. 이 분야의 연구가 아직 초기 단계에 있기는 하지만 많은 온라인 소비자들이 하나의 사이트에 충성도가 높다는 사실을 반증한다. 예컨대 인터넷에서 CD를 구매하는 소비자들은 구매 전에 평균적으로 겨우 1.3개 사이트를 검색했고, CD와 책 모두를 구매하는 소비자들은 1.2개의 도서 사이트를 검색했다(Johnson et al., 2004). 소비자들은 또한 어디서 구매하든지 똑같은 제품(예 : CD와 책)을 가격이 더 높게 책정된 온라인 판매자로부터 구매하는 경향도 있는데(Brynjolfsson & Smith, 2000), 이는 아마도 그 사이트에 대한 소비자의 충성도를 반영한 것으로 해석된다.

값이 싸고 어디서나 똑같은 제품을 온라인에서 쇼핑할 때 제한적인 정보 탐색이 발생하는 근본적인 이유는 **인적 자본**(human capital) **모형**(Becker, 1993)으로 설명할 수 있다. 인적 자본 모형에서는 경험에 의한 학습을 인간이 지식을 습득하는 핵심적인 기제로 본다. 우리는 시간과 경험을 통해 우리가 살고 있는 사회에서 번성하고 생존하는 데 필요한 기술을 획득한다. 우리는 새로운 과제에 개입할 때 더 노력을 기울이는 경향이 있다. 그러나 시간이 지나고 연습이 반복되면 원래는 어렵고 힘들었던 행동이 점점 쉽게 지각되고 결국에는 그 행동이 습관화된다. 그에 따라 수행해야 할 과제의 부담이 줄어들고 인지적 자원이 다른 용도로 분배될 수 있다(Murray & Haübl, 2003). 쇼핑을 하기 위해 컴퓨터를 사용하는 것이 처음에는 매우 부담스럽지만 연습을 통해 그 일이 훨씬 더 쉬워지고 결국 아주 간단한 일처럼 되는데, 이것이 경험에 의한 행동 학습의 결과라 할 수 있다. 이것의 유용성은 학습된 소비자들에게는 이전에 방문한 경험이 있는 인터넷 사이트가 정신적 노력이 덜 들기 때문에 더 유용하다. 따라서 소비활동이 증가하더라도 활동에 드는 노력과 시간은 줄어든다(Ratchford, 2001). 소비자가 자신에게 익숙한 특정 웹사이트를 용이하게 사용한다는 것은 소비자가 궁극적으로 하나의 사이트에 충성한다는 것을 의미하는데, 이는 소비자가 다른 온라인 사이트에서 쇼핑하는 것이 매우 쉬울지라도 그 사이트를 자주 이용하지 않는 이유이기도 하다(Murray & Häubl, 2003).

다양한 정보원의 이용

소비자가 온라인에서 제품에 관한 많은 정보를 수집하지 않는 또 다른 이유는 다양한 정보원에 대한 의존성 때문인데(Bettman & Park, 1980), 이는 소비자가 정보 탐색을 인터넷에만 의존하는 것이 아님을 보여준다. 또한 제품을 검색하는 데 들이는 노력의 양은 소비자가 그 제품에 관해 얼마나 많은 사전 지식을 가지고 있느냐에 달려있다. 제품 지식과 정보 탐색의 양 사이에는 역 U자의 관계가 있음이 제안되었다(Bettman & Park, 1980). 이는 중간 수준의 제품 지식을 가진 사람들이 가장 광범위하게 제품 탐색을 하는 반면, 제품 지식이 적거나 많은 사람들은 상대적으로 탐색을 더 적게 한다는 것을 의미한다.

탐색은 온라인, 구매는 오프라인

어떤 사람들은 제품 정보를 수집하기 위해서 웹을 이용하면서도 온라인에서 제품을 구매하기보다는 전통적 소매환경에서 제품 구매를 선호한다. 이런 쇼핑 전략은 소비자가 매장에 있는 동안 더 많은 정보에 근거해서 제품을 선택하는 데 도움이 되기 때문에 온라인 판매자에게는 불리하지만 매장 내 소비자들에게는 확실히 이점이 있다(Morton, Zettelmeyer, & Silva Russo, 2001). 소비자가 온라인에서 탐색을 하고 오프라인에서 구매하는 데는 몇 가지 근본적인 이유가 있다. 한 가지 이유는 소비자가 제품을 '**만져보고**' 사야 할 경우는 그 제품을 직접 만져보기 전까지는 구매하지 않기 때문이다(Citrin, Stem, Spangenberg, & Clark, 2003).

또 다른 이유는 쇼핑할 수 있는 새로운 방법들이 소비자에게 많기 때문이다(Geyskens, Gielsen, & Dekimpe, 2002). 소비자는 대개 다양한 대안(예 : 인터넷, 카탈로그, 매장) 중 한 가지 이상의 제품 정보원을 이용하는데, 이는 판매자를 더 어렵게 만드는 것들이다(Stone, Hobbs, & Khaleeli, 2002). 한 가지 중요한 문제점은 판매자가 쇼핑 과정 중 어느 시점에서라도 고객을 빼앗기거나 잃을 수 있다는 것이다(Nunes & Cespedes, 2003). 이런 점에서 잠재 고객이 온라인 구매를 하지 않는 다음의 세 가지 이유가 제안되었다(Verhoef, Neslin, & Vroomen, 2007).

1. 인터넷은 **검색 속성**(정보 수집의 용이성)의 이점이 큰 반면, 매장은 **구매 속성**(제품을 획득하는 속도)의 이점이 크다는 것이 '전통적인' 생각일 수 있다.

2. 인터넷은 채널 보호 기능(검색과 구매 등의 단계에서 고객이 유지되도록 통제하는 기능)이 약하다.
3. 교차 채널(cross-channel)의 시너지 효과(하나의 정보원에서 정보를 탐색한 것이 다른 정보원에서의 구매 경험을 향상시키는 것)가 인터넷과 전통 매장 사이에서 발생할 수 있다.

소매업자가 소비자의 온라인 제품 구매를 촉진하는 한 가지 방법은 웹사이트를 신뢰할 수 있게 만듦으로써 제품 구매를 유도하는 것이다(Schlosser, Barnett-White, & Llyod, 2006). 또 다른 방법으로 유용한 것은 고객의 신용카드 번호를 저장하거나 즉시 할인을 통해 고객이 쇼핑과 구매 단계에서 사이트를 떠나지 않도록 채널 보호 기능을 증가시키는 것이다(Verhoef, Neslin, & Vroomen, 2007).

언어

인터넷에서 사용되는 언어 역시 소비자의 정보 수집에 영향을 주는 요인 중 하나다. 대부분의 웹사이트가 영어로 제공되는데(Fox, 2000), 이는 영어가 모국어가 아닌 사람들이 정보를 수집하는 데 영향을 미친다. 모든 웹 사용자의 1/3 미만이 영어를 모국어로 말할 수 있을 것으로 추정되는데(Crockett, 2000), 이는 대다수가 인터넷에 제공되는 정보를 완전하게 이해하지 못할 수 있음을 말한다. 언어는 웹사이트에 대한 소비자의 태도에 영향을 미치기 때문에 웹사이트에 대한 소비자의 지각에 중요한 역할을 할 수 있다(Luna, Peracchio, & deJuan, 2003). 이처럼 웹사이트의 언어는 소비자가 모국어로 제공되지 않는 사이트에서 정보를 탐색할지의 여부를 결정짓는 요인이다.**

인터넷 의사결정

소비자의 의사결정 과정(제9장)은 복잡하다. 일반적으로 다른 유형의 의사결정에서 사용되는 전략이 온라인 구매 의사결정에도 사용된다. 그러나 온라인 의사결정의 어떤 양상들은 추가 연구가 필요하다. 여기에는 소비자가 잘못된 의사결정을 했을 때

** 역주 : 오늘날 인터넷의 보급과 모바일 기기의 발전에 따라 각 나라마다 모국어로 제공되는 다양한 쇼핑 사이트가 운영되고 있다. 나아가 글로벌 기업들이 각국의 언어를 지원하는 사이트를 개설함으로써 점차 글로벌 사이트의 언어적 장벽이 해소되는 추세다.

누구를 비난한 것인가의 문제, 웹 정보를 어떻게 제시하며, 웹에서 가용한 방대한 양의 선택이 구매 가능성과 결과에 어떻게 영향을 주는지 등의 문제를 포함한다.

웹 디자인

온라인 구매 결정은 종종 인터넷 매장을 탐색하는 동안 이루어지는데, 이는 실제 페이지 레이아웃이 구매를 예측하는 결정 요인이 될 수 있음을 보여준다(Mandel & Johnson, 2002). 디자인 특성이 인터넷 사용자의 선택 행동에 암묵적인 영향을 미친다는 사실이 밝혀졌다. 이는 만델과 존슨(Mandel & Johnson, 2002)이 수행한 연구에서 발견되었는데, 먼저 이들은 인터넷 자동차 사이트의 배경화면을 조작하였다. 배경화면을 절약 또는 품질과 관련이 되도록 조작한 결과, 절약 목표와 일치하는 배경에 노출된 참여자들은 값이 싸고 덜 안전한 차를 더 많이 선택하였다. 그러나 안전(품질) 목표를 암시하는 배경에 노출된 참여자들은 더 비싸지만 안전한 차를 더 선호했다.

네즈와 니덴탈(Knez & Niedenthal, 2007) 또한 컴퓨터 관련 정보의 디자인 변경이 사용자에게 영향을 줄 것이라는 가설을 지지하는 결과를 얻었다. 그들은 게임에 사용되는 조명의 종류가 게임 이용자의 느낌과 수행을 변화시킬 수 있는지를 연구했다. 그 결과 게임 이용자가 차가운 색의 조명(예 : 파란색)보다 따뜻한 색의 조명(예 : 빨간색)에 노출되었을 때 게임을 가장 잘 하는 것으로 나타났다. 따뜻한 색의 조명은 또한 게임 이용자에게 즐거운 느낌을 갖게 만드는 것으로 밝혀졌다.

선택의 양

온라인에서 접근할 수 있는 정보는 끝이 없기 때문에 온라인에서 구매 결정을 하기란 힘든 일이다(Schwartz, 2004). 방대한 양의 대안 중에서 선택을 해야 하는 소비자는 불편감을 느낄 수 있으며(Schwartz, Ward, Monterosso, Lyubomirsky, White, & Lehman, 2002), 이는 결국 의사결정에 영향을 줄 수 있다(Iyengar & Lepper, 2000).

선택 대안이 너무 많으면 구매 가능성이 줄어들며(Iyengar & Lepper, 2000), 선택을 하더라도 많은 대안 중에서 선택한 항목은 만족감이 낮을 수 있다(Diehl & Poynor, in press). 이 문제를 온라인 구매 상황에 적용한 연구가 그리핀과 브로니아르치크(Griffin & Broniarczyk, 2008)에 의해 수행되었는데, 이 연구에서 참여자들에게 인터넷 검색 과제에 참가하도록 요청하였다. 그 결과 참여자들은 대안들이 **정렬 가능할**(alignable) 경우보다 **정렬 불가능할**(non-alignable) 때 검색을 더 하는 경향이 있었다. 제품들 사이의 비정렬 차이는 차별적 속성을 포함하는 경우인데, 예컨대 수영장이 딸린 집과 정원이 딸린 집의 경우다. 정렬 차이는 단일 차원에서의 차이와 관련되는데, 예컨대 크기가 10m^{2}인 정원과 20m^{2}인 정원이 대안인 경우다. 참여자들은 비정렬 대안들을 놓고 검색을 많이 한 것이 만족도를 감소시켰는데, 이에 대해 연구자들은 비정렬 대안들을 비교하는 것이 더 어려웠기 때문이라고 설명했다. 그러나 온라인 소비자들은 특정 유형의 제품에 대해서만 광범위한 정보 탐색을 한다는 사실을 기억할 필요가 있다. 이는 소비자가 만족감을 덜 느낄 가능성은 제품군에 따라서 제한적으로 나타날 것이라는 점을 시사한다.

잘못된 의사결정에 대한 비난

소비자들은 자신의 구매결정을 돕기 위해 컴퓨터를 사용하는데, 종종 그 구매결정의 결과가 만족스럽지 않을 때 컴퓨터를 비난한다(Moon, 2003). 이것은 사람들이 긍정적인 결과에 대해서는 자기의 공으로 돌리고, 부정적인 결과에 대해서는 타인이나 다른 대상을 탓하는 경향이 있다고 제안하는 **자기본위적 편향**(self-serving bias)과 일치한다(e.g. Nisbett & Ross, 1980; Snyder, Stephan, & Rosenfield, 1978). 사람들은 자신의 자존감이나 자아개념을 보호하기 위해 자기본위적 편향을 작동시킨다. 의사결정 후에 컴퓨터를 긍정적 또는 부정적으로 평가하는 것은 중요하며, 이것이 향후에 컴퓨터를 사용한 구매 의사결정에 영향을 준다.

그러나 소비자가 컴퓨터를 상대로 친밀한 **자기노출**(정보와 감정을 친밀하게 공유하는 것)을 한 과거 이력이 있다면 비난의 형태가 달라진다. 관계를 연구한 연구자들은 상대방에게 민감하게 반응하고 호응하는 것이 관계를 유지하고 발전시키는 요인이라고 제안했다(Cross, Bacon, & Morris, 2000; Laurenceau, Barrett, & Pietromonaco, 1998). 내가 어떤 사람과 가까워지면, 나의 자아개념이 타인에게도 확장되어 공유된다(Aron & Aron, 1997). 소비자가 생명이 없는 대상이 자신에게 매우 중요하며 자신의 일부라고 생각한다면(e.g. Belk, 1988; Dittmar, 2008b; Solomon, 1983), 자신의 물적 소유 대상과도 자기노출을 할 수 있다는 사실은 별로 놀랄 일이 아니다(Moon, 2003). 실제로 선행 연구에서 소비자가 컴퓨터를 사회적 대상으로 간주하며(Moon, 2000; Nass & Moon, 2000), 그 결과 컴퓨터에 대해 사회적 귀인을 한다는 점이 밝혀졌다(e.g. Reeves & Nass, 1996). 이것이 소비자가 컴퓨터와 친밀한 자기노출을 한 이력이 있을 때 비난의 형태가 달라지는 이유다. 이런 경우 소비자는 의사결정에 책임감을 느끼고 긍정적인 의사결정 결과에 대해서 컴퓨터의 공으로 돌릴 가능성도 더 높다(Moon, 2003).

소셜 인터넷 소비자

인터넷은 쇼핑 목적으로 사용될 뿐만 아니라 좀 더 사회적인 이유로도 사용된다. 특히 지난 수십 년간 이메일, 대화방, 소셜 네트워크 사이트를 통해 사람들이 서로 접촉하기가 쉬워졌는데 이는 인터넷이 다른 사람들과 소통하는 데 매우 유용한 도구로 발전하고 있음을 의미한다. 인터넷은 사용자에게 새로운 친구나 지인을 사귈 기회를 제공하고 사람들이 가족이나 친구와 멀리 떨어져있다는 느낌을 갖지 않도록 해주기 때문에 유용하게 이용된다.

소통의 도구인 인터넷

지금까지는 소비자가 소통의 도구인 인터넷을 어떻게 사용하는지 밝힌 연구가 많지 않았다(Zinkhan, Kwak, Morrison, & Peters, 2003). 연구자들은 최근 몇 년간 인터넷 채팅이 크게 증가했다는 점을 확인한 바 있으며(Zinkhan, Kwak, & Pitt, 2001), 지금은 인터넷 채팅이 인터넷 소비의 중요한 단면이 되었다. 요즘에는 대화방이 '인터넷 생활'의 필수적인 요소이어서 많은 기업들이 앞다투어 개설하고 있으며 고객들이 여기에 제품과 서비스에 대한 의견을 올릴 수 있다. 웹에 대화방을 개설하면 소비자 방문이 약 50%, 온라인 구매가 약 40% 증가한다는 주장도 있다(*Business Wire*, 1998).

온라인 채팅은 왜 하는가

모든 소비자가 인터넷 대화방이 현실의 공간이 아니라는 생각 때문에 혹은 누구와도 개인적인 연결 관계가 없다는 생각 때문에 온라인 대화방에 참여하는 것만은 아니다(Kwak, 2001). 사람들이 온라인 채팅을 하는 데는 많은 이유가 있다. 어떤 사람은 정보를 찾고 문제를 해결하고 다른 사람들과 상호작용하기 위해서 채팅을 한다(Kwak, 2001). 남성과 여성이 온라인 채팅을 하는 이유에는 분명한 차이가 있다는 것도 밝혀졌다. 주로 여성은 오락적인 목적, 친교, 휴식 그리고 시간을 때우기 위해 온라인 채팅을 한다고 한다. 소프트웨어 회사들이 여성을 직접적으로 겨냥하여 세부적인 목적을 가진 프로그램 개발할 수 있기 때문에 이런 정보는 소프트웨어 회사들에게 유용할 수 있다(Zinkhan, Kwak, Morrison, & Peters, 2003).

마이스페이스와 페이스북

오늘날 사람들이 다른 사람들에게 자신의 가장 바람직한 모습을 보여주기 위해 심혈을 기울여서 온라인상에 가상 이미지를 구축하는 것은 흔한 일이다. 이러한 가상 이미지들이 인기 상승세인 페이스북이나 마이스페이스와 같은 소셜 네트워크 사이트에 많이 나타나 있다(Thayer & Ray, 2006). 이런 종류의 사이트들에서는 주로 사용자가 자신의 정보와 사진을 게시하고 메시지를 '친구'에게 보내며 자신의 사이트를 친구 사이트에 링크하기도 한다.

2006년에 마이스페이스 사용자는 약 2,000만 명, 페이스북 사용자는 약 950만 명이었다(CNN, 2006; Foxnews, 2006). 매일 약 20만 명의 사용자가 소셜 네트워크 사이트에 가입하고 있는 것으로 추정된다.*** 소셜 네트워크 사이트에서는 사람들이 자신을 다른 사람에게 보여주는 방식을 마음대로 선택할 수 있기 때문에, 소셜 네트워크 사이트가 다른 사람들과 상호작용하고 소통하는 패턴을 바꿨다는 점은 의심의 여지가 없다.

마이스페이스나 페이스북과 같은 사이트는 인종이나 성별에 관계없이 누구에게나 매력적이다(Raacke & Bonds-Raacke, 2008). 대부분의 친구-네트워킹 사이트 이용자들은 새로운 친구를 사귀고 옛 친구를 찾거나 확인하기 위해 사이트를 이용한다(Raacke & Bonds-Raacke, 2008).

자신의 개인 페이지가 어떻게 지각되는가의 문제는 젊은 사람들에게 특히 중요하다. 발켄버그, 피터 및 쇼우텐(Valkenburg, Peter, & Schouten, 2006)은 소셜 네트워킹 사이트의 사용이 자존감 및 웰빙과 관계가 있음을 보여주었다. 그들은 온라인 프로필을 가지고 있는 8,000명 이상의 10대를 대상으로 설문 조사를 실시하였는데, 참여자들이 자신의 프로필에 대해 긍정적인 피드백을 받는 경우 자존감과 주관적 웰빙이

*** 역주 : 2014년 현재 페이스북 사용자는 매월 약 13억 명에 달한다(http://www.statisticbrain.com/facebook-statistics/).

증가한다는 것을 발견하였다. 이와 반대로 부정적인 피드백을 받은 경우 사람들의 자존감과 주관적 웰빙은 크게 감소하였다.

네트워킹 사이트를 통해 형성된 관계는 종종 피상적인 관계의 특징을 갖는다. 많은 사람들이 실제로 친구들과 연락하는 것을 원하지 않으며 단지 온라인 친구를 모으는 데 페이스북을 사용한다는 견해가 있다. 이런 행동은 나르시시즘과 일치하며(Buffardi & Campbell, 2008), 특히 자기중심적인 사람들이 온라인 세상에서 자신이 인기 있어 보일 거라는 점으로 위안 삼기 위해 사이트를 사용하는 경향이 있다고 한다.

노년층 인터넷 사용자

나이든 사람들이 질병이나 지리적인 거리로 인해 가족과 친구들과 점점 더 교류가 적어지는 것이 보통이기 때문에, 인터넷은 다른 사람들과 연락을 유지할 수 있는 이상적인 도구가 될 수 있다(Victor, Scambler, Bond, & Bowling, 2000). 썸, 매튜, 휴즈 및 캠벨(Sum, Mathews, Hughes, & Campbell, 2008)은 소셜 커뮤니케이션 도구로서 인터넷이 나이든 사람들에게 얼마나 유용한지를 연구하였다. 연구자들은 온라인 설문지로 55세 이상의 오스트레일리아인 222명에게 인터넷 사용과 외로움에 대해 물었다. 응답자들의 62%는 여성이었고 대략 64%가 동반자나 배우자와 함께 살고 있었으며, 90%는 매주 적어도 4시간 정도 인터넷을 사용하고 대략 96%가 1년 이상 인터넷을 사용했다고 응답했다. 조사 결과는 또한 노년층에게 인터넷이 주로 커뮤니케이션, 정보 검색, 전자상거래로 이용된다는 것을 보여준다. 또한 대부분의 응답자들은 외로움을 느끼는 정도가 낮았고(추측컨대 대다수가 다른 사람과 함께 살고 있기 때문), 남성 응답자가 여성 응답자보다 더 외로움을 경험하는 것으로 나타났다. 응답자들이 외로움을 느낀다고 보고했을 때, 그것이 인터넷 사용 시간과 상관이 높았다. 흥미롭게도 응답자들은 인터넷을 사용하는 시간이 길수록 더 외롭다고 느꼈다. 따라서 인터넷이 외로움을 달래기에 충분한 도구가 아닌 것으로 보인다. 그러나 외로움과 인터넷 이용 간의 상관관계가 발견된 것은 그들이 이용한 사이트의 유형에 기인한 것으로 추측된다. 따라서 연구자들은 55세 이상 사람들의 외로움을 줄여주기 위해서 그들이 활용할 수 있는 인터넷 기능들을 가르치는 것이 유용할 것이라고 결론을 내렸다.

심리적 웰빙

인터넷의 한 가지 문제점은 인터넷에 중독될 수 있다는 것이다. 일부 인터넷 소비자들은 그 중독성 때문에 웹이나 대화방에 빠져있다(Kwak, 2001). 인터넷 중독은 최신판 진단 통계 매뉴얼(*Diagnostic Statistical Manual*)에 분류되어 있지 않지만 그럼에도 불구하고 인터넷 중독, 특히 10대의 인터넷 중독은 드문 일이 아니라는 증거는 매우 많다. 예컨대 7.5%의 대만 청소년(Ko, Yen, Lin, & Yang, 2007), 1.98%의 노르웨이 청소년(Johansson & Gotestam, 2004), 8.2%의 그리스 청소년(Siomos, Dafouli, Braimiotis, Mouzas, & Angelopoulos, 2008) 그리고 약 2.4%의 중국 10대(Gao & Su, 2007)가 인터넷 중독으로 고통받고 있다.

중독의 문제는 단순히 대화방에만 국한되지 않으며 전체 인터넷에 해당된다. 이 문제는 인터넷 중독이 게임 중독과 유사하다는 관점에서 접근한 영(Young, 1996)에 의해 연구되었다. 그녀는 600명의 참여자 중 얼마나 많은 수가 잠재적인 인터넷 중독자인지를 파악하기 위해 상습도박자를 확인하는 데 사용한 질문지를 원용하였다(질문의 예는 표 10.3 참조). 영은 참여자들 중 대략적으로 66%가 인터넷 '의존성'이 있고, 온라인에서 일주일에 대략 38시간을 보낸다는 것을 발견하였다. 여기에 학업 활동이나 직장 관련 활동은 포함되지 않았다. 매우 흥미롭게도 '의존적'이라고 분류된 사람들의 대부분은 상대적으로 온라인 활동을 새롭게 시작한 사람들이었는데, 대략 83%는 인터넷 사용이 1년 또는 그 미만이었다. 반면에 의존적이라고 분류되지 않은 사람들은 대부분 인터넷을 오랫동안 사용한 사람들이었다. 이러한 결과는 사람들을 빠져들게 만드는 것은 인터넷의 '참신성'이지만, 사람들이 인터넷 사용에 익숙해지게 되

표 10.3 영(Young, 1996)의 연구에서 사용된 질문의 예

당신은 자신이 인터넷에 몰입한 정도를 숨기기 위해 가족구성원, 치료전문가 또는 다른 사람에게 거짓말을 한 적이 있습니까?
당신은 원래 의도한 것보다 더 오랜 시간 인터넷을 사용합니까?
당신은 만족감을 얻기 위해 점점 더 많은 시간을 인터넷에 사용하는 게 필요하다고 느낍니까?
당신은 자신이 인터넷에 정신이 팔렸다고 생각합니까?(과거의 온라인 활동이 생각하거나 다음으로 넘어갈 온라인 세션이 기대된 적이 있습니까?)

면 재미를 덜 느끼고 결국 온라인에서 적은 시간을 보낸다는 것을 보여준다. 그럼에도 불구하고 어떤 사용자든 주당 근무 시간과 맞먹는 시간을 인터넷에서 보내는 것이 과연 건전한 것인지는 의문의 여지가 남는다.

핵심용어

정렬 대안 대안들이 특성상 유사할 때(예 : 동일하지만 크기가 서로 다른 꽃병)

비정렬 대안 대안들이 서로 차별성을 가질 때

자기본위적 편향 사람들이 긍정적인 결과는 자신의 공으로 취하고 부정적인 결과에 대해서는 다른 사람(대상)의 탓으로 돌리는 경향성

요약

온라인 쇼핑에서는 소비자들이 공간적으로 멀리 떨어져있는 제품을 편리한 시간에 찾아볼 수 있다. 인터넷을 통해 수집한 제품 정보의 양은 소비자가 구매하고자 하는 제품 유형에 따라 다르다. 소비자는 종종 특정한 쇼핑 사이트에 충성도가 높은데, 그 이유는 인적 자본 모형으로 설명할 수 있다. 소비자는 일반적으로 인터넷에서 제공되는 제품 정보에 의존할 뿐만 아니라 광범위한 정보원으로부터 추가적 정보를 탐색한다. 소비자는 또한 인터넷을 이용하여 제품 정보를 검색하고 구매는 매장에서 하는 경우가 있다. 온라인에서 검색하고 오프라인에서 구매하는 소비행동은 매장이 구매 속성의 이점이 강한 반면, 인터넷은 채널 보호 기능이 약하고 둘 간에 교차 채널의 시너지효과가 작용하기 때문으로 보인다. 온라인 의사결정은 웹사이트 디자인 및 선택 대안의 수에 의해 영향을 받으며, 때로 사람들이 만족스럽지 않은 결정에 대해 컴퓨터를 비난하는 자기본위적 편향에 의해서도 영향을 받는다. 한편 인터넷은 친구와의 소통과 새로운 사회적 교류의 대상자를 만들고자 할 때 사용되는데, 이는 흔히 페이스북 같은 소셜 네트워크 사이트를 통해 이루어진다. 인터넷의 사용이 지나치면 중독에 빠질 수 있다.

그러나 인터넷 중독이 사용자가 인터넷에 익숙해지면 벗어날 수 있는 '인터넷 초보자' 조건에 국한되는지는 아직 분명하지 않다.

토론문제

1. 온라인 쇼핑과 매장 내 쇼핑은 어떻게 다른가?
2. 온라인 구매 가능성을 높이기 위해서 어떤 종류의 채널 보호 전략을 사용할 수 있는가? 이 장에서 언급된 전략 이외에 대안적인 전략을 생각해보라.
3. 소비자가 온라인에서 정보를 수집하는 방식은 합리적인가?
4. 아이들의 인터넷 사용 시간을 통제해야 하는가?
5. 외로움을 느끼는 사람들이 소셜 네트워크 사이트를 이용하는 것이 좋은가?

11

아동 소비자

개요

이 장은 아동과 소비의 다양한 특징을 다룬다. 아이들의 미디어 사용능력이 어떻게 인지발달과 병행하여 길러지는지를 알아보고, 특히 피아제의 전통적인 인지발달 이론과 TV에 대한 점진적 학습능력을 소개한다. 또한 폭력적 TV 프로그램이 어린아이들에게 미치는 영향과 인터넷에 대한 찬반, 아이들을 대상으로 하는 시장 제품에 대한 도덕적 논쟁 등을 추가적으로 살펴본다.

아동과 소비

성인과 마찬가지로 아이들도 열렬한 소비자다. 미국과 영국의 판매지표를 보면, 아이들이 어린 시절부터 우리가 살고 있는 소비자사회의 일원으로 사회화된다는 것을 알 수 있다. 1997년 미국의 경우 12세 이하 아이들이 제품과 서비스에 240억 달러(약 24조 9,000억 원) 이상을 소비하였으며, 같은 해 전체 아동 시장은 1,880억 달러(약 195조 1,000억 원) 규모였다(McNeal, 1998). 영국의 경우 장난감 산업은 대략 20억 파운드(약 3조 5,000억 원)로 추정된다(British Toy and Hobby Association, 2007).

이러한 수치는 얼마나 아이들이 소비에 헌신적인지를 의미하는 금전적 가치일 뿐만 아니라 그들이 소비자 활동에 투자하는 시간의 양적 가치를 의미한다. 평균 아동의 일일 TV 시청 시간은 2~5시간이고 컴퓨터 사용 시간은 2~3시간, 음악과 라디오 청취 시간은 대략 5시간 정도다(e.g. Larson & Verma, 1999; Ofcom, 2007; Roberts, Foehr, Rideout, & Brodie, 1999). 이는 현재 아이들이 학교생활보다 더 많은 시간을 소비자 활동에 투자하고 있음을 반증한다. 따라서 아이들의 사회적 및 인지적 역량이 그들이 몰두하는 소비자 활동에 영향을 받는 것이 당연하다.

아동은 성인과 인지적으로 어떻게 다른가

아동의 인지능력은 아동기에 발달하고 정보를 다루는 방식에서 성인과 차이가 있다. 이는 아이들이 마케팅 메시지나 주류 미디어의 정보를 성인과 같은 방식으로 지각하지 않음을 의미한다. 또한 아이들은 연령에 따라 자극의 다른 요소에 초점을 두기도 하고 보거나 들은 것을 잘못 해석하는 경우가 있다. 따라서 마케팅 담당자나 소비자 심리학자는 어린 소비자와 효과적으로 커뮤니케이션하기 위해 그들의 인지적 역량이 연령에 따라 어떻게 발달하는지를 이해할 필요가 있다.

인지발달

피아제(Piaget, 1936, 1951)의 인지발달 이론은 아이들이 성인에 비해 제한적인 인지능력을 가지고 있음을 증명한다(Ginsbrug & Opper, 1988). 피아제는 아동 발달이 (1) **감각운동기**(0~2세), (2) **전조작기**(2~7세), (3) **구체적 조작기**(7~11세), (4) **형식적 조작기**(11세 이후)의 네 단계를 거친다고 주장한다(표 11.1). 각 단계는 아동의 인지능력이 연령에 따라 다르다는 것을 보여준다. 감각운동기의 유아는 주로 반사적인 감각과 운동경험에 집중하며 초보적인 수준의 사고를 한다. 두 번째 단계인 전조작기는 전개념기(2~4세)와 직관기(4~7세)로 구분된다. 전개념기에 아동의 인지능력은 기초적인 내적 및 상징적 사고를 상대적으로 다룰 수 있고, 그 후반기에 들어 자극과 경험을 양적으로 분류하는 정신적 조작을 더 체계적으로 수행하지만 왜 그러한지에 대해서는 설명하지 못한다. 전조작기 동안의 아이들은 **중심화**(centration)라는 단일 차원에 집중하는 경향을 보인다. 예컨대 이 시기의 아아들은 형태보다는 물체의 색상에 주의를 집

표 11.1 피아제의 지적 발달 단계

단계	연령	특징
감각운동기	0~2	감각 정보와 행위를 통해 세상을 이해함. 환경과 자신을 구별하는 능력을 학습하고 내적인 정신적 표상을 만드는 역량을 발휘함
전조작기	2~7	기초적인 내적 및 상징적 사고를 학습함. 이 단계의 마지막에서 물체의 분류에 대해 이해하기 시작함
구체적 조작기	7~12	대상을 분류하고 조직화함. 제한적으로 논리적인 정신적 조작을 수행함
형식적 조작기	12+	추상적 사고를 시작함. 가설을 공식화하고 검증하는 능력을 가짐

중한다. 따라서 아동 마케팅은 아이들이 메시지로부터 핵심 정보를 추출할 수 있도록 명확하고 단순하게 제시할 필요가 있다. 피아제는 세 번째 단계를 구체적 조작기로 불렀는데, 그 이유는 아동의 사고 과정이 구체적 대상에 적용되는 시기이기 때문이다. 환경에 대한 반사적인 의존성은 추상적 개념을 다루는 데 한계가 있지만, 이 단계에서 아이들은 자극의 몇 가지 차원들을 고려할 수 있게 된다. 따라서 전조작기에 비해 몇 가지의 추가적인 요소가 마케팅 메시지에 사용될 수 있다. 11세가 지나면, 아이들은 복잡한 사고와 가설적 시나리오를 다룰 수 있다는 점에서 성인과 같은 패턴의 정보처리 능력을 가지게 된다.

이후 연구들은 피아제의 인지발달의 단계가 연령에 있어 약간 먼저 나타나거나 나중에 나타날 수 있음을 제안했다(e.g. Baillargeon & DeVos, 1991; Bower, 1982; Wimmer & Perner, 1983). 그러나 피아제의 인지발달 이론이 지닌 본질은 그대로 남아 있으며 아동 마케팅에 중요한 시사점을 제공한다.

주류 미디어의 영향

아동의 소비자행동에 대한 연구는 1950년대와 1960년대에 브랜드 충성도(Guest, 1955)와 마케팅 메시지에 대한 이해(McNeal, 1964)로부터 시작되었다. 오늘날 아이들은 매우 다양한 미디어에 노출되어있다. 대부분의 아이들은 TV, 라디오, 인터넷 등에 매일같이 노출된다. 그러한 미디어로부터 아이들은 세상에 관한 일반적 지식을 배우는데, 그러면서 필연적으로 마케팅 메시지를 접한다. 미디어에 대한 노출 증가에 따른 연구들은 소비, 인지발달, 행동 및 사회적 영향들 간의 관계를 다루어왔다. 몇몇의 영역은 다른 것보다 더 대중적으로 연구되어 왔는데, 그 예가 TV 시청이 행동에 미치는 영향에 관한 것이다.

TV

정상적으로 TV 시청은 대략 2.5~3세 사이에 시작되고(Huston, Donnerstein, Fairchild, Feshbach, Katz, Murray, et al., 1992), 동시에 TV 프로그램에 대한 명확한 선호를 갖게 된다. 라일과 호프만(Lyle & Hoffman, 1972)은 한 연구에서 대략 3세 유아의 80%가 선호하는 프로그램의 이름을 말할 수 있으며, 5세가 되면 100%에 이른다는 것을 발견하였다.

TV 시청량은 아이들이 나이가 들면서 점차 늘어나고 대략 12세가 되면 절정에 이른다. 10대 후반에 시청량은 감소하고 가정밖에서의 활동 시간이 많아진다(Comstock & Scharrer, 2001).

TV에 대한 이해능력

어린아이들은 TV에서 보는 것을 성인처럼 다루지 않는다. 아동의 인지능력이 점차적으로 발달한다는 것을 생각하면(e.g. Baillargeon & DeVos, 1991; Bower, 1982; Piaget, 1951), 작은 화면에서 보이는 정보를 처리하고 이해하는 것은 당연히 아이들에게 쉽지 않은 일이다. 대체로 아이들이 TV에서 보는 것을 충분히 처리하고 이해하기 위해서는 10세 정도가 되어야 한다(표 11.2).

6세 이전의 아이들은 TV 프로그램의 구성적 특성을 이해하는 능력이 부족하다(Van den Broek, Lorch, & Thurlow, 1996). 그러므로 관찰된 장면에서 보이는 행동에 집중하는 경향이 있고, 프로그램의 의도를 잘못 이해하는 경우가 많다. 이 시기에 아이들은 TV가 허구임을 이해하지 못한다는 의미다. 대략 7세가 지나야 그러한 능력이 생긴다(Wright, Huston, Alvarez, Truglio, Fitch, & Piemyat, 1995). 그런 능력이 있다 해도 종종 현실 세계를 반영한 것으로 착각하며(Wright et al., 1995), 현실 세계에 대한 편향된 시각을 가질 수 있다.

8세 혹은 9세까지의 아이들은 단편적으로 프로그램의 내용을 처리한다. 프로그램을 연속적으로 보기보다는 빠른 동작, 시끄러운 음악, 장면들의 독특한 단서나

표 11.2 TV 이해능력의 단계

연령	특징
6	6세 이하의 아이들은 지각적 처리를 개념적 처리로 전환하는 인지능력이 완전하지 않음. 6세가 넘으면 프로그램 구성에서 개념과 추상적 정보를 고려하는 능력이 생기지만 더 어린아이들은 구체적 행동에 집중하는 경향이 있음
7	7세 이하의 아이들은 TV가 현실 세계가 아님을 충분히 이해하지 못함
8	TV 프로그램이 허구일 수 있다고 생각하지만 여전히 현실 세계에 대입함
8~9	프로그램의 내용을 단편적으로 처리함. 아동들은 빠른 진행의 행동과 장면, 시끄러운 음악에 매력을 느낌. 느린 장면에서 주의가 분산됨
10	독립된 장면들을 유추하는 능력이 생김

유아들은 처음부터 끝가지 프로그램을 시청하지 못한다. 대신 빠르게 움직이는 장면과 밝은 색상에 집중하는 경향 있다. 즉 프로그램이나 광고를 이해하는 데 필요한 정보가 포함된 사람들의 '대화' 장면을 놓치거나 그에 집중하지 못한다.

빠른 컷에 순간적으로 매료된다(Alwitt, Anderson, Lorch, & Levin, 1980; Schmitt, Anderson, & Collins, 1999). 특히 유아들(2~3세)은 프로그램의 구성상 관련성이 없는 생동감 있는 색상과 같은 요소에 주의를 뺏기는 경우가 많다. 예컨대 화사한 빨간색 옷이 포컬 포인트가 되고 그 옷을 입은 사람의 행동은 완전히 무시될 수 있다.

유사하게 매우 독특한 단서나 빠른 장면의 움직임은 밝은 색상의 자극과는 달리 아이들의 주의를 끄는데, 이는 아이들뿐만 아니라 성인에게도 주의를 끄는 요소다. 한 프로그램에서 빠른 장면의 움직임이 제시되면, 주의하지 않던 사람들도 시청을 시작하게 된다. 이는 인간이 움직임에 대한 주변 시야의 민감도를 가지고 있기 때문이다(Alwitt et al., 1980).

10세 이전의 아이들은 독립된 장면들에 대해 결론을 도출하는 능력을 가지지 못한다(Van den Broek, 1997). 예컨대 만일 한 캐릭터가 다른 캐릭터를 속이기 위해 멋지게 해내는 '행동'을 했다면, 아동들은 두 사건 간을 연결하지 못하므로 그 캐릭터가 나쁘다는 것을 깨닫지 못한다.

폭력적 TV 프로그램

TV 시청이 아동에게 미치는 영향에 관한 가장 일반적 연구는 행동에 미치는 폭력의 효과다. 여기서는 TV 시청의 부정적 측면을 다루지만 다른 비건설적 결과도 있음을 간과할 수 없다. 일례로 열렬한 TV 시청자는 창의성이 낮고(Kubey, 1986) 읽기 능력도 떨어진다(Koolstra, van der Voort, & van der Kamp, 1997; Wright et al., 2001).

1990년대 후반 어린이 프로그램의 대략 40%가 폭력적 장면을 포함하고 있다고 추정되었다(Gunter &Harrison, 1997). 아이들이 성인이 보는 TV 프로그램에 자주 노출된다는 것을 감안하면, 청소년기가 될 때까지 아이들은 약 8,000명의 살인자와 10만 건 이상의 폭력장면을 볼 것이라고 추정된다(Bushman & Anderson, 2001). 연속적으로 폭력행위에 노출되는 것은 아이들에게 폭력에 대한 **탈감각화**(desensitization), 즉 실생활에서의 공격성과 폭력에 둔감해지는 것의 원인이 된다(Drabman & Thomas, 1974).

어린아이들은 성인과 다르게 정보를 처리하기 때문에 종종 TV에서 본 것이 현실세계에 대입될 수 있다는 잘못된 믿음을 가진다(Bushman & Huesmann, 2001). 이는 몇몇 아이들에게 폭력이 만연된 사회에 살고 있다는 착각을 하게 한다. 이는 TV 프로그램의 도덕적 양상을 이해하는 아동의 능력을 다룬 연구에서 발견된다. 최소한 10세 이전의 아이들은 도덕적 이해가 충분히 발달되지 않기 때문에(Kohlberg, 1969, 1976; Piaget, 1932), 지속적인 TV 폭력이 아이들에게 같은 행동을 따라하도록 만들고 특히 나쁜 행동이 보상받으면(Bandura, 1986, 2002) 모방행동의 가능성이 커진다. 이는 알버트 반두라의 '보보인형 실험'으로 잘 알려진 연구 결과에서도 증명되었다. 그의 연구에서 한 집단의 학령 전 아이들은 성인이 보보인형을 때리고 발로 차는 영화를 보았고 다른 집단은 공격이 없는 영화를 보았다(Bandura, Ross, & Ross, 1963). 아이들이 영화를 본 후 작은 인형과 함께 방에 남겨졌을 때, 공격적인 모델을 본 아이들은 통제 집단의 아이들보다 보보인형을 실제 더 공격적으로 대하였다. 심지어 모델이 취하지 않은 공격적인 행동을 보이기도 하였는데, 이는 공격적이고 폭력적인 모델을 관찰하는 것이 아이들에게 **탈억제**(disinhibition)를 가져온다는 것을 의미한다. 반두라는 아동이 사회적으로 공격성을 학습할 뿐만 아니라(사회학습 이론) 공격행동이 보상받는 것을 관찰할 때 공격행위의 빈도가 증가한다고 결론 내렸다.

원치 않는 행동을 극복할 것인가

반복적인 폭력과 공격행동으로부터 아동을 보호하는 한 가지 방법은 실제 폭력의 결과를 보여주는 것이다. 그러면 아이들은 작은 TV 화면에서 보았던 행동을 반복할 가능성이 줄어든다(Bandura, 1986; Schechter, 2000).

잠재적인 TV 시청의 부적 효과에 대처하는 또 다른 방법은 TV 시청에 대한 비판적 관점을 가르치는 것이다. 즉 부모가 아이들과 함께 프로그램의 세부 사항이나 특정 메시지에 대해 서로 논의하고 이야기하는 과정을 통해 아이들의 사려 깊은 행동을 촉진할 수 있다(e.g. American Academy of Pediatrics, 1999; Singer & Zuckerman, 1990). 자신이 본 것에 대해 논의를 함으로써 아이들은 당황과 염려를 덜하며, 현실과 환상을 구분하고 공격적 캐릭터에 동일시를 덜하게 될 뿐만 아니라 상업적 메시지에 대한 이해가 깊어진다(e.g. Brown, 2001; Hobbs & Frost, 2003; Rosenkoetter, Rosenkoetter, Ozretich, & Acock, 2004).

TV 프로그램의 긍정적 영향

TV 프로그램은 아이들에게 부정적 영향을 주는 폭력적인 것만을 포함하지는 않는다. 어린아이에게 긍정적 영향을 주는 다른 유형의 프로그램도 있는데, 이타성이나 타인과의 우호적 상호작용과 같은 친사회적 행동을 담은 프로그램 또한 행동에 대한 모방을 촉진한다(e.g. Hearold, 1986; Mares & Woodard, 2001).

만일 아이들이 시새임 스트리트(Sesame Street)와 같이 다양한 인종의 민족 특성을 소개하는 프로그램을 본다면 다른 인종에 대한 긍정적 관점을 배울 수 있다(Greenfield, 1984). 교육적 프로그램들(시새임 스트리트를 포함한)은 학습능력에 긍정적인 효과를 미친다. 읽기나 셈과 같은 실제적인 학습 요소를 포함함으로써 아이들이 더 빠르게 셈을 하고 효과적으로 읽을 수 있도록 도움을 줄 수 있다(Rice, Huston, Truglio, & Wright, 1990; Zill, Davies, & Daly, 1994).

컴퓨터

오늘날 컴퓨터는 모든 연령의 아동을 포함하여 인간 삶의 중요한 한 부분이다. 학교 환경에서 컴퓨터의 사용은 학습을 돕고 학습에 흥미를 제공한다(e.g. Clements & Nastasi, 1992; Collis, 1996). 또한 컴퓨터는 긴급한 문제가 있을 때 서로 질문하고 토의할 수 있어 학생들 간의 사회적 상호작용을 촉진하는 데 기여한다(Nastasi & Clements, 1993; Weinstein, 1991). 이에 관한 연구들은 컴퓨터의 사용이 분명 교육 및 사회적 관점에서 이익을 가져다준다고 보고 있다.

컴퓨터가 아이들에게 긍정적 효과를 미칠지라도, 한편으로 인터넷과 게임과 같은 염려스러운 컴퓨터 영역이 있다.

인터넷

문명사회의 아이들에게 인터넷의 사용은 TV 시청이나 휴대폰 사용만큼 일반적이다. 대체로 아이들은 성인보다 온라인에 더 많은 시간을 보내며(Lenhart, Madden, & Hitlin, 2005), 12~17세의 10대들은 가장 열렬한 인터넷 사용자다. 아동의 인터넷 사용패턴은 전 세계적으로 유사한 특징을 보인다(e.g. Lenhart et al., 2005; Qrius, 2005).

아이들이 많은 시간을 인터넷에 소비하기 때문에 그 노출로 인하여 영향을 받기 쉽다. 아이들이 감독받지 않은 온라인물에 접근할 수 있기 때문에 걱정스러워하는 사람들이 많다. 그러나 대부분의 미디어와 마찬가지로 아동의 인터넷 사용에 대한 찬성과 반대가 공존한다는 것을 기억할 필요가 있다.

교육적 소스

아이들에게 인터넷을 사용하게 함으로써 그들이 접하기 힘든 수없이 많은 정보를 제공할 수 있다. 이는 더 쉽게 다양한 것에 대한 학습 기회를 부여한다. 특히 거대한 양의 정보는 저소득 계층의 아이들에게 혜택을 준다. 이는 잭슨 등(Jackson et al., 2006)의 연구에서 밝혀졌는데, 대략 1만 5,000달러(약 1,600만 원)의 가계소득이 있는 흑인계 미국 아동에게 컴퓨터와 인터넷을 사용하게 한 결과, 6개월도 되지 않아 인터넷을 사용하지 않는 아동들에 비해 읽기 능력에서 더 나은 수행을 보였다. 이러한 결과는 대부분의 인터넷 자료가 텍스트 기반이라는 사실에서 설명된다.

아이들이 인터넷상의 정보에 접근함으로써 혜택을 얻을 수 있지만, 웹상의 모든 정보가 명확한 것은 아니다. 종종 아이들은 불명확한 것을 학습할 수 있다. 연구자들은 웹 독자가 어떤 정보가 믿을만한 것인지를 잘 판단하지 못한다고 보고한다(Leu, Coiro, Castek, Hartman, Henry, & Reinking, 2008). 한 연구에서 레우(Leu)와 동료들은 7학년 학생들에게 '위험에 처한 태평양연안 북서부의 나무낙지(Pacific Northwest Tree Octopus)'를 조사한 한 웹사이트의 신뢰성을 평가하도록 하였다. 이 사이트는 거짓으로 꾸며진 것이지만 대부분의 아이들은 과학적으로 타당하다고 믿었다. 연구자들이 아이들에게 이 사이트는 장난으로 만든 것이라고 알려준 후에도 절반 이상의 아이들은 사이트가 사실임을 굳게 믿고 있었다.

소셜 네트워킹

인터넷은 또한 아이들에게 친구들과의 친밀한 유대관계를 형성할 기회를 제공할 수 있다(Valkenburg & Peter, 2007). 인스턴트 메시징을 통한 커뮤니케이션은 아이들에게 친구와 즉각적인 접촉을 할 수 있도록 돕고 종종 전화 통화처럼 '비밀스러운 대화'를 할 수도 있다. 인스턴트 메시징과 대화방은 대면 상호작용이 불필요하므로 사회적인 불안감을 가지고 있는 사람들에게 유용하다. 이런 것들은 평소 생각지도 못했던 사람에게 자신의 정보를 과감히 노출하고 개방할 수 있도록 만든다(Valkenburg & Peter, 2007).

그러나 인터넷이 유용한 사회적 도구가 되는 것처럼 어린아이들에게 해가될 수도 있다. 예컨대 아이들은 성인이나 일탈자와의 부적절한 사회적 상호작용을 시도하려는 유혹에 빠지기 쉽다. 몇몇 청소년은 결코 이전에 접해보지 않은 사람들과 관계를 형성하려고 인터넷을 사용한다(Wolak, Mitchell, & Finkelhor, 2003). 기존의 대인관계에 장애가 있던 사람들은 인터넷상의 사회적 관계에서 더 큰 위험요소에 직면할 수 있다(Cynkar, 2007). 그나마 대부분의 아이들은 학교친구와 같이 기존에 친숙한 사람이나 조직과 커뮤니케이션을 하고 있으며(Cross, 2004), 부적절한 사회적 연결을 시도하지 않는다는 것은 다행한 일이다.

또 다른 사회화의 부정적 측면은 몇몇 아이들이 가족이나 친구들과의 상호작용을 피하고 너무나 많은 시간을 인터넷에 소비하여(Mitchell, Becker-Blease, & Finkelhor, 2005), 사회적 고립을 야기하는 것이다.

컴퓨터 게임

컴퓨터 게임의 30년 역사 속에 그에 몰입하는 아이들이 증가하고 있다. 특히 청소년의 비중이 높은 편이다(Funk, 1993). 오랫동안 컴퓨터 게임은 주로 게임 내용이 남성지향적이어서(Morlock, Yando, & Nigolean, 1985), 소년들이 많은 관심을 가져왔다(e.g. Griffiths, 1991; Kaplan, 1983). 그러나 점차 많은 게임이 여성을 표적 소비자로 하는 위(Wii)와 같은 게임 콘솔로 변화하고 있다. 컴퓨터 게임, 특히 폭력적 게임이 좋

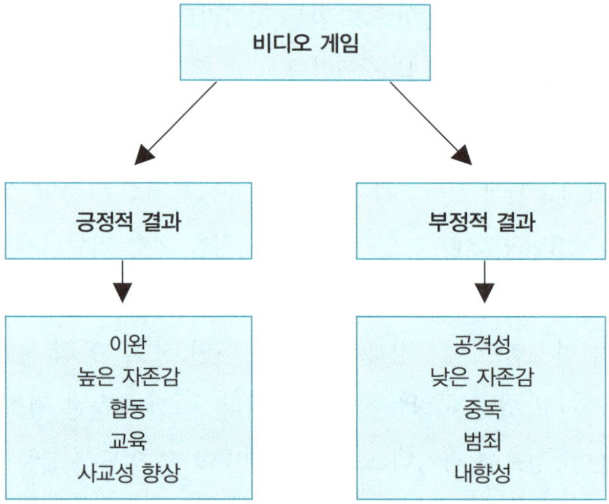

그림 11.1 아동에게 미치는 컴퓨터 게임의 긍정적 및 부정적 영향

은지 혹은 나쁜지에 대한 논쟁이 계속되고 있다. 연구들은 일방향의 결론을 내리지 못하고 있으며 아이들의 행동과 발달에 해롭기도 하고 이롭기도 하다는 양자의 입장을 지지한다(그림 11.1).

긍정적 영향

연구들은 컴퓨터 게임이 아동의 인지능력과 공간지각 발달을 돕는다고 주장한다(Greenfield, Brannon, & Lohr, 1994). 여러 다른 모양의 불규칙한 블록을 빠르게 회전시켜 위치를 맞추는 테트리스와 같은 단순한 게임이 그 예다(그림 11.2). 아이들이 테트리스를 하면 컴퓨터 기반의 수행 검사에서 정신적 회전과 공간적 시각화의 능력이 향상되는 것으로 밝혀졌다(Okagaki & Frensch, 1994).

다른 긍정적 연구들은 IQ 검사의 비언어적 수행이 향상(Greenfield, 1998)되고 심리적 이완에 도움이 된다(Harris, 2001)는 것을 발견하였다. 또한 몇몇 연구들은 폭력적이고 공격적인 게임이 현실 세계에서 차단되어있는 공격성을 방출시켜 스트레스의 해소에 도움을 줄 수 있다고 밝혔다(e.g. Bowman & Rotter, 1983; Kestenbaum & Weinstein, 1985).

부정적 영향

잦은 컴퓨터 게임에 따른 부정적 양상은 게임자의 불만 증가(Robert et al., 1999)와 부

그림 11.2 테트리스 게임의 예

모로부터의 고립(Bonnafont, 1992, Goldstein, 1994에서 재인용)을 포함한다. 부모와 자녀 간의 커뮤니케이션 실패의 한 원인은 부모가 아이들이 하는 게임을 이해하지 못하기 때문이고 결국 아이들은 게임에 자신을 가두게 된다. 이는 사회적 상호작용이 인간의 행복감에 미치는 영향을 고려할 때 만족감을 덜 느끼게 하는 원인이 될 수 있다.

다른 잠재적 문제는 지나치게 많은 시간을 컴퓨터 게임에 소비하는 것으로 중독의 위험성을 내포한다(e.g. Anderson & Ford, 1986). 컴퓨터 게임 중독은 다른 중독과 유사하게 충동적 행위에 몰두하고 다른 활동에 대한 관심 저하를 가져오며, 그 행동을 멈추려 할 때 신체적이고 심리적인 금단증상을 가져온다는 것이다(Soper & Miller, 1983). 지금까지 어떤 아이들이 게임 중독에 빠지는지는 명확하지 않지만, 어떤 성격 유형이 더 쉽게 게임에 빠지는지는 밝혀졌다(Griffiths & Dancaster, 1995).

마지막 컴퓨터 게임의 문제는 많은 게임이 폭력성을 담고 있어(Provenzo, 1991), 그에 따른 영향을 염려하는 것이다. 폭력적인 컴퓨터 게임은 폭력적인 TV 프로그램과 마찬가지로 아이들이 심각한 폭력행동에 몰입하는 이유를 잘 설명한다. 어윈과 그로스(Irwin & Gross, 1995)는 신체적 공격이 포함된 게임과 대인 공격성이 포함되지 않은 게임을 하는 아이들을 관찰했다. 그 결과 '공격적' 게임을 한 아이들은 비공격적 게임을 한 아이들에 비해 자유로운 놀이 동안 사물에 대한 공격적 행동을 보였고, 좌절 상황에서 대인 공격행동을 더 많이 보였다. 이렇게 폭력적이거나 공격적 게임 후에 나타나는 공격행동은 사회학습 이론으로 잘 설명된다(Schutte et al., 1988).

컴퓨터 게임의 상호작용적 성질(특히 온라인 게임)은 아이들이 폭력행동에 능동적으로 참여하는 만큼 TV 프로그램보다 더 폭력행동을 조장하기 쉽다(Larson, 2001). 예컨대 둠(Doom)게임은 1999년 미국 컬럼바인고등학교에서 벌어진 10대 총격 사건의 두 학생들에게 영감을 주었다고 한다(Glick et al., 1999). 그러나 공격적인 컴퓨터 게임이 아동의 폭력과 공격행동을 유발한다는 것에 모든 연구자가 동의하는 것은 아니다. 컴퓨터 게임 중독과 마찬가지로 일부 연구자들은 특정 성격 특질이 관여한다고 믿는다(Winkel et al., 1987). 어떤 공격적 게임을 할지를 예측할 수 있는 성격 유형이 있고 결과적으로 그들은 게임에서 보았던 행동을 반복할 가능성이 높다고 가정된다.

고정관념

아이들은 미디어를 통해 다른 사람의 행동을 학습하며(Clifford, Gunter, & McAleer, 1995), 이는 어떤 이미지의 고정관념이 사람의 행동을 통해 습득된다는 것을 의미한다. TV는 아이들이 고정관념을 학습하는 데 특히 영향력이 크다(Berry, 2000). TV 프로그램을 통해 아이들은 남자와 여자가 행동하는 방식(Durkin, 1985a)뿐만 아니라 집단에 적용되는 구체적인 행동 특성을 학습한다(Holloway & Valentine, 2000).

여자는 보통 어린이 프로그램에서 대표적인 인물로 묘사되지 않는다. 만화에서 남자는 여자보다 수적으로 4~5배 많고(Signorielli, 1984, 1991), 대체로 고정관념화된 역할을 한다(Levinson, 1975).

아시아인이나 아프리카인과 같은 소수 집단은 보통 비현실적으로 묘사된다. 서구의 어린아이들은 현실생활에서 TV에 묘사된 소수 집단을 거의 만나지 않기 때문에 실제 만났을 때 균형감을 유지하기 어렵다. 결과적으로 그러한 소수 집단에 대한 고정관념이 어려서 형성되면 그에 대한 고정관념이 향후 실생활에서 나타날 수밖에 없다(Holloway & Valentine, 2000).

광고

광고에 대한 이해

아이들은 연간 대략 2만 개 정도의 광고를 본다(Kunkel & Roberts, 1991). 성인과 달리 어린아이들은 미디어의 정보가 항상 사실이거나 현실을 대변하지 않을 수 있음을 이해하지 못한다. 7~8세 이하의 아이들은 광고 메시지를 정보라고 단순히 믿는 경향이 있다(e.g. Isler, Popper, & Ward, 1987; Lawlor & Prothero, 2003). 아동이 8세가 되면 더 이상 광고가 진실만을 말하거나 정확한 정보만을 제공하는 것이 아님을 이해한다(Ward, 1972). 로버트슨과 로시터(Robertson & Rossiter, 1974)는 6~7세 아이들의 약 52% 정도가 광고란 무언가를 설득하기 위한 것임을 알고, 그 비율은 8~9세 아동에서 87%, 10~11세 아동의 경우는 100%로 증가하는 것을 발견하였다.

아이들이 나이가 들면서 '광고의 진실'에 대한 회의적 신념이 발달하고, 10대의 후반이 되면 광고는 거의 진실을 말하지 않는다고 생각하게 된다(e.g. Bever, Smith, Bengen, & Johnson, 1975; Ward, Wackman, & Wartella, 1977). 그러나 광고 기법에 사용되는 속임을 이해한다고 해서 그들이 광고 메시지에 더 이상 설득당하지 않는다는 의미는 아니다(Christenson, 1982; Ross et al., 1984).

브랜드명과 상징주의

아이들은 어린 시절부터 제품과 브랜드에 대해 학습한다. 브랜드명에 대한 자각과 그에 대한 기억은 초기 아동기부터 나이가 들면서 점차 증가한다(e.g. Rossiter, 1976; Ward et al., 1977). 2~3세가 되면 상점에서 친숙한 패키지를 인식할 수 있게 된다(Derscheid, Kwon, & Fang, 1996). 또한 3세 정도가 되면 여러 브랜드가 지닌 상징적 가치를 깨닫기 시작한다(McAlister & Cornwell, 2008). 이는 이 시기의 아동이 자신의 삶과 관련된 브랜드의 속성을 이해한다는 것을 의미한다. 그 후로 2년 내에 아동들은 자신이 보았던 광고가 제품과 연합된 독특한 자극을 포함하는 경우 그 광고의 브랜드를 회상할 수 있는 정도가 된다(Macklin, 1996).

아이들은 브랜드에 대한 인지와 기억의 학습과 더불어 브랜드에 대한 선호를 발달시킨다. 학령전 아동기의 아이들은 일반 제품보다 브랜드 제품을 선호하고(Hite & Hite, 1995), 그러한 선호는 나이가 들면서 확대된다(Ward et al., 1977).

제품 범주화

제품과 서비스가 어떻게 같은 범주에 속하고 다른 것과 차별화되는지를 이해하는 것은 제품 속성의 유사성을 이해하는 능력에서 비롯된다. 비록 아이들이 일찍부터 제품의 그룹에 대해 학습할지라도, 제품의 범주화는 속성에 대한 아이들의 시지각적 능력에 의존한다(John & Lakshmi-Ratan, 1992; Klees, Olson, & Wilson, 1988). 이는 제품이 범주화되는 방식이 성인들의 방식과 같지 않음을 의미한다. 제품 범주화에 대한 연령 차는 존과 수잔(John & Sujan, 1990)의 연구에서 증명되었는데, 그들은 4~5세의 아이들이 패키지의 유사성에 근거하여 다른 유형의 음료를 집단화하는 반면, 9~10세의 아아이들은 맛과 탄산과 같은 속성에 기초하여 제품을 범주화한다는 것을 발견하였다.

아동을 소비자 표적으로 삼는 것이 도덕적으로 옳은가

학자들, 정치가들, 마케팅 담당자들 간에 제품과 서비스를 아이들에게 직접적으로 마케팅하는 것이 옳은지에 대한 논쟁이 이어지고 있다. 또한 아이들에게 제품을 구매하도록 광고자를 돕는 것이 옳은지에 대한 심리학자들의 딜레마도 포함된다(Kanner & Kasser, 2000).

광고자들에게는 어떤 제품을 어린아이가 '바로' 소유하지 못하면 패배자가 될 수 있다는 사실을 강조함으로써 시장을 공략하는 것이 어느 정도 용인되고 있다. 광고는 종종 교묘하게 그 제품을 가지지 않으면 친구로부터 따돌림 당할 수 있다는 것을 알림으로써 아동의 정서적 취약성을 노리기도 한다(Ruskin, 1999). 광고에 의해 형성된 이러한 부적절한 정서는 어린아이들에게 당장의 만족감에 집착하고 물질주의적 신념이 중요하다는 것을 일깨우는 역할을 해왔다(Kanner & Gomes, 1995).

더 많은 제품을 가지려는 아이들의 끊임없는 욕구는 부모에게 압력을 주고 정서적으로 부정적 효과를 지닐 수밖에 없다. 아이가 물건을 살 돈이 없을 때 부모를 조르거나 설득을 시도한다(e.g. Tinsley, 2002).

푸드 광고

어린이를 대상으로 한 광고 중에 높은 비중을 차치하는 것이 푸드 관련 제품이고(Kunkel & Gantz, 1992), 그중 대부분은 설탕과 지방이 함유된 음식과 사탕이다. 1990년 이후 아동의 과체중이 사회적 문제가 되면서 심각한 도덕적 이슈가 되었다(The Information Centre, 2006; Kid Health, 2005). 몇몇 연구자들은 TV 시청과 아동비만

간의 강한 상관을 주장했고(e.g. Crespo et al., 2001), 부분적으로 광고를 통한 정크 푸드의 소비가 한 원인이라는 지적도 있다. 대체로 건강에 도움이 되지 않는 푸드 광고는 대부분 적절한 소비를 권장하는 짧은 메시지를 광고에 삽입한다. 그러나 그러한 메시지는 아이들이 그 의미를 이해하지 못하는 한 거의 처리되지 않는다(e.g. Stern & Resnik, 1978).

비현실적 기대의 형성

아마도 미디어가 아이들의 비현실적인 기대를 만들고 있다는 논쟁은 어린 소녀들에게 미치는 '스키니 역할 모델(skinny role model)'의 영향일 것이다. 어린 시절부터 소녀들은 날씬해야 아름답다는 암시적이거나 명시적인 메시지를 수없이 접한다. 종종 현실 세계의 여성이 거의 불가능한 몸매의 바비인형을 닮으려는 욕망으로부터 비현실적 기대가 시작되기도 한다(Thompson, Heinberg, Altabe, & Tantleff-Dunn, 1999). 어린 시절부터 바비인형과 같은 이상적인 이미지에 많이 노출되면 소녀들의 신체 이미지에 손상을 주고 식이장애 등을 유발할 수 있다(e.g. Dittmar, Halliwell, & Ive, 2006).

핵심용어

탈감각화 어떤 특정 유형의 자극에 반복적으로 노출되어 더 이상 그에 반응하지 않는 현상

탈억제 부적절한 행동을 차단하는 '학습된 통제'가 감소하는 현상

요약

아동의 소비자행동이 연령에 의존한다는 것은 피아제의 인지 발달 이론으로 설명할 수 있다. 11세 이전의 아이들은 충분히 정보를 처리하고 이해하는 능력이 부족하다. 그에 대한 좋은 예는 아동이 TV에서 본 것을 이해하는 것과 광고 메시

지를 이해하는 것과 관련된다. 11세 이하의 아이들은 TV나 광고 내용의 허구적 특성을 잘 이해하지 못하며 종종 현실 세계로 착각한다.

TV 시청, 인터넷 사용, 컴퓨터 게임과 같은 많은 소비자활동은 양날의 칼과 같다. 적절한 조절과 적절한 사용(예 : 연속극보다 교육적 프로그램의 시청)은 아이들에게 긍정적 효과를 미친다.

몇몇 유형의 소비는 아동들에게 항상 좋지 않기 때문에 아동을 표적으로 제품과 서비스를 직접 마케팅하는 것에 대한 도덕적 논쟁이 계속되고 있다.

연습문제

아이들에게 인기가 있는 TV 프로그램을 보라. 스토리라인과 사건이 제시되는 순서, 그리고 캐릭터의 의미를 생각해보라. 아동의 인지발달과 TV에 대한 이해 능력을 고려하여 그 프로그램에 대해 토의해보라. 토론은 다음 질문에 답을 구하는 것이 되도록 한다.

1. 어린아이들은 무엇에 집중하는가? 10세 정도의 아이들과 다른가?
2. 프로그램에서 의도하는 청중은 누구인가? 모든 연령의 아이가 시청해도 되는가?

12 소비와 행복

개요

물질적인 제품과 서비스가 사람을 행복하게 만들 수 있을까? 광고는 대부분 분명 그렇다는 것을 강조한다. 제품과 서비스를 구매하는 것은 실제 인간을 행복하게 만드는 대체 수단이라는 인식이 점차 확산되었다. 그러나 심리학자들 사이에 그렇지 않다는 주장이 제기되면서 논쟁거리가 되고 있다. 이 장에서는 소비가 행복에 있어 얼마나 중요한지와 행복과 소비의 연결이 모든 유형의 쇼핑 경험으로 어떻게 확장될 수 있는지를 알아본다.

행복을 위한 쇼핑

사람들이 소비를 하는 이유는 어떤 유형의 제품과 서비스를 구매하는지에 따라 다르다. 보통 대부분의 구매는 실용적인 소비 목적만을 갖지 않는다(Campbell, 2004). 소비자는 자신의 존재를 표현하기 위해(Dittmar & Beatty, 1998), 사회적 지위를 얻거나(McCracken, 1990), 더 행복해지기 위해(Csikszentmihalyi, 2000; Wood & Bettman, 2007) 제품과 서비스를 구매한다. 그러나 '행복을 위한 쇼핑'이라고 할 때, 진공청소기나 인기 있는 소비재와 같은 일용품에도 적용되는지는 논쟁의 여지가 있다.

몇몇 연구자들은 사람들이 소비를 통해 행복을 추구한다고 제안한다. 우리가 사는 문화권은 물질주의와 더불어 물질적 위안이 행복을 가져온다는 것을 강조하기 때문이다(e.g. Luthar, 2003). 이는 사람들이 왜 소비를 통해 기쁨이나 자기만족을 추구하는지를 잘 설명한다(e.g. Campbell, 1987; Wachtel, 1983).

행복을 위한 소비는 어떤 제품이나 서비스를 판매하려는 마케팅 담당자의 시각을 반영할 수 있으며, 그들은 모든 사람이 행복을 원하고 그에 따라 제품의 구매가 더 행복에 이르는 길이라는 믿음을 심어주려 한다. 그 방법은 간접적일 수도 있고 직접적일 수도 있다. 간접적인 설득 방식으로 광고를 사용하는 경우, 제품과 서비스를 구매하면 더 행복한 삶을 가꾸는 편익을 얻을 수 있음을 강조한다. 예컨대 향수 광고는 향수의 사용으로 이성에게 더 매력적으로 보일 수 있다고 주장한다. 반면 직접적인 접근은 소비자를 행복하게 만드는 제품이나 브랜드를 구매하도록 직접 말하는 것이다. 마케팅에서 행복을 직접적으로 사용한 예로 세인스베리(Sainsbury's) 슈퍼마켓에서 쇼핑카트에 부착한 폭스(Fox's) 비스켓의 스티커 광고를 들 수 있다. 이 광고는 비스켓

비스켓을 구매하면 행복해진다고 설득하는 광고의 예. 이 광고는 슈퍼마켓의 쇼핑카트에 부착되었다.

그림 12.1 제품이 소비자를 행복하게 만든다는 설득 광고

출처 : Courtesy of Northern Foods.

한 통을 구매하면 더 행복해질 것이라고 말한다. 그렇다면 소비가 사람을 행복하게 만든다고 얼마나 명확하게 주장할 수 있는가?

사람을 행복하게 만드는 것은 그 자체로 큰 숙제이고 그에 미치는 소비의 영향을 구체적으로 설명하는 것은 더욱 복잡한 일이다. 그렇지만 많은 심리학자들이 행복과 소비를 연결하려고 시도해왔다. 지금까지 연구들은 소비자 활동이 개인의 웰빙과 긍정적으로 관련된다는 것을 증명하기보다는 소비의 부정적 측면을 밝히는 데 초점을 두어왔다.

행복은 무엇인가

행복의 정의는 다양하며 심리학자와 마케팅 담당자 간에 용어 사용에 다소 차이가 있다. 심리학자들에게 행복은 주로 전반적인 삶의 만족을 추구하는 의미로 사용되지만, 마케팅 담당자들에게 행복은 소비자가 구매한 제품과 서비스에 얼마나 만족하는가를 척도로 삼는다. 그러나 행복은 소비자 만족과 동일한 개념으로 보기 어렵다(Desmeules, 2002). 일반적으로 소비자 행복은 정적 혹은 부적 정서 경험에 따른 소비자 활동의 총합이며, 정서적 경험은 궁극적으로 좋거나 나쁜 감정을 유발한다.

사람을 행복하게 만드는 것과 행복하게 만든다고 생각하는 것 또한 차이가 있다. 예컨대 사람들은 행복과 높은 수준의 소득이 아무런 정적 관련성이 없더라도(e.g. Kasser & Ryan, 1993), 대부분 자신의 미래 수익을 과대평가하는 경향이 있다(Easterlin, 2001). 반대로 사람을 더 행복하게 만든 것으로 알려진(Csikszentmihalyi, 1999) 대인간 상호작용의 중요성에 대해서는 흔히 과소평가하는 경향이 있다(Frey & Stutzer, 2004).

행복의 측정

행복은 보통 주관적 형태의 웰빙(well-being)으로 측정되며, 사람들은 이러한 측정이 삶에 만족하는 정도를 추정하는 데 적절한 방법이라고 믿는다(e.g. Frey & Stutzer, 2002). 질문지 대신 그림을 이용하여 주관적 행복을 측정하려는 다양한 방법이 있지만, 모두 사람이 자신의 삶에 대해 어떻게 느끼는지를 측정한다는 점은 본질적으로 같다(Myers & Diener, 1996). 전반적으로 삶을 행복하게 만드는 것이 무엇인지는 복잡하고 많은 변수가 작용한다(Myers, 2004). 그러나 인생을 바꾸고 영원히 지속되는 것은 아닐지라도 삶에 기여하는 어떤 종류의 행복은 있을 것이다.

전반적인 삶의 행복에 대한 논쟁은 소모적일 수 있지만, 전반적인 삶의 만족이 소비자가 어떤 제품이나 서비스로부터 경험할 수 있는 아주 짧은 순간의 행복을 결정한다면 연구할만한 가치는 충분하다. 사람들은 어느 순간의 소비자 활동, 예컨대 아주 맛있는 식사나 마사지 혹은 향기로운 커피 한잔을 마시는 순간에서 짧지만 큰 기쁨을 경험한다. 여기서 의문은 소비자들이 짧은 순간의 행복을 규정할 수 있는지에 관한 것이다. 만일 그러한 경험이 행복이라면 소비가 사람을 행복하게 만든다는 관점에서 여러 행복 측정법들은 적절하지 않거나 확립되기 어려운 것일 수 있다.

소비의 부정적 측면

1990년대 초반 이후 인간에게 부정적 영향을 주는 소비자사회의 여러 단면이 연구되기 시작했다. 소비자가 소비행동에 의해 부정적으로 영향을 받는 이유를 비판적으로 말하려는 사람들에게는 좋았지만 현실은 다소 달랐다. 사람들이 필요 이상의 소유를 하려는 것과 관계없이 사실은 산업사회가 본질적으로 사람들의 소비를 조장한다. 공격적인 마케팅 캠페인은 사람들에게 더 많은 제품을 구매할수록 삶이 윤택해지고 더 행복해질 것임을 믿도록 강요한다. 그래서 우리 주변의 사람들이 그러하듯이, 끊임없는 소유가 규범이 되는 소비자행동을 쉽게 볼 수 있다(Du Nann Winter, 2003). 그렇게 함으로써 사람들은 자신이 바람직한 인간이 되기 위한 경쟁력을 갖게 된다고 믿는다(Zahavi, 1975).

TV 시청 또한 물적 소유가 중요하다는 소비자의 감정을 부추기기 쉽다. 이는 비단 TV를 지나치게 많이 시청(소비)하는 것만의 문제는 아니다. TV 시청은 많은 사람들이 탐닉하는 일반적인 소비활동이다(Kubey & Cziksezentmihalyi, 2002). 그 문제는 하나의 습관(Christakis & Zimmerman, 2006)이나 중독(e.g. Kubey & Cziksezentmihalyi, 2002; Mcllwraith, 1998)이 되기 때문으로 볼 수 있다. 지나친 TV 시청은 전반적인 삶의 만족을 감소시킨다고 알려진 바(Frey et al., 2007), 이는 불행을 가져오는 소비의 한 형태로 중독이 원인일 수도 있고 사회적 상호작용의 기회가 없는 고독한 활동일 수도 있기 때문이다. 그래서 TV 시청은 불행을 가져올 수 있는 구체적인 소비자 활동의 한 유형이다. 그러나 특정 소비활동이 삶의 만족을 낮춘다는 결론에 앞서 더 많은 연구가 필요하다.

소비가 부정적 효과를 가져온다는 다른 명백한 증거는 사람이 지나치게 물질주의를 추구하거나 소비에 '중독'되는 것에서 찾을 수 있다. 익히 알려진 것처럼 지나친 물질주의자와 쇼핑중독자 간에는 유사성이 있다.

물질주의를 추구하는 소비자

소비자에게 여러 측면에서 고통을 안겨주며 소비되는 제품들이 있다. 그럼에도 소비자는 종종 비이성적 방식으로 행동하기 때문에 그러한 소비활동에 또 다시 몰입하게 된다. 특히 알코올, 약물과 담배 등이 대표적인데, 흔히 소비자가 통제할 수 없는 습관을 형성하는 것들이다. 그러나 이러한 특정 제품만이 삶에 고통을 주는 소비의 대상은 아니며, 여러 제품에 지나치게 몰입하여 해가 되는 이른바 물질주의도 그러하다.

물질주의(materialism)는 '소비자가 세속적인 소유물에 집착하는 것'(Belk, 1984, p. 291)으로 정의된다. 높은 물질주의적 가치 지향(materialistic value orientation, MVO)이 얼마나 개인에게 해로운지를 나타내는 많은 예들이 있다. 가장 큰 문제의 하나는 심리적으로 혹은 실생활에 영향을 주는 채무관계에 놓이거나 신용카드를 더 많이 소유하려 한다는 점이다(Watson, 2003).

물질주의 성향이 강한 사람들은 자신의 삶에서 부족한 무언가를 보상하기 위해 제품과 서비스에 몰두하는 것처럼 보인다. 예컨대 아동기에 사회경제적으로 불우한 아이들(Cohen & Cohen, 1996)이나 이혼한 부모의 아이들(Rindfleisch, Burroughs, & Denton, 1997)은 성장 후에 더 물질주의를 탐닉하는 것으로 알려졌다.

개인에 따라 물질주의를 탐닉하게 되는 시점이 다르다. 어떤 사람은 아동기에 물질주의적 경향을 보이기도 하고 어떤 사람은 성인기에 보이기도 한다. 10대들은 어린 아이들에 비해 더 높은 수준의 물질적 가치를 추구하는데(Chaplin & John, 2007), 친구들로부터의 사회적 압력, 독립심에 대한 욕구, 부모 지지의 결함, 아동기 시절 자신 물건의 소유 정도 등이 향후 물질주의자가 될지를 결정하는 요인들이다.

성인기에 물질주의는 보통 불행을 느끼는 사람에게 흔히 관찰되는데, 예컨대 자신의 역량에 대해 심각한 의구심을 갖고 있거나 삶의 두려움으로 고통받는 사람이 더 물질주의적 성향을 갖는다(Chang & Arkin, 2002; Diener & Biswas-Diener, 2002). 그러한 요인은 아동기에 근원을 두고 있으며 어린 시절 형성된 가치와 신념을 반영이기도 한다. 그러나 또 다른 가능성은 우연히 어려운 삶의 곤경에 빠진 사람이 스스로를 위로하기 위해 응급처방을 찾게 되고 그러던 중 이전 삶에서 경험하지 못했던 어떤 것에 대한 구매를 통해 기분을 개선하려는 노력이 반복될 수도 있다. 한편으로 TV 시청과 같은 매일의 활동이 간접적으로 개인을 위로하는 어떤 것을 소비하도록 조장할 수 있다. 많은 시간 TV를 보는 사람들은 물질적 소유가 더 중요하다고 생각하는 경향이 강한데(Frey, Benesch, & Stutzer, 2007), 이는 왜 소비자가 기분전환을 위해 물질적 소유에 빠지는지를 잘 설명한다.

연구들이 발견한 사실은 물질주의자가 흔히 빚에 허덕이는 사람이 된다는 것이다. 아동기의 상실감을 보상받거나 성인기에 '기분전환'을 위해 소비에 몰두하는 물질주의는 명백히 부정적인 결과를 가져온다. 결국 소비가 개인의 전반적 행복에 부정적이라는 가정을 충족하는 것처럼 보인다.

충동구매

지나친 구매 패턴에 몰두하는 것은 흔한 일은 아니지만 그렇다고 드문 현상도 아니다. 충동 구매자의 숫자는 나라마다 다르게 추정된다. 예컨대 영국에서 충동구매 행동으로 고통받는 사람이 50만 명에 이르고(Black, 1996), 미국은 보다 만연되어 인구의 5.9~10%에 이른다고 보고된다(e.g. Faber & O'Guinn, 1992; Trachtenberg, 1998, Hanley & Wilhelm, 1992에서 재인용). 종단 데이터를 사용한 연구자들은 독일에서 1991년 이후 충동소비가 큰 폭으로 증가했음을 발견했다(Neuner, Raab, & Reisch, 2005). 이러한 데이터는 충동구매 행동이 일반적으로 증가하고 있음을 보여준다.

그러나 충동구매의 심각성은 많은 사람들이 그러한 진단을 받고 있다는 점에서 쉽게 파악된다(Faber, 2003). 최근 미디어는 많은 사람들이 '쇼핑 중독자'가 되고 있음을 밝히고 심리학자들은 그러한 문제로 전문가의 도움을 받으려는 사람이 늘고 있다고 주장한다.

현재 **충동구매**(compulsive buying)가 무엇인지에 대한 단일한 정의는 없지만, 흔히 어떤 형태로 파괴적 방식의 비자발적 행동을 포함한다는 것에 대체로 동의한다(Faber

& O'Guinn, 1992). 사람들은 필요하지 않은 물건을 구매하기 위해 시간과 돈을 소비하고 자신의 삶에 아무런 영향이 없음에도 불구하고 그러한 행동을 유지하려 한다. 충동구매자들은 평균 일주일에 2~3번 쇼핑을 하는데(e.g. Christenson, Faber, de Zwaan, Raymond, Specker, Ekern, et al., 1994), 이 숫자는 대략적인 것이다.

충동구매의 공통적 문제는 빚을 지게 되고(Scherhorn, Reisch, & Raab, 1990), 추후 신용에 문제가 생길 가능성이 높다는 것이다(Drentea & Lavrakas, 2000). 다른 문제는 횡령이나 사회적 관계의 상실 등을 포함한다(e.g. Dittmar, 2004b; Faber, O'Guinn, & Krych, 1987).

어떤 사람이 쇼핑에 중독되는가

MVO 수준이 높은 사람들이 쇼핑에 중독되는 경향이 강하다(e.g. Yurchisin & Johnson, 2004). 따라서 얼마나 물질적 소유에 가치를 두는지가 중독 가능성에 중요한 지표가 될 수 있다. 그러나 지금까지 이러한 결론을 지지하는 충분한 증거는 없다. 다만 낮은 자존감과 충동구매가 제한적으로 관련된다는 증거가 있다(Richins & Dawson, 1992). 이는 부분적으로 높은 MVO와 중독 간의 관계를 설명하는데, 어떤 사람이 무언가를 소유할 때 더 확신을 느낀다고 믿기 때문이다.

연구자들은 자기애가 강한 사람들이 타인으로부터의 존경 욕구가 강하기 때문에(Campbell & Foster, 2007) 소비중독의 덫에 빠지기 쉽다는 것을 발견하였다(Rose, 2007). 이는 어떤 것을 소유함으로써 자애적인 사람이 타인으로부터 시기심을 유발하고 그와 똑같은 소유를 갈망하게 만들려는 욕구가 특히 강하기 때문으로 해석된다.

소비의 긍정적 측면

지금까지 소비와 행복의 연계성이 부정적이라는 것을 다루었다. 그러나 이 절에서 소비가 모든 것을 파괴하는 우울한 것만은 아님을 소개하고자 한다. 첫째, 소비 수준과 행복 간에 발견되는 일관된 부적 관계는 사람이 자신의 행복이나 불행을 명확하게 규정짓지 못하고 종종 그 원인을 자각하지 못한다는 사실과 관련될 수 있다(Weiss & Brown, 1977). 행복 수준을 측정하는 가장 쉬운 방법은 행복에 대해 직접 묻는 것이지만, 사람들이 행복의 원인을 자각하지 못한 상태에서 보고한다면 발견된 관계성은 무엇이 원인이고 무엇이 결과인지를 알 수 없다는 것이 자명하다. 이는 상관 연구의 일반적 문제로 유의미한 관계가 있다해도 하나의 요인이 다른 것에 직접적인 원인이 되지 못하는 것과 같다.

둘째, 행복과 소비의 관계가 모든 유형의 소비를 대표하지 않을 수 있음을 주목해야 한다. 종종 연구들은 개인이 비참하다고 느끼는 것의 원인이 되지 않는 소비의 양상을 간과해왔다. 예컨대 MVO와 웰빙의 상관을 측정하는 것과 휴식과 활기를 주고 잠시라도 행복감을 느끼기 위해 휴가를 갈 것인지를 묻는 것은 전혀 같을 수 없다. 아마도 행복과 소비에 대한 연구는 물리적인 상품의 축적(MVO의 관점에서)이라는 관점보다는 대안적으로 덜 영속적일지라도 개인에게 기분전환을 제공하는 소비의 양상을 다룰 필요가 있다. 지금까지 이러한 분야의 연구는 많지 않다. 그럼에도 불구하고 일부 증거들은 소비가 소비자의 웰빙에 해가 되지 않음을 보여준다.

소비를 항상 부정적 관점에서만 볼 수 없고 소비가 행복의 증진을 가져올 수 있다는 주장은 소비의 진화론적 관점, 여러 유형의 소비자 활동에 대한 구분, 사전 경험의 영향, 소비자 행복에 기여하는 마케팅 기법 등에서 찾아볼 수 있다.

진화의 일부로서 소비

어떤 점에서 소비가 진화 과정의 일부인가? 어떤 점에서 인간은 자신을 돋보이기 위해 제품을 사용하는가? 진정으로 소비가 유익한 것이 될 수 있는가?

다윈의 연구에 기초하여, 진화심리학자들은 인간이 일정하게 환경변화에 적응하기 위해 행동한다고 주장한다. 예컨대 가장 흔한 구분은 남녀 간의 성차다. 수천 년에 걸쳐 어떻게 남자와 여자가 다른 문제에 직면해왔으며 재생산을 통해 자신의 유전자를 생존시키기 위해 적응해 왔는지를 잘 보여준다. 진화심리학자들에 따르면, 재생산은 삶의 주요 야망 가운데 하나다. 이런 맥락에서 소비자는 제품을 소유하려는 내적인 욕구를 지니며 원하는 짝이 될 타인에게 신호를 줄 수 있는 서비스를 이용하려고 한다(Zahavi, 1975). 이는 소비가 진화적 과정에서 실용적인 기능을 충족한다는 것을 의미한다. 예컨대 비싼 차를 운전하고 비싼 시계를 찬 남자는 자신의 후손을 양육해줄 여자에게 명백한 시그널이 되고 결과적으로 부유함이 보이지 않는 남자보다 더 바람직한 상대로 보일 수 있다.

또한 진화의 과정은 왜 몇몇 사람들의 경우 소비자사회에서 살면서 나쁜 영향을 받는지를 설명한다. 진화론의 관점에서 최적의 인간만이 생존하고 재생산에 참여한다는 것을 고려하면, '해악이 되는 소비의 덫'에 빠진 사람은 단순히 그들의 유전자에 의해 결정되지 않는다. 물적 소유가 진화의 과정에서 단지 또 다른 하나의 산물인지를 증명하는 것은 어렵지만 그렇다고 불가능한 것은 아니다.

다른 유형의 소비

소비가 사람들의 일반적 행복에 미치는 효과를 밝히기 위해 여러 유형의 소비를 구분하는 것이 필요하다. 행복과 관련된 한 가지 특별한 유형의 소비는 소유보다는 '경험'을 구매하는 것이다. 벤 보벤과 길로비치(Van Boven & Gilovich, 2003)는 이를 위해 연속적인 연구를 수행하였다. 그중 하나는 물적 소유를 넘어 삶의 경험을 구매하는 것이 사람을 더 행복하게 만드는지에 관한 연구다. 97명의 참여자들에게 서베이를 통해 100달러 이상을 지불했던 가장 최근의 구매와 경험을 기술하고 평가하도록 하였다. 그 결과 사람들은 경험의 구매가 물적 소유에 지출했던 돈보다 훨씬 더 나은 투자였고 행복을 가져다주었다고 평가하였다. 이러한 결과는 후속 연구에서도 지지되었는데, 여러 문화권과 사회경제적으로 다양한 집단에 속한 1,263명의 남녀를 대상으로 수행한 광범위한 연구에서도 경험의 구매가 더 행복을 높인다는 결과를 얻었다. 따라서 이 연구를 통해 어떤 소비 유형은 전반적인 소비자의 행복에 기여한다는 것이 증명되었다. 결국 이러한 결론은 물적 소유가 사람을 행복하게 만들 수 없다는 것을 의미하지 않는다는 점에서 주목할 만하다.

경험의 구매가 왜 사람을 행복하게 만드는가

경험을 구매하는 것이 사람을 행복하게 만드는 이유는 세 가지로 설명된다(Van Boven, 2005).

1. 경험은 긍정적 방식으로 해석되기 쉽다. 생각해보면 경험은 '좋은 일'로서 기억되므로 사람들에게 즐거움을 준다. 종종 처음 원했던 것만큼 좋은 경험이 아닐지라도 기억은 좋은 경험으로 남는 경우가 있다. 일례로 나는 몇 년 전 미국 네바다 주를 방문하고 비행기와 헬리콥터, 보트 등으로 그랜드캐니언을 여행할 계획

을 세웠다. 나는 기막힌 여행이 될 것이라는 꿈에 부풀어 있었다. 그러나 여행사는 일을 복잡하게 만들었고 결국 간단히 비행기로 그랜드캐니언을 구경하고 말았다. 처음의 계획과 달라 무척 실망스럽고 기대 이하의 경험이었지만, 지금은 네바다에 대한 여행이 소중하게 생각된다. 여행을 돌이켜 생각하면, 아마도 당시 느꼈던 실망보다는 그랜드캐니언의 장관을 더 기억하기 때문일 것이다. 이러한 경험은 흔한 것이며, 소비자는 스스로 더 호감이 갔던 것을 기억하기 위해 사건 후의 기억을 종종 변경하기도 한다(Mitchell, Thompson, Peterson, & Cronk, 1997). 결과적으로 소비자는 제품 구매에 대해 실망스러운 기억과 다르게 소비경험을 기억하는 경향이 있다.

2. 경험은 좋은 사회적 관계를 촉진한다. 앞서 언급한 그랜드캐니언 여행은 사회적 모임에서 종종 대화의 주제가 되곤 한다. 다른 사람들에게 자기 '삶'의 경험을 말하는 것은 대화를 시작하고 이어갈 수 있다는 점에서 사회적 관계를 촉진한다. 그러나 만일 당신이 최근 새 점퍼를 샀다면 친구와 술을 마시는 자리에서 그에 관한 이야기는 그리 오래 하지 않을 것이다. 만일 그렇게 한다 해도 친구들은 긍정적인 반응을 많이 하지 않을 것이다. 그 이유는 보통 사람들은 경험을 좋아하는 사람에 대한 긍정적 고정관념을 가지고 있으며(Van Boven, Campbell, & Gilovich, 2008), 물질주의자로 보이는 사람에 대해 부정적 고정관념을 갖기 때문이다(Richins, 1994).

경험의 구매가 사회적 관계를 촉진하는 또 다른 이유는 대부분의 경험적 활동이 다른 사람과 함께 하기 때문이다. 예컨대 우리가 극장에 가거나 여행을 가면 점퍼나 샴푸를 구매할 때보다 훨씬 타인과 함께 많은 것을 공유하게 된다.

3. 경험은 다른 경험과 비교할 때 상대적으로 부정적인 효과가 적다. 사회적 비교에 관한 연구들은 개인이 다른 사람과 비교하게 될 때 그 결과는 대체로 부정적임을 보여준다(e.g. Easterlin, 1995; Frank, 1999). 예컨대 만일 당신에게 좋은 친구, 직장동료 혹은 이웃을 얻는 것이 더 중요하다면, 일을 많이 하고 보수를 더 받는 것이 그다지 만족스럽지 않을 수 있다. 그러므로 당신이 좋다고 생각했던 것이 나중에는 부정적으로 생각될 수도 있다. 제품 구매가 종종 이와 유사하다. 대부분의 소비자는 자신이 구매한 제품에 대한 비현실적 기대를 가지고 있으며, 제

품이 기대에 부응하지 않을 때 불만족과 불행을 느낀다(Schwartz, 2004). 하지만 경험은 제품의 구매나 보수를 더 받는 것과 같은 방식으로 비교하기 어렵다. 결과적으로 사람들은 경험의 구매가 불행을 느끼게 하는 원인이라는 생각을 덜 하게 된다.

행복에 영향을 미치는 마케팅 전략

어떤 마케팅 행위는 전반적인 소비경험을 만족스럽게 하려는 전략을 사용함으로써 소비자의 행복에 영향을 준다. 여기서는 유용한 마케팅 방법으로 (1) 과거의 부정적 경험이 미래의 긍정적 소비 경험을 퇴색시키지 않을 것임을 보장하는 자전적 광고, (2) 제품 효율성에 대한 가격의 영향, (3) 지나치게 많은 선택이 소비자 행복에 미치는 영향등의 세 가지를 소개한다.

자전적 광고

이전의 경험은 특정 유형의 소비에 대한 지각에 중요한 역할을 한다(Elster & Loewenstein, 1992). 예컨대 완두콩을 먹는 것이 부정적 기억과 연합되면 자연스럽게 향후 완두콩에 대한 느낌과 생각에 부정적인 영향을 준다. 이는 종종 기억 자체가 완두콩과 어떤 직접적인 연계성을 가지지 않을 때에도 나타난다. 만일 한 아이가 완두콩을 먹을 때 부모에게 꾸중을 들었다면 그 결과로 부정적인 연합이 형성될 수 있다.

부정적 기억이 특히 불행하게 작용하는 경우는 소비자에게 좋은 경험이 될 뻔 했지만 결과적으로 나빴던 과거의 소비활동을 다시 시도할 것인지를 결정하도록 할 때다. 종종 기억은 전반적 행복감을 향상시킬 수 있는 경험에 장애물이 되기도 하는데, 그러한 기억이 경험의 구매가 이루어지는 시점에 작용할 때 특히 그렇다.

제품과 브랜드에 대한 생각에 영향을 주는 기존의 부정적 기억이 있을 때 소비자는 제품 경험에 대한 지각을 바꾸기 어려울 수 있다. 그러나 광고 연구들은 자전적 광고를 사용(과거 개인의 경험을 보여주는 장면)함으로써 사람들의 기억을 바꿀 수 있다고 주장한다. 한 연구는 자전적 광고를 통해 형성된 어린 시절의 향수가 참여자들에게 광고에서 본 것을 자신이 경험한 것처럼 믿는다는 것을 발견하였다(Braun, Ellis, & Loftus, 2002). 디즈니 광고를 본 참여자들은 자신이 어렸을 때 벅스 바니(Bugs Bunny)와 악수를 한 적이 있다고 말했다. 벅스 바니는 워너 브라더스의 캐릭터이지만 사람들은 실제 디즈니 리조트에서 벅스 바니와 악수를 했다고 기억한 것이다. 이러한 결과는 자전적 광고가 어떤 사건에 대한 기억을 바꿀 수 있음을 시사한다. 그러한 기억의 변화는 광고에서 과거 경험과 사건을 기억하는 단서를 사용할 때 일어나기 쉽다. 기억이 구성된다는 점을 고려하면, 마케팅 담당자들은 소비자로 하여금 어떤 경험과 제품에 호감을 갖도록 지각하도록 만들기 위해 경험 및 제품과의 개인적 관련성을 구축하는 자전적 이미지 광고를 효과적으로 사용할 수 있다.

가격

가격 또한 제품의 효과와 그에 대한 평가 그리고 소비자가 느끼는 행복에 영향을 주는 역할을 한다. 예컨대 제품 가격은 제품의 효율성에 관한 소비자의 기대를 활성화시키는 플라세보(placebo) 효과를 갖는다. 한 연구는 3개의 분리된 실험에서 소비자가 에너지 음료에 낮은 가격을 지불했을 때 충분한 가격을 지불한 사람들에 비해 퍼즐 풀기에서 더 낮은 수행을 보였고(그림 12.2), 그에 따라 가격의 플라시보 효과가 있음을 증명했다. 물론 에너지 음료는 사람들에게 정신적 각성을 더 유발할 것이라고 가정된다(Shiv, Carmon, & Ariely, 2005).

마케팅 활동은 하나의 제품이 효과를 발휘하고 소비자가 구매에 만족하는 과정에

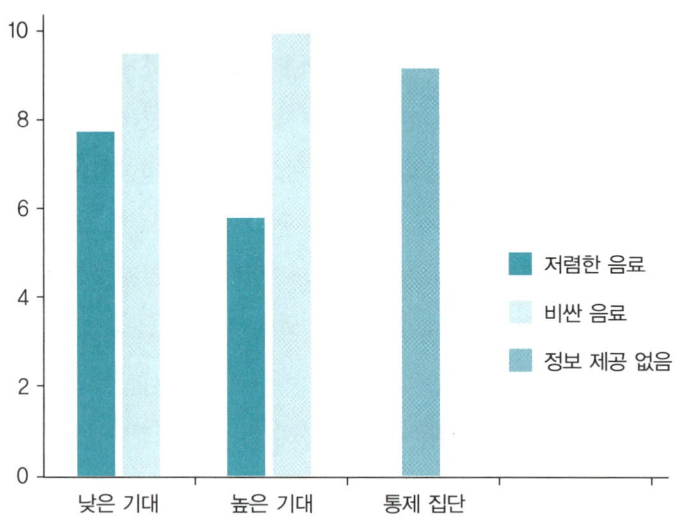

그림 12.2 퍼즐 수행에 대한 가격의 영향

출처 : Shiv, Carmon, & Ariely(2005)에서 인용.

무의식적으로 작용한다. 만일 소비자가 한 제품이 다른 경쟁 브랜드에 비해 열등하다고 믿게 되면, 만족 수준과 반복 구매의 가능성은 낮아진다. 그러한 믿음은 다시 일시적 불행으로 해석될 수 있는 불쾌감을 유발한다. 반대로 한 소비자가 자신의 구매를 즐거워한다면 불행으로 해석되는 불쾌감의 경험 가능성은 그만큼 피할 수 있게 된다.

선택

선택에 대한 경제학적 접근은 선택 가능한 많은 제품이 있을 때 사람들은 자신의 욕구를 충족하는 최선의 것을 택한다고 가정한다. 경제학적 관점은 누구나 선택의 자유가 있을 때 삶의 만족을 극대화 할 수 있다고 본다. 한편 심리학적 관점에서는 가용한 선택의 양과 같은 작은 요인들은 소비자의 전반적 행복이나 웰빙에 미치는 영향이 크지 않을 수 있다고 보았다. 그러나 비교적 최근 연구들은 가용한 선택의 양과 같은 소소한 소비자 관련 요인이 개인의 느낌에 영향을 준다는 것을 증명했다.

너무나 많은 선택 대안은 동기를 저하시킬 수 있다(Iyengar & Lepper, 2000). 만일 선택 가능한 대안이 많으면 가능한 대안이 적을 때보다 소비자는 훨씬 불만족하는 경향이 있다. 이는 선택 과정에 많은 제품이 포함되면 복잡해질 수 있기 때문이다. 몇몇의 사례들은 하나 이상의 대안이 있을 때 소비자가 행복을 덜 느낀다는 것을 보여준다(Hsee & Leclerc, 1998). 이는 소비자가 두 가지의 훌륭한 대안에서 선택을 해야 하는 상황일 때 더욱 그러하다. 두 대안 모두 단점이 있고 한 가지를 선택하고 다른 것을 포기해야 하는 상황에서 사람들은 흔히 다른 대안에서 얻을 수 있는 무엇인가를 놓쳤다고 생각한다. 이 때 소비자는 어떤 대안을 선택하든지 간에 불만족을 느낀다. 만일 소비자가 자신이 놓칠 수 있는 것에 대해 명확하게 자각하지 못할 때 두 대안에 둔감해지는데, 이것이 선택에 있어 소비가가 불행을 느끼지 않게 하는 방법이다(Carmon, Wertenbroch, & Zeelenberg, 2003). 하지만 이는 자신의 구매에서 최대한 많은 것을 얻으려는 욕구가 있는 사람들에게는 잘 적용되지 않는다. 그런 사람들은 대안이 너무 많아서 선택이 어려울 때 특히 자신의 선택에 불행하게 느끼는 사람들이다(Schwartz et al., 2002).

다중 선택에서 소비자의 불편감을 줄이는 또 다른 방법은 다른 사람에게 의사결정을 맡기는 것이다. 이는 모든 선택 대안이 덜 바람직한 특성을 갖는 상황에서 유용하다(Botti & Iyengar, 2004). 덜 바람직한 대안에서의 선택은 부적 감정을 유발하고 두

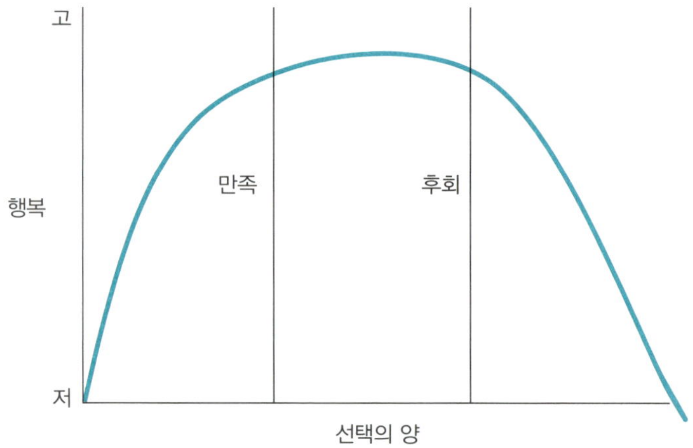

역 U자는 (1) 높은 수준의 만족을 유발하는 가파른 상승 부분, (2) 상대적으로 평평한 고원을 형성하는 중간 부분, (3) 경사가 내려가는 부분으로 구성된다. 가장 큰 만족은 다양한 대안에 대한 경험 후에 나타나지만, 행복감은 자신의 경험에 소수의 대안을 추가할 수 있을 때 지속된다. 이 때 사람들은 자신이 원하는 이상적인 것을 얻을 수 있다고 믿는다.

그림 12.3 가용한 선택의 양과 행복 간의 관계
출처 : Desmeules(2002)에서 인용.

가지의 좋은 제품 간의 선택에서와 같이 의사결정 후에 불편감을 가져온다.

요컨대, 다양성이 지나치면 좋은 것도 지나치게 된다(Lehmann, 1998). 즉 가용한 선택의 양과 행복의 관계는 선형적이지 않으며, 거의 역 U자와 같은 모양으로 나타난다(Desmeules, 2002)(그림 12.3).

소비는 인간을 행복하게 만드는가

소비가 우리를 행복하게 혹은 불행하게 만드는지는 답하기 쉽지 않다. 연구들은 어떤 유형의 소비자 활동을 다루었는지에 따라 전반적 웰빙이 증가하기도 하고 감소하기도 한다는 것을 보여준다. 행복은 여러 수준이 있다. 삶을 전반적으로 개선시키는 유형과 일정한 만족과 기쁨을 주는 단기간의 일시적 행복이 있다. 전반적인 삶의 행복은 소유의 누적으로 달성되지 않지만, 일시적 행복은 순간의 소비를 통해 이루어질 수 있다. 지속적인 삶의 만족은 좋은 사회적 관계와 같은 요인들에 더 의존적이다. 하지만 일부 소비자 활동은 기존 관계를 유지하고 새로운 관계를 촉진하는 데 기여한다는 것을 기억할 필요가 있다.

좋은 것이 지나치게 많으면 사람은 그에 대한 과도한 소비행동으로 비참해질 수 있다. '컨슈머 파라다이스(consumer paradise)'는 모든 사람이 자신이 원하는 것을 언제라도 구매할 수 있을 때 오는 것이 아니다. 어떤 금전적 문제 없이 당신이 원하는 것을 필요한 때 손에 넣는 것은 당신에게 큰 기쁨을 주지만 그것은 잠시다(Campbell, 1975). 머지않아 당신은 원하는 모든 것을 소비하는 데 적응하고 더 이상이 특별할 것이 없어진다. 이는 곧 소비가 규범이 되고 그 이상의 행복을 느끼지 못하게 만든다는 것을 의미한다.

핵심용어

충동구매 사람이 자주 불필요한 쇼핑을 한바탕하는 파괴적 행동 유형

요약

사람들은 소비가 자신을 행복하게 만들기를 바란다. 소비로 인해 행복해질 수 있는지는 부분적으로 행복이 정의되고 측정되는 방식에 의존한다. 이를 밝힌 연구들은 지나치게 물질주의적이거나 충동구매에 몰두하는 사람이 일반적으로 덜 행복하게 느낀다는 것을 보여준다. 물질주의자들은 자신의 삶에서 충족되지 않은 어떤 것을 보상받기 위해 제품과 서비스를 이용하며, 한편으로 충동구매자들은 심각한 채무 관계에 빠질 수 있다. 소비에 의해 부정적으로 영향을 받는 사람들을 조사해보면, 마치 악의 화신이 소비로 위장한 것처럼 보인다. 소비는 진화 과정의 일부이고 더 강한 사람이 자신의 유전자를 생존시키기 위한 수단으로 간주되기도 한다.

휴가와 같이 경험을 구매하는 것은 사람을 행복하게 만들 수 있다. 그 이유는 경험이 긍정적 방식으로 해석되고 사회적 관계를 촉진하는 역할을 하기 때문이다. 자전적 마케팅 기법이나 경쟁력 있는 가격, 가용한 선택 대안의 감소 등은 소비 경험을 더 행복하게 만드는 요인들이다.

토론문제

1. 대안이 많은 제품과 브랜드의 선택에 놓여 있는 소비자에게 제시할 만한 좋은 아이디어가 있는가? 경쟁적 시장에 놓인 소비자가 가용한 선택의 양을 줄일 수 있는 방법은 무엇인가?
2. 마케팅 담당자가 소비자에게 행복을 약속하는 전략은 어떤 것이 있는가?
3. 높은 물질주의적 가치를 지향하는 사람들이 보통 더 불행한 이유는 무엇인가?
4. 충동구매자는 소비가 사람을 불행하게 만든다는 것의 예로서 적절한가?
5. 제품과 서비스의 구매가 사람을 불행하게 만드는 이유는 무엇인가? 소비 자체인가 혹은 그에 수반되는 다른 이유가 있는가?

13

소비자와 환경

개요

소비의 환경적 문제는 소비자심리학자들이 크게 다루지 않은 분야다. 하지만 미디어, 환경단체, 정부 등이 시행하는 친환경 캠페인은 소비자가 특정 제품이나 서비스를 바라보는 관점에 영향을 미칠 뿐만 아니라, 나아가 소비자들의 친환경 행동에도 영향을 미친다는 점에서 주목할 필요가 있다. 또한 이러한 활동들은 제품의 판매와 제조 방식에도 영향을 미친다. 이 장에서는 소비자행동이 환경과 관련된 이슈와 어떻게 연결되어 있는지를 살펴볼 것이다.

환경적 이슈

세상 사람들은 점차 환경적인 이슈에 더 많은 관심과 흥미를 갖는 것 같다(e.g. Hodgkinson & Innes, 2000; Roodman, 1999). 이러한 관심은 신문에 발표된 환경 관련 논문의 수가 증가하였다는 사실에서도 알 수 있지만, '불편한 진실(The inconvenient truth)'이라는 영화를 만든 앨 고어(Al Gore)와 같은 개인들의 직업활동에서도 엿볼 수 있다. 또한 이러한 인식이 소비자 관련 산업에도 영향을 미친다는 것은 매우 놀랄만한 일이다. 오늘날 많은 기업들은 소비자가 환경적인 이슈에 대해 관심을 갖고 있으며, 또한 소비자들이 제품을 통해 그러한 가치와 신념을 표현하기를 원한다는 것도 잘 알고 있다. 따라서 기업이 환경을 위한 어떤 계획을 갖고 있다면 서둘러 광고하고 싶어 한다. 예컨대 갭(GAP)이 쇼핑백 아래쪽에 '소비 후에 재활용되는 소재가 15%'라는 문구를 사용하자, 프라이마크(Primark)는 '쇼핑백은 100% 재활용된 소재로 만들었으며, 미생물의 작용으로 분해되는 재료'라는 것을 강조했다. 뿐만 아니라 스타벅스와 같은 다른 기업들도 일회용품이나 제품에 '환경보호에 관심을 갖고 있다'고 표기하고 있다.

소비자들의 환경에 대한 관심, 특히 남성보다 여성이 환경문제에 높은 관심을 갖는다는 연구들이 많지만(Grankvist, 2008; Iyer & Kashyap, 2007), 실제 이러한 윤리적 제품이 특정 제품군에서 가장 높은 판매를 보이고 있지는 않다. 이는 소비자들이 실제로 구매하는 것과 그들의 가치 체계가 종종 일치하지 않는다는 것을 의미한다. 이러한 사실에서 사람들이 왜 친환경적인 제품을 구입하지 않는지, 그리고 어떻게 그들로 하여금 친환경적인 제품을 구매하도록 할 수 있는지를 우리 스스로에게 물어야 한다.

환경에 미치는 소비의 영향

소비자행동이 우리의 환경에 얼마나 나쁜 영향을 미치는지에 대하여 지난 10년간 많이 알려졌다. 사실 대부분의 문명사회에서 개인 소유의 휴대전화, 세탁기, 전자레인지, TV, 컴퓨터 등과 같은 제품을 소유하는 것이 이제는 너무나 당연해졌다. 하지만 불행히도 앞서 말한 모든 제품들은 어떤 방식으로든 우리의 환경을 파괴한다. 예컨대 영국의 경우만 보더라도 1990년대 후반부터 여러 제품의 소비가 꾸준히 증가해왔으며(그림 13.1), 이는 줄어들 것처럼 보이지 않는다. 이러한 소비의 증가가 전 세계적으로 나타난다면 환경에 얼마나 큰 영향을 미칠지 가늠하기 힘들다. 무엇보다 중요한 것은 현재 세계 인구의 일부(약 20%)가 지구의 재생 불가능한 자원의 대부분(약 80%)을 사용한다는 것이다(Dürr, 1994).

이 장에서 환경에 부정적 영향을 미치는 소비의 모든 영역을 다루는 것은 불가능하다. 그러나 소비가 환경 악화에 중대한 역할을 할 수 있음을 보여주는 몇 가지 영역을 개관하고 논의할 것이다.

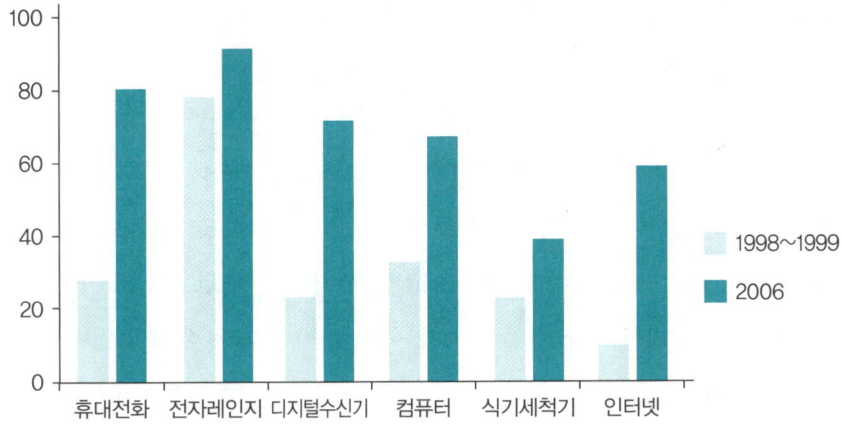

그림 13.1 1998~1999년과 2006년 사이에 소비재의 증가(%)

출처 : National Statistics(2008a)에서 인용.

천연자원의 감소

만약 전 세계 인구가 현재 서구 사회가 사용하는 양만큼 천연자원을 사용하게 된다면, 3개 정도의 지구가 더 있어야 할 것이다(Wackernagel & Rees, 1996). 중국이나 인도와 같은 인구가 많은 국가의 소비가 급격히 확대되고 있으며, 이에 따라 천연자원의 감소가 가속화 되고 있다. 많은 천연자원이 급격히 줄어들고 있으며 이중 가장 많이 언급되는 것이 바로 석유와 숲이다.

석유는 많은 사람들이 관심을 갖는 천연 자원 중 하나인데, 만약 석유를 다 써버린다면 특히 운송업은 심각한 영향을 받을 것이다. 즉 석유가 없다면 운송은 크게 줄 것이며, 특히 비행기는 여러 운송 수단들 중에서 가장 연료 효율이 떨어지는 방식이어서 큰 타격을 받을 것이다. 결국 비행기를 이용하는 사람들이 점점 증가하고 있다는 사실은 환경적으로 볼 때 매우 부정적 영향을 미칠 수밖에 없다. 비행기와 같은 운송 수단의 지속적인 증가는 석유의 급격한 감소를 가져온다. 물론 다른 영역들, 예컨대 제품의 생산과 난방 등과 같이 다른 목적으로도 석유가 많이 사용되고 있으며, 그에 따른 석유의 급격한 감소는 큰 위협이 아닐 수 없다.

얼마나 많은 석유가 소비되는지는 나라에 따라 큰 차이가 있다. 예컨대 오스트레일리아에서는 연간 1인당 약 6베럴의 석유를 사용하는 반면, 미국에서는 1인당 약 18베럴을 소비하고 있다(Sheehan, 2001). 지구상에서 석유와 물이 고갈되기 시작하면 나라 간 갈등이 나타나고 전쟁이 불가피하게 될 것이라고 생각하는 사람들도 있으며(Homer-Dixon, 1991; Lang & Heasman, 2004), 그런 이유로 이라크 침략과 같은 갈등은 이미 시작했다고 주장하는 사람들도 있다(Gray, 2003).

삼림 파괴(벌채)는 소비와 연결된 또 다른 문제다. 종이 소비는 세계의 산림 감소에 심각한 영향을 미친다. 우편주문용 카탈로그, 일방적으로 보내지는 정크메일(junk mail), 신문, 잡지, 크리스마스카드, 쇼핑백, 편지지 등 매년 수십조 원이 버려지고 있다. 종이로 만들어져 대부분 오랜 기간 사용할 수 없는 제품들이 많다. 특히 포장에 사용되는 비율이 높으며, 이는 대부분 바로 폐기된다. 컴퓨터의 출현과 함께 사회 전반의 종이 사용이 크게 감소했으리라 믿는 사람들이 많지만, 안타깝게도 실제 사용량을 살펴보면 감소하지 않았다. 오히려 1990년대 초부터 지금까지 지속적으로 증가하고 있다(그림 13.2).

사람들이 산림 파괴에 대해 걱정해야만 하는 이유는 산림이 우리에게 주는 긍정적인 혜택 때문이다. 산림은 배출된 탄소를 흡수하고 산소를 만들어낼 뿐만 아니라 야생 동물들의 쉼터를 제공하고 산사태와 홍수를 막는다(Abramovitz & Mattoon, 1999). 우리가 산림을 반드시 지켜내야 할 이유다.

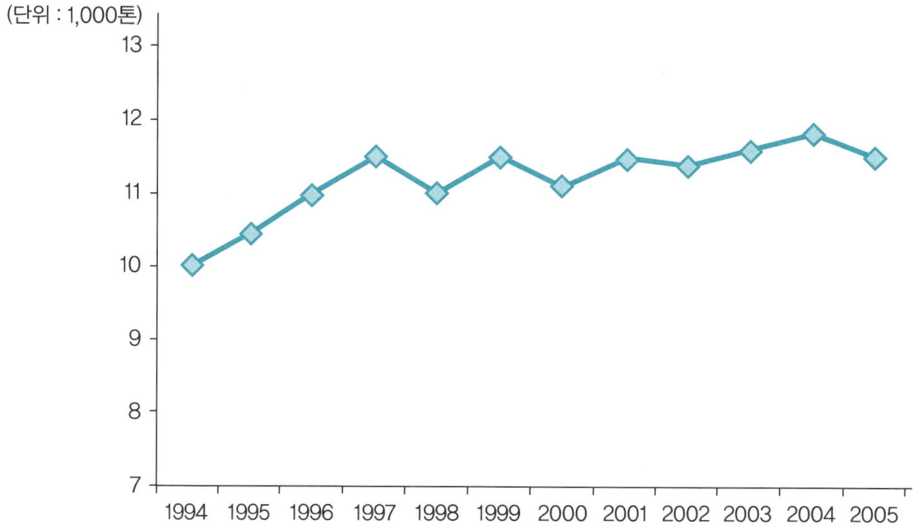

그림 13.2 1994~2005년 영국에서의 종이 소비량

지구온난화

고농도의 이산화탄소가 대기 속으로 방출되면서 지구는 점점 더 더워지고 있다. 석유, 가스 또는 나무와 같은 유기물질이 연소될 때마다 더 많은 이산화탄소가 배출되고 뜨거운 햇볕은 유입되지만 따뜻한 공기가 배출되지 못해 지구의 기온이 점점 상승하고 있다. 기온의 상승은 전 세계의 홍수, 극심한 가뭄 및 심각한 폭풍과 관련이 있다(Flavin & Dunn, 1999). 어떤 사람들은 지구온난화가 서쪽 남극 빙하가 녹는 원인이며, 결과적으로 뉴올리언스와 뉴욕 등 미국의 많은 영역이 범람하게 되었다고 주장하였다(Schneider, 1997). 1866~1950년까지 온도가 0.57℃만 증가하였는데, 1950~1999년까지의 기간에는 0.51℃나 증가한 것을 보면(Dunn, 2000), 남극 서부 빙하가 녹고 있다는 현실을 쉽게 상상할 수 있을 것이다.

제품의 생산, 그리고 가스로 집을 따뜻하게 유지하는 것은 지구온난화를 촉진하는 소비행동의 대표적인 예다. 또한 운송은 자원의 고갈뿐만 아니라 탄소 배출량의 증가에 가장 큰 역할을 하고 있다. 1971년 영국 전체 가구의 52%가 자동차를 보유했지만, 2004년에는 23% 증가한 75%의 가구가 자동차를 보유하게 되었다. 같은 기간 동안 2대 이상의 자동차를 가진 가구는 8%에서 31%로 증가했다(National Statistics, 2008b). 미국인은 유럽인에 비해서 약 2배의 거리를 운전하고 있으며, 결국 미국의 탄소 배출량이 더 심각함을 의미한다.

지속가능성

친환경 소비에 관한 연구에서 최근 가장 '화제'가 되고 있는 용어는 '지속가능한 소비(sustainable consumption)'다. 지속가능성은 '인간이 적절한 삶의 질을 누리면서 지구상에 지속적으로 존재할 수 있도록 자원을 소비하는 것'으로서 정의된다(Oskamp, 2000, p. 496). 지속가능한 소비는 소비를 덜 하는 것만이 아니라, 효율적인 방식의 소비에 초점을 둔다는 점에서 주목할 가치가 있다. 최근 지속가능한 소비에 대한 정부와 학계의 관심이 제품생산의 친환경적인 방식을 증가시키고 있다(Michaelis, 2003).

지속가능한 소비는 쉽게 이루어지는 것이 아니며, 정부에 의한 지속가능한 소비의 촉진은 국가의 경제적 성장과 충돌되지 않을 경우에 성공적일 수 있다(Christensen,

Godskesen, Gram-Hanssen, Quitzau, & Ropke, 2007). 하지만 정부의 정책은 경제적 성장을 최우선 목표로 하는 경향이 있기 때문에, 정부의 지속가능한 소비 촉진 수준은 제한적일 수밖에 없다. 그러나 만약 지속가능한 소비가 세계가 직면한 생태학적 문제를 해결할 수 있는 진정한 해결책이라면 이를 위한 노력이 시급하다. 석유와 같은 자원들은 재생되지 않고 자원의 지속적인 사용이 공급의 감소로 이어지며, 모두 고갈되었을 때엔 영원히 사라진다는 점에서 심각성이 크기 때문이다. 지속가능한 소비가 모든 환경적인 문제를 해결할 수 있는 것은 아닐지라도 몇 가지 당면한 소비자 문제를 해결하고 소비자들의 인식을 바꾸는 데 유용할 수 있다.

재활용

지속가능한 소비의 중요한 부분은 재활용이다. 제품을 재활용하는 방법은 제품의 종류가 무엇인지에 따라 다르다. 자선 가게에 보내거나 벼룩시장에서 판매하는 제품이 있는 반면, **수평적 재활용**(lateral recycling)으로 알려진 다른 제품의 생산에 재사용되는 제품들도 있다. 환경운동가들은 단순히 재활용하는 것보다 쓰레기통에 버려지지 않았더라면 생산적으로 재사용할 수 있는 제품 유형에 더 큰 관심을 갖는다.

재활용을 선택하는 사람들에게 가장 큰 장애물은 재활용이 쉬운지 어려운지와 관련된다. 기존 연구들은 사람들이 재활용하는 것이 중요하다거나 혹은 중요하지 않다고 생각하는 것과는 상관없이, 사람들이 재활용하는 행동이 어렵다고 지각할 때 재활용율이 낮아진다는 것을 밝혔다(Bagozzi & Dabholkar, 1994). 따라서 사람들이 재활용을 어렵게 느끼지 않도록 하기 위하여, 토론토 시내에서 이루어지고 있는 것처럼 재활용을 거리의 코너 등에서 손쉽게 할 수 있도록 하는 것도 좋다. 또한 재활용을 쉽게 할 수 있다고 생각하게 하는 것만으로도 사람들의 행동을 이끌어낼 수 있지만, 나아가 이런 행동이 환경에 변화를 가져올 것으로 진심으로 믿게 하는 것도 역시 중요하다(Pieters, 1991). 설령 재활용 행동이 쉬울지라도 자신의 행동이 환경에 아무런 변화를 가져오지 못할 것으로 생각한다면, 사람들은 재활용 행동을 하지 않을 수 있기 때문이다. 하지만 이러한 믿음을 갖도록 하는 것은 결코 쉬운 일이 아니다.

대부분의 문명사회에서 재활용은 증가하는 추세이지만, 대부분의 국가들은 지금보다 재활용을 더 많이 해야 할 필요가 있다. 얼마나 많은 나라들이 재활용을 하고 어

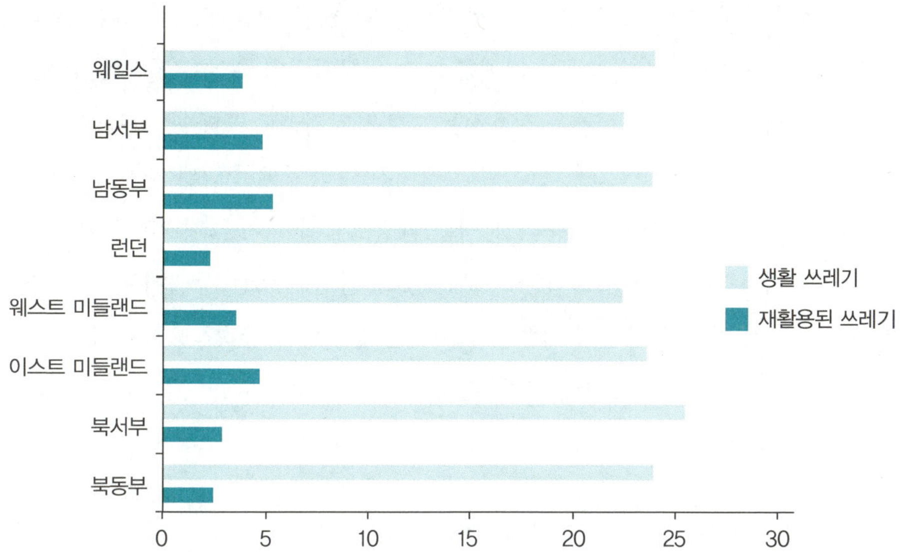

그림 13.3 2003~2004년 영국의 재활용 실태

Note : 가구별 주당 생활 쓰레기와 재활용된 비율을 킬로그램 단위로 제시함

떤 나라들이 재활용을 하는지에 대해서 일관된 통계가 부족하다(Thøgersen, 1992). 아마도 이것은 소비 양식에서의 문화적 차이 때문으로 볼 수 있다. 그리스는 EU 국가에서 가장 재활용을 하지 않는 국가이며, 아일랜드가 그 뒤를 따른다. 오스트리아, 독일, 그리고 네덜란드는 가장 재활용을 잘하는 국가다(Defra, 2004). 영국에서는 재활용될 수 있는 많은 것들이 여전히 일반 가정의 쓰레기에 포함되어 버려지고 있다(그림 13.3).

재활용 실천(실행)에 대한 인식이 높음에도 불구하고 대부분의 국가들이 완벽히 재활용에 참여하기까지는 아직 갈 길이 먼 것 같다.

친환경 제품에 대한 복잡한 이슈

무엇이 친환경적인 소비인가를 결정하는 것은 간단한 문제가 아니다. 제품이 재활용될 수 있는지 혹은 제품을 생산하는 동안 대기 중에 배출된 이산화탄소량이 어느 정도인지에 초점을 둘 수 있다. 한편 환경에 도움이 되는 유기농 제품이 얼마나 생산되는가에 초점을 둘 수도 있다. 자신이 선택하는 제품이나 서비스에 대해서 정확하게 알고 있다고 하더라도 소비자들이 언제나 가장 친환경적인 대안을 선택할 수 있는 것은 아니다. 예컨대 유기농 식품을 선호하는 소비자일지라도 구매 시 식품의 원산지를 확인하지 못할 수도 있고 그에 따라 멀리 떨어진 나라에서 수입된 제품을 구매할 수도 있다. 결과적으로 이러한 식품의 선택은 환경오염에 원치 않게 기여하게 된다. 소비를 위한 의사결정은 매우 복잡하며 모든 것을 완전히 아는 상태에서 소비 결정을 하기는 어렵다. 아마도 친환경 제품이 소비자들에게 항상 긍정적으로만 지각되지 않는 이유는 소비자 자신이 원하는 것이 환경에 도움이 되지 않을 수도 있다는 것을 알기 때문일 수도 있다.

소비자들은 친환경 제품을 어떻게 지각하는가

사람들이 친환경 제품을 지각하는 방식에는 문화적 차이가 존재한다. 이는 나라마다 서로 다른 환경적 특성이 존재하기 때문이다. 예컨대 북미 소비자들은 환경을 지배하려는 욕구를 가지고 있는 반면, 독일 소비자는 인간을 생태학적 시스템의 한 부분으로 간주하는 경향이 있다(Homma, 1991). 그러므로 미국의 소비자들은 윤리적으로 우수한 제품(예 : 공정한 노동으로 자연분해되는 재활용 물질로 만들어진 제품 등)을 덜 효율적인 것으로 지각하는 경향이 있다(Luchs, Walker Naylor, Irwin, & Raghunathan, 2008). 반면 북유럽인들은 미국인들보다 친환경적인 제품을 더 우호적으로 생각한다. 실제 스웨덴 소비자들은 유기농으로 만들어진 제품에 대해 더 긍정적인 태도를 가지는 것으로 알려졌다(Magnusson, Arvola, Koivisto Hursti, Aberg, & Sjoden, 2001). 그러나 친환경 제품과 서비스에 대한 긍정적인 지각이 반드시 소비 행동으로 연결되는 것은 아니다. 이는 태도가 언제나 행동을 예측하는 것은 아니라는 설명 이외에도 친환경 제품이 항상 쉽게 구분되는 것이 아니므로 어떤 제품을 구매해야 하는지 소비자가 알기 어렵기 때문이라는 설명도 가능하다. 이러한 예는 식품에서 가장 흔히 찾아볼 수 있는데, 환경과 관련된 심각한 문제에 대해 소비자들이 직접 관여할 수 있는 영역이 바로 식품 산업이다(e.g. Stern, Dietz, Ruttan, Socolow, & Sweeney, 1997). 많은 나라들에서(예 : 영국, 독일, 오스트리아) 유기농으로 만들어진 식품의 경우 별도의 라벨을 붙여 소비자에게 판매한다. 그러나 유통기한, 보존 방법과 같이 소비자가 알고 싶어 하는 다양한 측면들(Jungbluth, Tietje, & Scholz, 2000)이 식품 포장에 명확히 표시되지 않아 소비자들이 선택하는 데 많은 어려움을 느끼고 있다. 친환경 제품과 서비스의 선택 과정을 단순화하기 위한 방법은 소비자에게 여러 가지 제품 규격을 제시하기보다는 하나의 라벨을 사용하는 것일 수 있다(Tanner & Jungbluth, 2003).

친환경적이지 않은 소비는 줄어들 수 있는가

친환경적이지 않은 소비를 줄이는 것에 대한 관심은 점점 증가하고 있지만, 이에 대한 연구를 수행한 심리학자들은 많지 않다. 하지만 이러한 사실이 생태학적 시스템에 도움이 되는 소비자의 인식과 행동에 토대가 되는 연구가 전혀없다는 것을 의미하지는 않는다. 사회, 인지, 행동 분야에서 이전에 사용한 방법론들을 살펴봄으로써 환경적으로 더욱 책임 있는 소비를 촉진하기 위한 방안을 발견할 수 있다(Du Nann Winter, 2000, 2003).

사회적 접근

환경적인 행동을 이해하고 설명하기 위해서 사회적 환경을 이해하는 것은 필수적이다(e.g. Vorkinn & Riese, 2001). 사람들은 타인에게 특정한 방식으로 보이기를 원하며 존경하는 대상의 행동을 모방(모델링)하기 때문에, 친환경적인 소비행동 역시 만들어질 수 있다. 이런 점에서 사람들이 사회적 환경에 영향을 받는다는 사실은 의심의 여지가 없다. 예컨대 사회화 과정의 결과로 획득되는 타인과의 친밀하고 따뜻한 관계 맺음 등은 윤리적으로 생산된 제품을 좋아하는가와 정적 상관이 있다(Grankvist, 2008).

사람들이 친환경적인 소비에 관심을 갖게 만드는 한 가지 방법은 타인의 행동을 모델링하는 것이다(e.g. Bandura, 1973). 구체적으로 **모델링**(modelling)은 사람들이 타인의 실제 삶이나 혹은 상징적인 모델을 관찰한 뒤 태도, 행동, 감정 반응 등을 모방하게 되는 간접적인 학습 형태다. 모델링을 통해 모방을 이끌어낼 가능성이 높은 사람들은 보상을 받을만한 행동을 하는 사람들이다. 즉 인기가 있고 유명한 사람이 고래

포획을 반대하는 캠페인을 한다면, 사람들은 두 요소를 연합시켜 고래를 구하는 캠페인이 좋은 일이라고 생각하게 된다. 사람들은 잠재적으로 끊임없이 다른 사람, 특히 자신이 좋아하고 존경하는 사람과 비교하므로(e.g. Festinger, 1954; Wheeler, 1991), 그들을 모방할 가능성 높고 친환경적인 소비 캠페인에 있어 '역할 모델(role models)'로서 유용하다. 그러므로 소비자를 설득시켜 쇼핑 행태를 변화시키기 위해서는 인기 있는 유명인을 이용하는 것은 효과적인 하나의 방법이다.

이는 또한 자신을 과소비하는 사람과 비교하지 않는 사람들에게 용기를 주는 데에도 도움이 될 수 있다. 사람들의 자존감은 스스로와 비교하는 대상에 따라 증가하거나 감소하는 경향이 있다(e.g. Marsh, Kong, & Hau, 2000). 산업화 사회에서 사람들은 물질적인 소유를 가치 있게 여기기 때문에, 자신이 원하지만 가질 수 없는 것을 가진 사람들과 자신를 비교할 때 무력감을 느낀다. 세간에 주목을 받는 사람들, 특히 유명 디자이너의 옷, 해외여행, 비싼 차, 부유한 라이프 스타일 등을 향유하는 사람들은 과소비를 규범으로 만드는 역할 모델이 된다. 이러한 부정적 역할 모델들은 사람들의 자존감을 떨어뜨릴 뿐만 아니라 다른 사람과 비슷하게 소비하려는 소비자들의 경향(Leonard-Barton, 1981)과 맞물려 소비를 억제하는 데 장애물로 작용한다. 결과적으로 친환경적인 소비의 가능성을 낮추는 역할을 한다.

소비자로 하여금 자신의 소비행동이 규범에서 벗어난 것처럼 느끼게 하는 방법 역시 효과적일 수 있다. 샥터(Schachter, 1951)는 집단 내에서 다른 의견을 내는 사람들은 집단의 의견에 순응하도록 하는 사회적 압력을 받게 된다고 주장했다. 만일 다른 의견을 낸 사람이 집단에 순응하지 않으면, 집단으로부터 거부당할 수 있다. 이런 이유로 친환경적인 소비를 장려하기 위해 집단 규범을 형성할 경우 구성원들은 규범에 맞는 행동을 하도록 압력을 받을 것이며, 만일 규범을 따르지 않으면 집단에서 배제되거나 반갑지 않은 존재로 느끼게 될 것이다. 그러나 대부분의 집단이 갖고 있는 현재의 규범이 물질적인 소유를 축적한다거나 윤리적으로 생산된 제품을 무시하는 것을 수용하는 쪽으로 형성되어있기 때문에 새로운 규범을 만드는 것이 결코 쉬운 일은 아니다.

인지적 접근

인지적인 접근은 특정한 방식으로 프레이밍된 정보가 사람들이 정보를 처리하고 받아들이는 데 어떠한 영향을 미치는지를 설명한다. 친환경적인 소비를 유도하기 위하여 사람들의 지각과 친환경 제품 및 서비스에 대한 생각을 바꾸도록 만드는 것이 필수적이다. 이를 위한 한 가지 방법은 교육이 될 수 있다. 사람들을 환경적으로 교육시키는 것은 전통적인 학교 교육, 광고, 집단토의 혹은 미디어와 같은 다양한 접근으로 가능하다. 교육은 때로 특정한 주제 영역에 대한 사람들의 사고와 태도를 변화시키는 중요한 열쇠로 여겨져 왔지만, 불행히도 언제나 성공적이지는 않은 듯하다(Dwyer, Leeming, Cobern, Porter, & Jackson, 1993; Howard, 2000; McKenzie-Mohr, 2000). 이는 사용되고 있는 교육 방법과는 상관이 없는 것으로 보인다. 예컨대 겔러(Geller, 1981)는 교육 워크숍이 에너지 사용을 감소시키는 데 있어 거의 영향을 미치지 않았다는 사실을 발견했으며, 헤버라인(Heberlein, 1975)은 사람들에게 에너지를 줄이는 방법에 대한 소책자를 나눠주는 것 역시 효율적이지 않다고 주장했다. 때로 이런 교육적 메시지가 개인에게 영향을 미치는 것으로 알려져 있지만 불행히도 다른 이유 때문에 그러한 캠페인들은 성공적이지 못한 것으로 평가된다. 예컨대 사임, 셀리그먼, 칸톨라 및 맥퍼슨(Syme1, Seligman, Kantola, & Macpherson, 1987)은 친환경적인 메시지를 TV에서 제시할 때 실패할 수도 있다는 사실을 밝혔다. 그들은 오스트레일리아의 3개 도시에서 휘발유 소비를 줄이기 위해서 4주간 방영한 TV 캠페인의 효과를 연구하였다. 한 캠페인에서는 돈을 절약하는 측면을 강조한 반면, 다른 캠페인에서는 휘발유 소비를 줄이는 것이 '좋은 시민'이라는 점을 강조하였다. 그 결과 캠페인과 휘발유 절약 태도 간에는 미약하지만 통계적으로 유의한 상관이 나타났다. 하지만 연구자들은 캠페인들이 비용 대비 효과가 낮다고 결론내렸다.

친환경에 대한 태도와 실제 행동 간의 명확한 관계성이 부족한 것이 비효율적인 교육 캠페인 때문이라고는 할 수 없다. 실제로 교육 캠페인 메시지에 노출된 사람들은 자신의 소비행동을 변화시키려고 할 수 있지만, 사회적인 구조가 그렇게 행동하는 것을 막을 수도 있다(Stern, 2000). 예컨대 도시 외곽으로 쇼핑을 하러 간다는 것은 대중교통 수단이 부족하면 사람들은 어쩔 수 없이 운전을 해야 한다.

교육효과가 나타나지 않은 다른 이유는 친화경적인 메시지의 설득 대상이 되는 사람들뿐만 아니라 실제 제시되는 정보와도 관련이 있다. 만일 광고 캠페인이 소비자에게 친환경적인 소비를 알리는 것이 목적인 경우, 보통의 친환경적인 행동을 증가시킬 수 있다고 알려진 생동감 있는 메시지(Gonzales, Aronson, & Costanzo, 1988)가 오히려 정교화된 정보처리를 방해해 결과적으로 제시된 메시지를 지지하는 태도형성에 부정적 영향을 줄 수도 있다(Petty & Cacioppo, 1986a).

광고 메시지와 관련된 또 다른 이슈는 이러한 메시지가 사람들의 일상적인 행동의 중요성을 약화시킬 수 있다는 것이다. 특히 이것은 환경적인 문제가 강한 이미지를 통해서 제시될 때 발생한다(Du Nann Winter, 2000). 예컨대 심각한 환경문제를 야기하고 있는 현상으로서 북극권(북극 한계선)에서 빙하가 어떻게 녹는지 보여주기 위해 다채로운 색상과 강한 이미지를 사용하게 되면, 무료 비닐봉지의 사용과 같은 일상적 행동은 대수롭지 않은 것으로 여겨질 수도 있다. 그에 따라 사람들이 일상에서 언제나 실천할 수 있는 행동마저 줄어들고, '친환경적이지 않은 소비 줄이기'는 결국 실패할 수 있음도 기억해야 한다.

마지막으로 교육과 친환경적인 소비의 상관관계가 낮은 것으로 나타나는 또 하나의 이유는 교육이 단지 소비자의 태도를 바꾸는 데 적합하기 때문이다. 일반적으로 미국과 유럽인들은 환경에 대해 염려를 많이 하지만(Cohen & Horm-Wingerd, 1993; Dunlap & Mertig, 1995; Wall, 1995), 환경에 대한 태도와 행동 사이의 상관을 보면 약하거나 거의 없는 것으로 나타난다(e.g. Geller, Winnett, & Everett, 1982; Newhouse, 1990). 이처럼 교육적으로 사람들에게 환경적 재앙을 단순히 알린다는 것만으로는 행동을 바꾸기에는 충분하지 않을 수 있다(Stern, 2000). 대신에 행동변화 전략을 시도하고 프로그램을 운영하는 것이 더 좋은 방법일 수 있다.

행동적 접근

행동을 바꾸는 것이 쉽다고 말하는 사람은 없지만, 행동주의자들은 친환경적인 행동을 하도록 만드는 데 유용한 두 가지 방법을 제안한다. 하나는 자극 통제 관리(stimulus control management)고 또 하나는 유관 관리(contingency management)다(Geller, 1987). **자극 통제 관리**는 특정한 행동을 시작하기 이전에 사람들에게 모델이나 구체적 단서, 지시 등과 같은 자극 단서를 노출시키는 것이며, 이로 인해서 사람들이 옳지 못한 무엇인가를 하지 못하도록 한다. 이는 물 사용량(Aronson & O'Leary, 1982~1983)을 줄이거나 쓰레기를 버리는 행위(Geller, 1980)를 억제하는 데 매우 성공적인 것으로 알려졌다. **유관 관리**는 사람들이 바람직한 행동을 했을 때 그 행동과 관련된 보상 혹은 벌금 등을 통해서 행동을 강화하는 방법이다(Walker, 1979). 이러한 방식은 에너지 사용을 줄이는 데 효과적인 것으로 알려졌다.

이러한 자극 통제 관리 및 유관 관리와 같은 행동 기법이 효과를 얻기까지는 몇 가지 극복해야 할 과제가 있다. 우선, 적극적으로 소비를 권장하는 사회에 살고 있는 우리들은 소비를 줄이기 매우 어렵다. 광고는 사람들로 하여금 물건을 사고 사고 또 사도록 유혹하고 있다. 또한 사람들은 자신들의 친구와 가족이 계속해서 제품을 구입하고 있는 것을 지켜보고 있고, 심지어 정부도 사람들이 소비하고 소비하고 또 소비할 때 그것이 경제에 얼마나 유익한가를 역시 광고하고 있다. 그러나 가장 저항하기 어려운 것은 '**공유지의 비극**'(tragedy of the common, Hardin, 1968, 1998)으로 알려진 현상, 즉 소비자들이 개인의 단기적인 소비의 혜택을 추구하는 동안 장기적인 환경 비용(즉 공공의 이익)을 깨닫지 못한다는 것에 있다. 간단히 말해 소비의 단기적 이익이 장기적인 비용보다 더 눈 앞에 잘 보인다는 것이다. 예컨대 비행기를 탈 때마다 항공기 마일리지를 받는 것, 1개를 사면 1개를 더 주는 것, 일정 기간 제품이나 서비스에 대해 대폭 할인해주는 것 등이 모두 그와 같은 것에 속한다. 이것은 대다수 소비자들이 소비의 환경적 비용이 무엇인지 모르거나 자각하고 있지 못하기 때문에 나타나는 심각한 문제이다.

하딘(Hardin)은 사람들이 단기적인 관점을 택하지 않도록 그들의 행동을 통제할 수 있는 방법을 제안했는데, 이것은 외부 자원에 의해 실행되는 일종의 강제력을 사용하는 것이다. 강제력은 특정 서비스에 대한 추가 비용을 부과함으로써 발생할 수 있다. 인터넷의 예를 들어보자. 인터넷 요금은 일반적으로 사용자가 사용한 양을 기준으로 청구되는 것이 아니므로 소비자들의 과도한 사용이 접속에 지장을 초래하여 다른 사용자들을 포함해서 모두를 불편하게 만들 수 있다(Huberman & Lukose, 1997). 그러나 만일 사람들의 사용한 양 혹은 특정 사이트 접속 정도에 따라 요금을 청구한다면, 그 자체가 억제 요인으로 작용하기 때문에 동시 과다사용으로 인한 접속장애는 막을 수 있을 것이다. 즉 사람들이 '공유지의 비극'을 보상과 처벌의 관점에서 '사회적 함정

(social trap)'으로 간주한다면, 행동의 억제가 가능하다(Platt, 1973). 친환경 제품의 소비에 응용될 수 있는 사회적 함정에는 다음의 두 가지 유형이 있다. 하나는 개인에게는 선이고 집단에게는 악이라는 함정이며, 다른 하나는 잃어버린 영웅(missing hero)이라는 함정이다. 첫 번째는 한 집단이 가치 있는 자원을 두고 경쟁할 때 나타난다. 만약 1명 또는 2명의 사람만이 파괴적인 행동을 한다면 자원에 미치는 영향은 적지만, 집단 구성원 전체가 파괴적인 행동을 한다면 결과는 처참할 것이다. 예컨대 물이 부족한 국가에 사는 개인들이 자신의 더러움이나 목마름을 해결하기 위해서 계속해서 많은 양의 물을 소비한다고 하자. 이들은 자신의 갈증해소나 청결함이라는 단기적인 보상이 나머지 모든 사람들이 물을 사용함으로써 얻게 될 장기적인 결과보다 중요하다고 생각하는 것이다. 두 번째 종류의 함정은 자신이 받게 될 당장의 처벌 때문에 수행하지 못하는 행동에 초점을 맞추고 있다. 예컨대 사람들은 대기오염을 줄이고 석유 자원을 아끼는 장기적 이익이 있음에도 불구하고 걷는 것이 더 힘들다(단기적 처벌)는 개인적 이유로 승용차 이용을 줄이지 않는 것이다.

그럼에도 친환경 행동에는 다른 많은 요인들이 영향을 미칠 수 있기 때문에 보상과 처벌만이 해결책이라고 볼 수는 없다(e.g. Axelrod & Lehman, 1993; Edney, 1980). 다만 소비자에게 즉각적 이익이 되는 특정 행동 영역에서는 보상이 효과적일 수 있다는 것이 연구들이 시사하는 바다. 즉 승용차를 덜 이용하도록 하는 데에 현금과 같은 직접적 보상이 효과적이며(Foxx & Hake, 1977), 복권을 보상으로 제공하였을 때도 유사한 결과를 얻었다(Reichel & Geller, 1980). 재활용을 촉진하는 또 다른 보상 전략으로서 재활용될 수 있는 병과 캔의 반환에 적지만 금전적 보상을 주는 방법인데(Wolf & Feldman, 1991), 이 방법은 뉴욕, 오스트레일리아, 스웨덴 등 많은 곳에서 실제 시행하고 있다.

어떤 심리학적 접근이 효과적인가

현시점에서 소비자들이 친환경적인 소비를 할 수 있도록 만드는 특정의 심리학적 접근 방법이 있다고 명확하게 말하기는 어렵다. 가장 좋은 방법은 최상의 결과를 얻을 수 있다는 믿음을 갖고 다양한 심리학적 연구들을 모두 활용하는 것이다. 이 장에서 논의하지는 않았지만, 이러한 접근은 당연히 진화론(소비는 적응의 한 방법이며 이는 성적 경쟁에 의해 야기된다는 믿음)과 정신 역동적 관점(과소비는 사람들이 갖고 있는 무의식적 파괴 본능의 충동 중 하나라는 믿음)을 포함한다. 특히 보상의 사용은 심리학의 다양한 영역에서 많이 다루어져 왔으므로 친환경적 행동을 증가시키는 데 이용될 수 있다. 그러나 친환경 제품과 서비스만을 쓰게 하도록 만들기 위해 혹은 생태 파괴적 행위를 막기 위해 모든 소비자에게 보상을 제공하려면 그 엄청난 비용을 감당하기 또한 어려울 것이다.

핵심용어

유관 관리 사람들이 특정 행동을 했을 때 그 행동과 유관된 보상 또는 처벌을 제공하는 것

수평적 재활용 재활용품을 부분적으로 혹은 전체적으로 재사용하여 만든 제품

모델링 타인을 관찰함으로써 학습함

자극 통제 관리 행동을 하기에 앞서 자극 단서에 노출시킴으로써 행동을 통제함

공유지의 비극 장기적 비용보다 즉각적인 이익에 더 가중치를 둘 때 발생함

요약

다양한 상품과 서비스를 소비한다는 것은 지구의 천연자원에 상당한 해를 끼치고 있다는 것을 의미한다. 1990년대 이후 소비의 지속가능성이 환경과 관련된 문제를 어떻게 해결할 수 있는가에 대해 연구되기 시작했다. 재활용은 가치 있는 물건들이 버려지지 않도록 하는 좋은 방법이지만, 만일 이것이 쉽지 않다면 사람들은 '쓰레기'를 재활용하는 대신 쓰레기통에 버릴 것이다. 사람들이 재활용하는 이유와 방법에도 문화적 차이가 있는 것으로 보인다. 친환경 제품이 어떻게 받아들여지는가에 관한 문화적 영향 역시 주목할 만하다. 어떤 문화권에서는 친환경 제품이 긍정적으로 수용되는 반면, 다른 문화에서도 친환경 제품이 반드시 긍정적으로만 여겨지는 것은 아니다. 친환경 제품의 소비를 증가시키는 방법에 관한

연구는 거의 이루어지지 않았지만, 사람들의 생각과 행동을 바꾸는 데 효과적인 여러 심리학적 기법들이 활용될 수 있을 것이다. 이러한 기법들로서 모델링, 규범 이탈, 자극 통제 관리, 유관 관리 등이 있다.

토론문제

1. 왜 소비자심리학자들이 환경 관련 이슈에 관심을 가져야 하는가?
2. 환경에 나쁜 영향을 미치는 소비 행위에 대한 예를 두 가지 이상 들어보라.
3. 인도와 이탈리아같이 매우 다른 문화권에서 친환경 제품이 어떻게 지각될 것인가?
4. 소비자들로 하여금 친환경 제품을 소비하도록 하는 효과적인 심리학적 기법들이 있는가?
5. 미국인들이 윤리적 생산품이 그렇지 않은 제품보다 덜 우수할 것이라고 생각하는 이유는 무엇인가?

참고문헌

Aaker, D.A., & Keller, K.L. (1990). Consumer evaluations of brand extensions. *Journal of Marketing, 54,* 27–41.

Aaker, J.L. (1997). Dimensions of brand personality. *Journal of Marketing Research, 34,* 342–352.

Aaker, J.L. (1999). The malleable self: The role of self-expression in persuasion. *Journal of Marketing Research, 36,* 45–57.

Aaker, J.L., & Williams, P. (1998). Empathy versus pride: The influence of emotional appeals across cultures. *Journal of Consumer Research, 25,* 241–261.

Abraham, M.M., & Lodish, L.M. (1990). Getting the most out of advertising and promotion. *Harvard Business Review, 68,* 50–60.

Abramovitz, J.N., & Mattoon, A.T. (1999). Reorienting the forest products economy. In L.R. Brown, C. Flavin, H.F. French & L. Starke (Eds.), *State of the world 1999: A Worldwatch Institute report on progress toward a sustainable society* (pp. 60–77). New York: Worldwatch Institute.

Adams, H.F. (1916). *Advertising and its mental laws.* New York: Macmillan.

Adaval, R. (2001). Sometimes it just feels right: The differential weighting of affect-consistent and affect-inconsistent product information. *Journal of Consumer Research, 28,* 1–17.

Ajzen, I. (1985). From intentions to actions: A theory of planned behaviour. In J. Kuhl & J. Beckmann (Eds.), *Action control: From cognition to behaviour* (pp. 11–39). New York: Springer.

Ajzen, I. (2008). Consumer attitudes and behaviour. In C.P. Haugtvedt, P.M. Herr & F.R. Kardes (Eds.), *Handbook of consumer psychology* (pp. 525–548). New York: Lawrence Erlbaum Associates.

Alba, J.W., & Hutchinson, J.W. (1987). Dimensions of consumer expertise. *Journal of Consumer Research, 13,* 411–454.

Alba, J.W., Hutchinson, J.W., & Lynch, J.G. (1991). Memory and decision making. In T.S. Robertson & H.H. Kassarjian (Eds.), *Handbook of consumer behaviour* (pp. 1–49). Englewood Cliffs, NJ: Prentice-Hall.

Allen, C.T. & Madden, T.J. (1985). A closer look at classical conditioning. *Journal of Consumer Research, 12,* 301–315.

Allison, R.I., & Uhl, K.P. (1964). Influence of beer brand identification on taste perception. *Journal of Marketing Research, 1,* 36–39.

Alpers, G.W., & Gerdes, A.B.M. (2006). Another look at 'Look-Alikes': Can judges match belongings with their owners? *Journal of Individual Differences, 27,* 38–41.

Alwitt, L.F., Anderson, D.R., Lorch, E.P., & Levin, S.R. (1980). Preschool children's visual attention to attributes of television. *Human Communication Research, 7,* 52–67.

American Academy of Pediatrics (1999). *Understanding the impact of media on children and teens.* Elk Grove Village: Media Matters.

Anderson, C.A., & Ford, C.M. (1986). Affect of the game player: Short term effects of highly and mildly aggressive video games. *Personality and Social Psychology Bulletin, 12,* 390–402.

Anderson, C.A., & Godfrey, S.S. (1987). Thoughts about actions: The effects of specificity and availability of imagined behavioral scripts on expectations about oneself and others. *Social Cognition, 5,* 238–258.

Anderson, J.R. (1983). *The architecture of cognition.* Cambridge, MA: Harvard University Press.

Anderson, J.R. (1993). *Rules of the mind.* Hillsdale, NJ: Lawrence Erlbaum Associates.

Andrade, E.B. (2005). Behavioral consequences of affect: Combining evaluative and regulatory mechanisms. *Journal of Consumer Research, 32,* 355–362.

Andrews, J. (1988). Motivation, ability, and opportunity to process information: Conceptual and experimental manipulation issues. In M.J. Houston (Ed.), *Advances in consumer research* (vol. 15, pp. 219–225). Provo, UT: Association for Consumer Research.

Archer, D., Iritani, B., Kimes, D.D., & Barrios, M. (1983). Face-ism: Five studies of sex differences in facial prominence. *Journal of Personality and Social Psychology, 45*, 725–735.

Arkes, H.R., Herren, L.T., & Isen, A.M. (1988). The role of potential loss in the influence of affect on risk-taking behaviour. *Organizational Behavior and Human Decision Processes, 42*, 181–193.

Arnold, J., Robertson, I.T., & Cooper, C.L. (1995). *Work psychology: Understanding human behaviour in the workplace* (2nd ed.). London: Pitman.

Aron, A., & Aron, E.N. (1997). Self-expansion motivation and including other in the self. In S. Duck (Ed.), *Handbook of personal relationships: Theory, research, and intervention* (2nd ed., pp. 251–270). Chichester: Wiley.

Aronson, E. (1992). The return of the repressed: Dissonance theory makes a comeback. *Psychological Inquiry, 3*, 303–311.

Aronson, E. (1998). Dissonance, hypocrisy, and the self-concept. In E. Harmon-Jones & J.S. Mills (Eds.), *Cognitive dissonance theory: Revival with revisions and controversies* (pp. 21–36). Washington, DC: American Psychological Association.

Aronson, E., & O'Leary, M. (1982–1983). The relative effectiveness of models and prompts on energy conservation: A field experiment in a shower room. *Journal of Environmental Systems, 12*, 219–224.

Arthur, W., Jr., & Benjamin, L.T. (1999). Psychology applied to business. In A.M. Stec & D.A. Bernstein (Eds.), *Psychology: Fields of application*. Boston: Houghton Mifflin Company.

Atkin, C.K. (1977). Effects of campaign advertising and newscasts on children. *Journalism Quarterly, 54*, 503–558.

Atkinson, R.C., & Shiffrin, R.M. (1968). Human memory: A proposed system and its control processes. In K.W. Spence & J.T. Spence (Eds.), *The psychology of learning and motivation* (vol 2). London: Academic Press.

Axelrod, L.J., & Lehman, D.R. (1993). Responding to environmental concerns: What factors guide individual action? *Journal of Environmental Psychology, 13*, 149–159.

Baddeley, A. (1990). *Human memory*. Needham Heights, MA: Allyn and Bacon.

Baddeley, A.D., & Hitch, G.J. (1974). Working memory. In G.H. Bower (Ed.), *The psychology of learning and motivation* (vol. 8). London: Academic Press.

Bagozzi, R.P., & Dabholkar, P.A. (1994). Consumer recycling goals and their effect on decisions to recycle: a means–end chain analysis. *Psychology & Marketing, 11*, 313–340.

Baillargeon, R., & DeVos, J. (1991). Object permanence in young infants: further evidence. *Child Development, 62*, 1227–1246.

Baker, J., Levy, M., & Grewal, D. (1992). An experiential approach to making retail store environmental decisions. *Journal of Retailing, 68*, 445–460.

Baker, J., Parasuraman, A., Grewal, D., & Voss, G.B. (2002). The influence of multiple store environment cues on perceived merchandise value and patronage intentions. *Journal of Marketing, 66*, 120–141.

Baker, M.J., & Churchill, G.A. Jr. (1977). The impact of physically attractive models on advertising evaluations. *Journal of Marketing Research, 14*, 538–555.

Baker, W., Marn, M., & Zawada, C. (2001). Price smarter on the net. *Harvard Business Review*, February, 122–127.

Balcetis, E., & Dunning, D. (2006). See what you want to see: Motivational influences on visual perception. *Journal of Personality and Social Psychology, 91*, 612–625.

Balderjahn, I. (1988). Personality variables and environmental attitudes as predictors of ecologically responsible consumption patterns. *Journal of Business Research, 17*, 51–56.

Bamossy, G., Scammon, D.L., & Johnston, M. (1983). A preliminary investigation of the reliability and validity of an aesthetic judgement test. In R. Bagozzi and A Tybout (Eds.), *Advances in consumer research*. (vol. 10, pp. 685–690). Ann Arbor, MI: Association for Consumer Research.

Bandura, A. (1965). Influence of models' reinforcement contingencies on the acquisition of imitative responses. *Journal of Personality and Social Psychology, 1*, 589–595.

Bandura, A. (1969). *Principles of behavior modification*. New York: Holt, Rinehart & Winston.

Bandura, A. (1973). *Aggression: A social learning analysis*. Englewood Cliffs, NJ: Prentice Hall.

Bandura, A. (1977). *Social learning theory*. Engelwood Cliffs, NJ: Prentice Hall.

Bandura, A. (1986). *Social foundations of thought and action: A social cognitive theory.* Englewood Cliffs, NJ: Prentice-Hall.

Bandura, A. (1997). *Self-efficacy: The exercise of control.* New York: Freeman.

Bandura, A. (2002). Social cognitive theory of mass communication. In J. Bryant and D. Zillman (Eds.), *Media effects: Advances in theory and research* (2nd ed., pp. 121–153). Mahwah, NJ: Lawrence Erlbaum Associates, Inc.

Bandura, A., Ross, D., & Ross, S.A. (1963). Imitation of film-mediated aggressive models. *Journal of Abnormal and Social Psychology, 66,* 3–11.

Bargh, J.A. (1997). The automaticity of everyday life. In R.S. Wyer, Jr. (Ed.), *Advances in social cognition: The automaticity of everyday life* (vol. 10, pp. 1–61). Mahwah, NJ: Lawrence Erlbaum Associates, Inc.

Bargh, J.A., Chaiken, S., Govender, R., & Pratto, F. (1992). The generality of the automatic attitude activation effect. *Journal of Personality and Social Psychology, 62,* 893–912.

Bargh, J.A., McKenna, K.Y.A., & Fitzsimons, G.M. (2002). Can you see the real me? Activation and expression of the 'true self' on the Internet. *Journal of Social Issues, 58,* 33–48.

Barnow, E. (1975). *Tube of plenty: The evolution of American television.* London: Oxford University Press.

Barone, M.J., Miniard, P.W., & Romeo, J.B. (2000). The influence of positive mood on brand extension evaluations. *Journal of Consumer Research, 26,* 386–400.

Bartlett, F.C. (1932). *Remembering: A study in experimental and social psychology.* Cambridge: Cambridge University Press.

Bassili, J.N. (1996). Meta-judgemental versus operative indexes of psychological attributes: The case of measures of attitude strength. *Journal of Personality and Social Psychology, 71,* 637–653.

Batra, R., & Ray, M.L. (1986a). Situational effects of advertising repetition: The moderating influence of motivation, ability, and opportunity to respond. *Journal of Consumer Research, 12,* 432–445.

Batra, R., & Ray, M.L. (1986b). Affective responses mediating acceptance of advertising. *Journal of Consumer Research, 13,* 234–249.

Baumgartner, H., & Steenkamp, J-B.E.M. (1996). Exploratory consumer buying behaviour: Conceptualization and measurement. *International Journal of Research in Marketing, 13,* 121–137.

Bayen, U.J., & Murnane, K. (1996). Aging and the use of perceptual and temporal information in source memory tasks. *Psychology and Aging, 11,* 293–303.

BBC (2009). Plans target digital Britain push. Retrieved February 8, 2009, from http://news.bbc.co.uk/1/hi/technology/7857402.stm

Becker, G. (1993). *Human capital.* Chicago: University of Chicago Press.

Belch, G.E., & Belch, M.A. (1984). An investigation of the effects of repetition on cognitive and affective reactions to humorous and serious television commercials. In T. Kinnear (Ed.), *Advances in consumer research* (vol. II). Ann Arbor, MI: Association for Consumer Research.

Belen del Rio, A., Vacquez, R., & Iglesias, V. (2001). The effects of brand association on consumer response. *Journal of Consumer Marketing, 18,* 410–425.

Belk, R.W. (1984). Three scales to measure constructs related to materialism: reliability, validity and relationships to measures of happiness. In T. Kinnear (Ed.), *Advances in consumer research* (vol. 11, pp. 291–297). Provo, UT: Association for Consumer Research.

Belk, R.W. (1988). Possessions and the extended self. *Journal of Consumer Research, 15,* 139–168.

Belk, R.W. (1993). Materialism and the making of the modern American Christmas. In D. Miller (Ed.), *Unwrapping Christmas* (pp. 75–104). Oxford: Clarendon Press.

Belk, R.W. (2008). Consumption and identity. In A. Lewis (Ed.), *Handbook of psychology and economic behaviour* (pp. 199–226). Cambridge: Cambridge University Press.

Belk, R.W., Mayer, R.N., & Bahn, K.D. (1982). The eye of the beholder: Individual differences in perceptions of consumption symbolism. *Advances in Consumer Research, 9,* 523–530.

Belk, R.W., Sherry, J.F. Jr, & Wallendorf, M. (1988). A naturalistic inquiry into buyer and seller behaviour at a Swap Meet. *Journal of Consumer Research, 14,* 449–470.

Bellizzi, J.A., & Martin, W.S. (1982). The influence of national versus generic branding on taste perceptions. *Journal of Business Research, 10,* 385–396.

Bello, D.C., Pitts, P.E., & Etzel, M.J. (1983). The communication effects of controversial sexual content in television programs and commercials. *Journal of Advertising, 12*, 32–42.

Bem, D.J. (1972). Self-perception theory. In L. Berkowitz (Ed.), *Advances in experimental social psychology* (vol. 6, pp. 1–62). New York: Academic Press.

Benjamin, L.T., & Baker, D.B. (2004). *From séance to science: A history of the profession of psychology in America*. Belmont, CA: Wadsworth/Thompson.

Benjamin, L.T. Jr., Rogers, A.M., & Rosenbaum, A. (1991). Coca-Cola, caffeine, and mental deficiency: Harry Hollingworth and the Chattanooga trial of 1911. *Journal of the History of the Behavioral Sciences, 27*, 42–45.

Bennett, R. (1996). Effects of horrific fear appeals on public attitudes towards AIDS. *International Journal of Advertising, 15*, 183–202.

Berlyne, D.E. (1971). *Aesthetics and psychobiology*. New York: Appleton-Century-Crofts.

Berlyne, D.E., & Parham, L.C.C. (1968). Determinants of subjective novelty. *Perception and Psychophysics, 3*, 415–423.

Berman, B., & Evans, J.R. (1995). *Retail management: A strategic approach* (6th ed). Englewood Cliffs, NJ: Prentice-Hall.

Berns, G.S., Cohen, J.D., & Mintun, M.A. (1997). Brain regions responsive to novelty in the absence of awareness. *Science, 276*, 1272–1275.

Berry, G.L. (2000). Multicultural media portrayals and the changing demographic landscape: The psychosocial impact of television representations on the adolescent of color. *Journal of Adolescent Health, 27*, 57–60.

Bettman, J.R. (1979). *An information processing theory of consumer choice*. Reading, MA: Addison-Wesley.

Bettman, J.R., & Park, C.W. (1980). Effects of prior knowledge and experience and phase of the choice process on consumer decision processes: A protocol analysis. *Journal of Consumer Research, 7*, 234–248.

Bever, T.G., Smith, M.L., Bengen, B., & Johnson, T.G. (1975). Young viewers' troubling response to TV ads. *Harvard Business Review, 53*, 109–120.

Biehal, G.J., & Chakravarti, D. (1986). Consumers' use of memory and external information in choice: Macro and micro processing perspectives. *Journal of Consumer Research, 12*, 382–405.

Bitner, M.J. (1990). Evaluating service encounters: The effects of physical surroundings and employee responses. *Journal of Marketing, 54*, 69–82.

Black, D.W. (1996). Compulsive buying. *Journal of Clinical Psychiatry, 57*, 50–54.

Blaney, P.H. (1986). Affect and memory – A review. *Psychological Bulletin, 99*, 229–246.

Bloch, P. (1995). Seeking the ideal form: Product design and consumer response. *Journal of Marketing, 59*, 16–29.

Bloch, P.H. (1981). An exploration into the scaling of consumers' involvement with a product class. In K.B. Monroe (Ed.), *Advances in consumer research* (vol. 8., pp. 61–65). Provo, UT: Association for Consumer Research.

Bolls, P.D., & Muehling, D.D. (2003). The effects of television commercial pacing on viewers' attention and memory. *Journal of Marketing Communications, 9*, 17–28.

Bone, P.F., & Ellen, P.S. (1999). Scents in the marketplace: Explaining a fraction of olfaction. *Journal of Retailing, 75*, 243–262.

Boorstin, D.J. (1973). *The Americans: The democratic experience*. New York: Vintage Books.

Bornstein, R.F., & D'Agostino, P.R. (1992). Stimulus recognition and the mere exposure effect. *Journal of Personality and Social Psychology, 63*, 545–552.

Botti, S., & Iyengar, S.S. (2004). The psychological please and pain of choosing: When people prefer choosing at the cost of subsequent outcome satisfaction. *Journal of Personality and Social Psychology, 87*, 312–326.

Boush, D.M., & Loken, B. (1991). A process-tracing study of brand extension evaluation. *Journal of Marketing Research, 28*, 16–28.

Bower, G.H. (1991). Mood congruity of social judgement. In J. Forgas (Ed.), *Emotion and social judgement* (pp. 31–54). Oxford: Pergamon.

Bower, G.H., Clark, M.C., Lesgold, A.M., & Winzenz, D. (1969). Hierarchical retrieval schemes in recall of categorical word lists. *Journal of Verbal Learning and Verbal Behavior, 8*, 323–343.

Bower, G.H., & Cohen, P.R. (1982). Emotional influences in memory and thinking: Data and theory. In M.S. Clark & S.T. Fiske (Eds.), *Affect and cognition*. Hillsdale, NJ: Lawrence Erlbaum.

Bower, G.H., & Forgas, J.P. (2000). Affect, memory, and social cognition. In E. Eich, J.F. Killstrom, G.H. Bower, J.P. Forgas & P.M. Niedenthal (Eds.), *Cognition and emotion* (pp. 87–168). New York: Oxford University Press.

Bower, G.H., Gilligan, S.G., & Montiero, K.P. (1981). Selectivity of learning caused by affective states. *Journal of Experimental Psychology: General, 110*, 451–473.

Bower, T.G.R. (1982). *Development in infancy* (2nd ed). San Francisco: W.H. Freeman.

Bowman, R.P., & Rotter, J.C. (1983). Computer games: Friend or foe? *Elementary School Guidance and Counselling, 18*, 25–34.

Boynton, R.M., & Smallman, H.S (1990). Visual search for basic vs. nonbasic chromatic targets. *Proceedings of the SPIE Conference on Human Vision, Visual Processing and Digital Display, 1250*, 9–18.

Bradley, M.M., Greenwald, M.K., Petry, M.C., & Lang, P.L. (1992). Remembering pictures: Pleasure and arousal in memory. *Journal of Experimental Psychology: Learning Memory and Cognition, 18*, 379–390.

Brannon, L.A., & Brock, T.C. (1994). The subliminal persuasion controversy. In S. Shavitt & T.C. Brock (Eds.), *Persuasion: Psychological insights and perspectives* (pp. 279–293). Needham Heights, MA: Allyn & Bacon.

Bransford, J.D., & Johnson, M.K. (1972). Contextual prerequisites for understanding: Some investigations of comprehension and recall. *Journal of Verbal Learning and Verbal Behavior, 11*, 717–726.

Braun, K.A., Ellis, R., & Loftus, E.F. (2002). Make my memory: How advertising can change our memories of the past. *Psychology & Marketing, 19*, 1–23.

Breckler, S.J., & Wiggins, E.C. (1989). On defining attitude and attitude theory: Once more with feeling. In A.R. Pratkanis, S.J. Breckler, & A.G. Greenwald (Eds.), *Attitude structure and function* (pp. 407–427). Hillsdale, NJ: Lawrence Erlbaum Associates.

Brewer, M.B. (2001). The many faces of social identity: Implications for political psychology. *Political Psychology, 22*, 115–125.

Brewer, M.B., & Gardner, W. (1996). Who is this 'We'? Levels of collective identity and self representation. *Journal of Personality and Social Psychology, 71*, 83–93.

Bridges, J.S. (1993). Pink or blue: Gender stereotypic perceptions of infants as conveyed by birth congratulations cards. *Psychology of Women Quarterly, 17*, 193–205.

British Toy and Hobby Association (2007). UK toy industry worth £2.2 billion after strong performance in 2006. Retrieved 5 October 2008 from http://www.btha.co.uk/press/industry_worth.php?PHPSESSID=edfb519a1697e943767e86abdbd0e181

Brown, J.A. (2001). Media literacy and critical television viewing in education. In D.G. Singer & J.L. Singer (Eds.), *Handbook of children and the media* (pp. 681–697). Thousand Oaks, CA: Sage Publications.

Brunel, F.F., Tietje, B.C., & Greenwald, A.G. (2004). Is the Implicit Association Test a valid and valuable measure of implicit consumer social cognition? *Journal of Consumer Psychology, 14*, 385–404.

Brutt, H., & Crockett, T. (1928). A technique for psychological study of poster board advertising and some preliminary results. *Journal of Applied Psychology, 12*, 43–55.

Brynjolfsson, E., & Smith, M. D. (2000). Frictionless commerce? A comparison of internet and conventional retailers. *Management Science, 46*, 4.

Buckley, K.W. (1989). *Mechanical man: John Broadus Watson and the beginnings of behaviorism*. New York: Guilford Press.

Buffardi, L.E., & Campbell, W.K. (2008). Narcissism and social networking web sites. *Personality and Social Psychology Bulletin, 34*, 1303–1314.

Bundesen, C., & Pedersen, L.F. (1983). Color segregation and visual search, *Perception and Psychophysics, 33*, 487–493.

Burke, R.R., & Srull, T.K. (1988). Competitive interference and consumer memory for advertising. *Journal of Consumer Research, 15*, 55–68.

Busch, P.S., & Houston, M.J. (1985). *Marketing strategic foundations.* Homewood, IL: Richard D. Irwin.

Bushman, B.J., & Anderson, C.A. (2001). Media violence and the American public: Scientific facts versus media misinformation. *American Psychologist, 56*, 477–489.

Bushman, B.J. & Bonacci, A.M. (2002). Violence and sex impair memory for television ads. *Journal of Applied Psychology, 87*, 557–564.

Bushman, B.J., & Huesmann, L.R. (2001). Effects of televised violence on aggression. In D.G. Singer & J.L. Singer (Eds.), *Handbook of children and the media* (pp. 223–254). Thousand Oaks, CA: Sage.

Bushnell, E.W., & Boudreau, J.P. (1991). The development of haptic perception during infancy. In M.A. Heller & W. Schiff (Eds.), *The psychology of touch* (pp. 139–161). Hillsdale, NJ: Lawrence Erlbaum Associates.

Business Wire. (1998). Unveils Internet's first real-time 3D chat technology. Retrieved December 3, 1998, from www.businesswire.com

Caballero, M.J., & Pride, W.M. (1984). Selected effects of salesperson sex and attractiveness in direct mail advertisements. *Journal of Marketing, 48*, 94–100.

Cacioppo, J.T., Petty, R.E., Kao, C.F., & Rodriguez, R. (1986). Central and peripheral routes to persuasion: An individual difference perspective. *Journal of Personality and Social Psychology, 51*, 1032–1043.

Campbell, C. (1987). *The romantic ethic and the spirit of modern consumerism.* New York: Basil Blackwell.

Campbell, C. (2004). I shop therefore I know that I am. The metaphysical basis of modern consumption. In K. Ekström & H. Brembeck (Eds.), *Elusive consumption* (pp. 27–44). Oxford: Berg.

Campbell, D.T. (1975). On the conflicts between biological and social evolution and between psychology and moral tradition. *American Psychologist, 30*, 1103–1126.

Campbell, W.K., & Foster, J.D. (2007). The narcissistic self: Background, an extended agency model, and ongoing controversies. In C. Sedikides, & S. Spencer (Eds.), *Frontier in social psychology: The self* (pp. 115–138). Philadelphia, PA: Psychology Press.

Cantril, H., & Allport, G.W. (1935). *The psychology of radio.* New York: Harpers and Brothers.

Carlson, J.G., & Hatfield, E. (1992). *Psychology of emotion.* New York: Harcourt Brace Jovanovich.

Carlson, N.R. (1987). *Discovering psychology.* London: Allyn & Bacon.

Carmon, Z., Wertenbroch, K., & Zeelenberg, M. (2003). Option attachment: When deliberating makes choosing feel like losing. *Journal of Consumer Research, 30*, 15–29.

Cartwright, D., & Harary, F. (1956). Structural balance: A generalisation of Heider's theory. *Psychological Review, 63*, 277–293.

Celsi, R.L., & Olson, J.C. (1988). The role of involvement in attention and comprehension processes. *Journal of Consumer Research, 15*, 210–224.

Cerella, J. (1985). Information processing rates in the elderly. *Psychological Bulletin, 98*, 67–83.

Chaffee, S.H., Jackson-Beeck, M., Durall, J., & Wilson, D. (1977). Mass communication in political communication. In S.A. Renshon (Ed.), *Handbook of political socialization: Theory and research* (pp. 223–258). New York: Free Press.

Chaiken, S. (1980). Heuristic versus systematic information processing and the use of source versus message cues in persuasion. *Journal of Personality and Social Psychology, 39*, 752–766.

Chaiken, S. (1987). The heuristic model of persuasion. In M.P. Zanna, J.M. Olsen & C.P. Herman (Eds.), *Social influence: The Ontario symposium* (vol. 5, pp. 3–39). Hillsdale, NJ: Lawrence Erlbaum Associates.

Chaiken, S., Liberman, A., & Eagly, A.H. (1989). Heuristic and systematic processing within and beyond the persuasion context. In J.S. Uleman & J.A. Barg (Eds.), *Unintended thought* (pp. 215–252). New York: Guilford Press.

Chaiken, S., & Maheswaran, D. (1994). Heuristic processing can bias systematic processing: Effects of

Bower, G.H. (1991). Mood congruity of social judgement. In J. Forgas (Ed.), *Emotion and social judgement* (pp. 31–54). Oxford: Pergamon.

Bower, G.H., Clark, M.C., Lesgold, A.M., & Winzenz, D. (1969). Hierarchical retrieval schemes in recall of categorical word lists. *Journal of Verbal Learning and Verbal Behavior, 8,* 323–343.

Bower, G.H., & Cohen, P.R. (1982). Emotional influences in memory and thinking: Data and theory. In M.S. Clark & S.T. Fiske (Eds.), *Affect and cognition.* Hillsdale, NJ: Lawrence Erlbaum.

Bower, G.H., & Forgas, J.P. (2000). Affect, memory, and social cognition. In E. Eich, J.F. Killstrom, G.H. Bower, J.P. Forgas & P.M. Niedenthal (Eds.), *Cognition and emotion* (pp. 87–168). New York: Oxford University Press.

Bower, G.H., Gilligan, S.G., & Montiero, K.P. (1981). Selectivity of learning caused by affective states. *Journal of Experimental Psychology: General, 110,* 451–473.

Bower, T.G.R. (1982). *Development in infancy* (2nd ed). San Francisco: W.H. Freeman.

Bowman, R.P., & Rotter, J.C. (1983). Computer games: Friend or foe? *Elementary School Guidance and Counselling, 18,* 25–34.

Boynton, R.M., & Smallman, H.S (1990). Visual search for basic vs. nonbasic chromatic targets. *Proceedings of the SPIE Conference on Human Vision, Visual Processing and Digital Display, 1250,* 9–18.

Bradley, M.M., Greenwald, M.K., Petry, M.C., & Lang, P.L. (1992). Remembering pictures: Pleasure and arousal in memory. *Journal of Experimental Psychology: Learning Memory and Cognition, 18,* 379–390.

Brannon, L.A., & Brock, T.C. (1994). The subliminal persuasion controversy. In S. Shavitt & T.C. Brock (Eds.), *Persuasion: Psychological insights and perspectives* (pp. 279–293). Needham Heights, MA: Allyn & Bacon.

Bransford, J.D., & Johnson, M.K. (1972). Contextual prerequisites for understanding: Some investigations of comprehension and recall. *Journal of Verbal Learning and Verbal Behavior, 11,* 717–726.

Braun, K.A., Ellis, R., & Loftus, E.F. (2002). Make my memory: How advertising can change our memories of the past. *Psychology & Marketing, 19,* 1–23.

Breckler, S.J., & Wiggins, E.C. (1989). On defining attitude and attitude theory: Once more with feeling. In A.R. Pratkanis, S.J. Breckler, & A.G. Greenwald (Eds.), *Attitude structure and function* (pp. 407–427). Hillsdale, NJ: Lawrence Erlbaum Associates.

Brewer, M.B. (2001). The many faces of social identity: Implications for political psychology. *Political Psychology, 22,* 115–125.

Brewer, M.B., & Gardner, W. (1996). Who is this 'We'? Levels of collective identity and self representation. *Journal of Personality and Social Psychology, 71,* 83–93.

Bridges, J.S. (1993). Pink or blue: Gender stereotypic perceptions of infants as conveyed by birth congratulations cards. *Psychology of Women Quarterly, 17,* 193–205.

British Toy and Hobby Association (2007). UK toy industry worth £2.2 billion after strong performance in 2006. Retrieved 5 October 2008 from http://www.btha.co.uk/press/industry_worth.php?PHPSESSID=edfb519a1697e943767e86abdbd0e181

Brown, J.A. (2001). Media literacy and critical television viewing in education. In D.G. Singer & J.L. Singer (Eds.), *Handbook of children and the media* (pp. 681–697). Thousand Oaks, CA: Sage Publications.

Brunel, F.F., Tietje, B.C., & Greenwald, A.G. (2004). Is the Implicit Association Test a valid and valuable measure of implicit consumer social cognition? *Journal of Consumer Psychology, 14,* 385–404.

Brutt, H., & Crockett, T. (1928). A technique for psychological study of poster board advertising and some preliminary results. *Journal of Applied Psychology, 12,* 43–55.

Brynjolfsson, E., & Smith, M. D. (2000). Frictionless commerce? A comparison of internet and conventional retailers. *Management Science, 46,* 4.

Buckley, K.W. (1989). *Mechanical man: John Broadus Watson and the beginnings of behaviorism.* New York: Guilford Press.

Buffardi, L.E., & Campbell, W.K. (2008). Narcissism and social networking web sites. *Personality and Social Psychology Bulletin, 34,* 1303–1314.

Bundesen, C., & Pedersen, L.F. (1983). Color segregation and visual search, *Perception and Psychophysics, 33*, 487–493.

Burke, R.R., & Srull, T.K. (1988). Competitive interference and consumer memory for advertising. *Journal of Consumer Research, 15*, 55–68.

Busch, P.S., & Houston, M.J. (1985). *Marketing strategic foundations.* Homewood, IL: Richard D. Irwin.

Bushman, B.J., & Anderson, C.A. (2001). Media violence and the American public: Scientific facts versus media misinformation. *American Psychologist, 56*, 477–489.

Bushman, B.J. & Bonacci, A.M. (2002). Violence and sex impair memory for television ads. *Journal of Applied Psychology, 87*, 557–564.

Bushman, B.J., & Huesmann, L.R. (2001). Effects of televised violence on aggression. In D.G. Singer & J.L. Singer (Eds.), *Handbook of children and the media* (pp. 223–254). Thousand Oaks, CA: Sage.

Bushnell, E.W., & Boudreau, J.P. (1991). The development of haptic perception during infancy. In M.A. Heller & W. Schiff (Eds.), *The psychology of touch* (pp. 139–161). Hillsdale, NJ: Lawrence Erlbaum Associates.

Business Wire. (1998). Unveils Internet's first real-time 3D chat technology. Retrieved December 3, 1998, from www.businesswire.com

Caballero, M.J., & Pride, W.M. (1984). Selected effects of salesperson sex and attractiveness in direct mail advertisements. *Journal of Marketing, 48*, 94–100.

Cacioppo, J.T., Petty, R.E., Kao, C.F., & Rodriguez, R. (1986). Central and peripheral routes to persuasion: An individual difference perspective. *Journal of Personality and Social Psychology, 51*, 1032–1043.

Campbell, C. (1987). *The romantic ethic and the spirit of modern consumerism.* New York: Basil Blackwell.

Campbell, C. (2004). I shop therefore I know that I am. The metaphysical basis of modern consumption. In K. Ekström & H. Brembeck (Eds.), *Elusive consumption* (pp. 27–44). Oxford: Berg.

Campbell, D.T. (1975). On the conflicts between biological and social evolution and between psychology and moral tradition. *American Psychologist, 30*, 1103–1126.

Campbell, W.K., & Foster, J.D. (2007). The narcissistic self: Background, an extended agency model, and ongoing controversies. In C. Sedikides, & S. Spencer (Eds.), *Frontier in social psychology: The self* (pp. 115–138). Philadelphia, PA: Psychology Press.

Cantril, H., & Allport, G.W. (1935). *The psychology of radio.* New York: Harpers and Brothers.

Carlson, J.G., & Hatfield, E. (1992). *Psychology of emotion.* New York: Harcourt Brace Jovanovich.

Carlson, N.R. (1987). *Discovering psychology.* London: Allyn & Bacon.

Carmon, Z., Wertenbroch, K., & Zeelenberg, M. (2003). Option attachment: When deliberating makes choosing feel like losing. *Journal of Consumer Research, 30*, 15–29.

Cartwright, D., & Harary, F. (1956). Structural balance: A generalisation of Heider's theory. *Psychological Review, 63*, 277–293.

Celsi, R.L., & Olson, J.C. (1988). The role of involvement in attention and comprehension processes. *Journal of Consumer Research, 15*, 210–224.

Cerella, J. (1985). Information processing rates in the elderly. *Psychological Bulletin, 98*, 67–83.

Chaffee, S.H., Jackson-Beeck, M., Durall, J., & Wilson, D. (1977). Mass communication in political communication. In S.A. Renshon (Ed.), *Handbook of political socialization: Theory and research* (pp. 223–258). New York: Free Press.

Chaiken, S. (1980). Heuristic versus systematic information processing and the use of source versus message cues in persuasion. *Journal of Personality and Social Psychology, 39*, 752–766.

Chaiken, S. (1987). The heuristic model of persuasion. In M.P. Zanna, J.M. Olsen & C.P. Herman (Eds.), *Social influence: The Ontario symposium* (vol. 5, pp. 3–39). Hillsdale, NJ: Lawrence Erlbaum Associates.

Chaiken, S., Liberman, A., & Eagly, A.H. (1989). Heuristic and systematic processing within and beyond the persuasion context. In J.S. Uleman & J.A. Barg (Eds.), *Unintended thought* (pp. 215–252). New York: Guilford Press.

Chaiken, S., & Maheswaran, D. (1994). Heuristic processing can bias systematic processing: Effects of source credibility, argument ambiguity, and task importance on attitude judgement. *Journal of Personality and Social Psychology, 66*, 460–473.

Chang, L.C., & Arkin, R.M. (2002). Materialism as an attempt to cope with uncertainty. *Psychology & Marketing, 19*, 389–406.

Chaplin, L.N., & John, D.R. (2007). Growing up in a material world: Age differences in materialism in children and adolescents. *Journal of Consumer Research, 34*, 480–493.

Chattopadhyay, A., Dahl, D.W., Ritchie, R.J.B., & Shahin, K.N. (2003). Hearing voices: The impact of announcer speech characteristics on consumer response to broadcast advertising. *Journal of Consumer Psychology, 13*, 198–204.

Chebat, J-C., Chebat, C.G., & Vaillant, D. (2001). Environmental background music and in-store selling. *Journal of Business Research, 54*, 115–123.

Chebat, J-C. & Michon, R. (2003). Impact of ambient odors on mall shoppers' emotions, cognition, and spending: A test of competitive causal theories, *Journal of Business Research, 56*, 529–539.

Chernev, A. (2001). The impact of common features on consumer preferences: A case of confirmatory reasoning. *Journal of Consumer Research, 27*, 475–488.

Chiang, K-P., & Dholakia, R.R. (2003). Factors driving consumer intention to shop online: An empirical investigation. *Journal of Consumer Psychology, 13*, 177–183.

Childers, T.L., & Houston, M.J. (1984). Conditions for a picture-superiority effect on consumer memory. *Journal of Consumer Research, 11*, 643–654.

Christakis, D.A., & Zimmerman, F.J. (2006). Early television viewing is associated with protesting turning off the television at age 6. *Medscape General Medicine, 8*, 63.

Christensen, T., Godskesen, M., Gram-Hanssen, K., Quitzau, M-B, & Røpke, I. (2007). Greening the Danes? Experience with consumption and environment policies. *Journal of Consumer Policies, 30*, 91–116.

Christenson, G.A., Faber, R.J., de Zwaan, M., Raymond, N.C., Specker, S.M., Ekern, M.D. et al. (1994). Compulsive buying: descriptive characteristics and psychiatric comorbidity. *Journal of Clinical Psychiatry, 55*, 5–11.

Christenson, P.G. (1982). Children's perceptions of TV commercials and products: The effects of PSAs. *Communication Research, 9*, 491–524.

Cialdini, R.B. (1993). *Influence: Science and practice*. New York: HarperCollins.

Cialdini, R.B., Cacioppo, J.T., Bassett, R., & Miller, J.A. (1978). Low-ball procedure for producing compliance: Commitment then cost. *Journal of Personality and Social Psychology, 36*, 463–476.

Citrin, A.V., Stem, D.E., Spangenberg, E.R., & Clark, M.J. (2003). Consumer need for tactile input: An internet retailing challenge. *Journal of Business Research, 56*, 915–922.

Clark, M.D., & Teasdale, J.D. (1982). Diurnal variation in clinical depression and accessibility of memories of positive and negative experiences. *Journal of Abnormal Psychology, 91*, 87–95.

Clements, D.H., & Nastasi, B.K. (1992). Computers and early childhood education. In M. Gettinger, S.N. Elliott, & T.R. Kratochwill (Eds.), *Advances in school psychology: Preschool and early childhood treatment directions* (pp. 187–246). Hillsdale, NJ: Lawrence Erlbaum Associates.

Clifford, B.R., Gunter, B. & McAleer, J. (1995). *Program evaluation, comprehension and impact*. Hillsdale, NJ: Lawrence Erlbaum Associates.

Cline, T.W., & Kellaris, J.J. (2007). The influence of humor strength and humor-message relatedness on ad memorability. *Journal of Advertising, 36*, 55–67.

CNN (2006). *MySpace cowboys*. Retrieved August 15, 2006, from http://money.cnn.com/magazines/fortune/fortune_archive/2006/09/04/8384727/index.htm

Cohen, J.B., & Andrade, E.B. (2004). Affective intuition and task-contingent affect regulation. *Journal of Consumer Research, 31*, 358–367.

Cohen, J.B., Tuan Pham, M., & Andrade, E.B. (2008). The nature and role of affect in consumer behaviour. In C.P. Haugtvedt, P.M. Herr & F.R. Kardes (Eds.), *Handbook of consumer psychology* (pp. 297–348). New York: Lawrence Erlbaum Associates.

Cohen, P. & Cohen, J. (1996). *Life values and adolescent mental health*. Mahwah, NJ: Lawrence Erlbaum Associates.

Cohen, S., & Horm-Wingerd, D. (1993). Children and the environment: Ecological awareness among preschool children. *Environment and Behavior, 25*, 103–120.

Cole, C.A., & Balasubramanian, S.K. (1993). Age differences in consumers' search for information: Public policy implications. *Journal of Consumer Research, 20*, 157–169.

Collins, A.M., & Loftus, E.F. (1975). A spreading-activation theory of semantic processing. *Psychological Review, 82*, 407–428.

Collis, B.A. (1996). *Children and computers at school*. Mahwah, NJ: Lawrence Erlbaum Associates.

CommerceNet (1999). *World wide statistics*. Retrieved August 16, 1999 from www.commerce.net/research/stats/wwstats.html

Comstock, G., & Scharrer, E. (2001). The use of television and other film-related media. In D.G. Singer & J.L. Singer (Eds.), *Handbook of children and the media*. Thousand Oaks, CA: Sage Publications.

Costley, C., Das, S., & Brucks, M. (1997). Presentation medium and spontaneous imaging effects on consumer memory. *Journal of Consumer Psychology, 6*, 211–232.

Cowan, R.S. (1983). *More work for mother: The ironies of household technology from the open hearth to the microwave*. New York: Basic Books.

Cowley, E., & Janus, E. (2004). Not necessarily better but certainly different: A limit to the advertising misinformation effect on memory. *Journal of Consumer Research, 31*, 229–235.

Cowley, E., & Mitchell, A.A. (2003). The moderating effect of product knowledge on the learning and organization of product information. *Journal of Consumer Research, 30*, 443–454.

Craik, F.I.M. (1986). A functional account of age differences in memory. In F. Klix & H. Hagendorf (Eds.), *Human memory and cognitive capabilities, mechanisms and performances* (pp. 409–422). New York: Elsevier.

Crespo, C.J., Smit, E., Troiano, R., Bartlett, S.J., Macera, C.A., & Andersen, R.E. (2001). Television watching, energy intake, and obesity in U.S. children: Results from the third national health and nutrition examination survey, 1988–1994. *Archives of Pediatric and Adolescent Medicine, 155*, 360–365.

Crockett, R.O. (2000). Surfing in tongues. *Business Week*, Dec. 11, 18.

Cronley, M.L., Posavac, S.S., Meyer, T., Kardes, F.R., & Kellaris, J.J. (2005). A selective hypothesis testing perspective on price-quality inference inference-based choice. *Journal of Consumer Psychology, 15*, 159–169.

Cross, S.E., Bacon, P.L., & Morris, M.L. (2000). The relational-interdependent self-construal and relationships. *Journal of Personality and Social Psychology, 78*, 791–808.

Csikszentmihalyi, M. (1999). If we are so rich, why aren't we happy? *American Psychologist, 54*, 821–827.

Csikszentmihalyi, M. (2000). The cost and benefits of consuming. *Journal of Consumer Research, 27*, 267–272.

Csikszentmihalyi, M., & Rochberg-Halton, E. (1981). *The meaning of things: Domestic symbols and the self*. Cambridge: Cambridge University Press.

Cynkar, A. (2007). Socially wired. *Monitor on Psychology, 38*, 47–49.

Dahl, D.W., Frankenberger, K.D., & Manchanda, R.V. (2003). Does it pay to shock? Reactions to shocking and nonshocking advertising content among university students. *Journal of Advertising Research, 43*, 268–280.

Damasio, A.R. (1994). *Descartes' error: Emotion, reason and the human brain*. New York: Grosset/Putnam.

Darwin, C.J., Turvey, M.T., & Crowder, R.G. (1972). An auditory analogue of the Sperling partial report procedure: Evidence for brief auditory storage. *Cognitive Psychology, 3*, 255–267.

Davies, G.M., & Patel, D. (2005). The influence of car and driver stereotypes on attributions of vehicle speed, position on the road, and capability in road accident scenario. *Legal and Criminological Psychology, 10*, 45–62.

Davies, P.G., Spencer, S.J., Quinn, D.M., & Gerhardstein, R. (2002). Consuming images: How television commercials that elicit stereotype threat can restrain women academically and professionally. *Personality and Social Psychology Bulletin, 28*, 1615–1628.

Decci, E.L., & Ryan, R.M. (1985). *Intrinsic motivation and self-determination in human behaviour*. New York: Plenum.

Deci, E.L. (1971). Effects of externally mediated rewards on intrinsic motivation. *Journal of Personality and Social Psychology, 18*, 105–115.

Deci, E.L. (1972). The effects of contingent and noncontingent rewards and controls on intrinsic motivation. *Organizational Behavior and Human Performance, 8*, 217–229.

Defra (2004). Waste management in the EU. Retrieved May 12, 2004 from http://www.defra.gov.uk

Denburg, N.L., Tranel, D., & Bechara, A. (2005). The ability to decide advantageously declines prematurely in some older persons. *Neuropsychologica, 43*, 1099–1106.

Derry, S.J. (1990). Learning strategies for acquiring useful knowledge. In B. Jones & L. Idol (Eds.), *Dimensions of thinking and cognitive instruction*. Hillsdale, NJ: Lawrence Erlbaum Associates.

Derscheid, L.E., Kwon, Y., & Fang, S. (1996). Preschoolers' socialization as consumers of clothing and recognition of symbolism. *Perceptual and Motor Skills, 82*, 1171–1181.

Desmeules, R. (2002). The impact of variety on consumer happiness: Marketing and the tyranny of freedom. *Academy of Marketing Science Review*, 1–20.

de Veer, M., Gallup, G.G., Theall, L.A., van den Bos, R., & Povinelli, D.J. (2003). An 8-year longitudinal study of mirror self-recognition in chimpanzees. *Neuropsychologica, 41*, 229–234.

De Vries, J. (1975). Peasant demand patterns and economic development: Friesland, 1550–1750. In W.N. Parker & E.L. Jones (Eds.), *European peasants and their markets: Essays in agrarian economic history*. Princeton, NJ: Princeton University Press.

De Wick, H. (1935). The relative effectiveness of visual and auditory presentations of advertising material. *Journal of Applied Psychology, 19*, 245–264.

Dick, A., Chakravarti, D., & Biehal, G. (1990). Memory-based inferences during choice. *Journal of Consumer Research, 117*, 82–93.

Dickinson, A. (1980). *Contemporary animal learning theory*. Cambridge: Cambridge University Press.

Dickinson, S., & Holmes, M. (2008). Understanding the emotional and coping responses of adolescent individuals exposed to threat appeals. *International Journal of Advertising, 27*, 251–278.

Diehl, K., & Poynor, C. (in press) Great expectations ?! Assortment size, expectations and satisfaction. *Journal of Marketing Research*.

Diener, E., & Biswas-Diener, R. (2002). Will money increase subjective well-being? *Social Indicators Research, 57*, 119–169.

Dion, K., Berscheid, E., & Walster, E. (1972). What is beautiful is good. *Journal of Personality and Social Psychology, 24*, 285–290.

Dittmar, H. (1992). *The social psychology of material possessions: To have is to be*. Hemel Hempstead: Harvester Wheatsheaf.

Dittmar, H. (2004a). Are you what you have? Consumer society and our sense of identity. *Psychologist, 17*, 206–210.

Dittmar, H. (2004b). Understanding and diagnosing compulsive buying. In R. Coombs (Ed.), *Handbook of addictive disorders: A practical guide to diagnosis and treatment* (pp. 411–450). New York: Wiley.

Dittmar, H. (2008a). I shop therefore I am? Compulsive buying and identity seeking. In H. Dittmar (Ed.), *Consumer culture, identity and well-being* (pp. 95–120). Hove: Psychology Press.

Dittmar, H. (2008b). Understanding the impact of consumer culture. In H. Dittmar (Ed.), *Consumer culture, identity and well-being* (pp. 1–23). Hove: Psychology Press.

Dittmar, H., & Beatty, J. (1998). Impulsive and excessive buying behaviour. In P. Taylor-Gooby (Ed.), *Choice and public policy: The limits to welfare markets* (pp. 123–144). London Macmillan.

Dittmar, H., Halliwell, E., & Ive, S. (2006). Does Barbie make girls want to be thin? The effect of experimental exposure to images of dolls on the body image of 5- to 8-year old girls. *Developmental Psychology, 42*, 283–292.

Dittmar, H., & Howard, S. (2004). Thin-ideal internalization and social comparison tendency as moderators of media models' impact on women's body-focused anxiety. *Journal of Social and Clinical Psychology, 23*, 747–770.

Dodge, A.F. (1938). What are the personality traits of the successful sales-person? *Journal of Applied Psychology, 22*, 229–238.

Doll, J., & Ajzen, I. (1992). Accessibility and stability of predictors in the theory of planned behaviour. *Journal of Personality and Social Psychology, 63*, 754–765.

Donahue, E.M., Robins, R.W., Roberts, B.W., & John, O.P. (1993). The divided self: Concurrent and longitudinal effects of psychological adjustment and social roles on self-concept differentiation. *Journal of Personality and Social Psychology, 64*, 834–846.

Donnerstein, E., & Berkowitz, L. (1981). Victim reactions in aggressive erotic films as a factor in violence against women. *Journal of Personality and Social Psychology, 41*, 710–724.

Dougherty, M.R.P., Gronlund, S.D., & Gettys, C.F. (2003). Memory as a fundamental heuristic for decision-making. In S.L. Schneider & J. Shanteau (Eds.), *Emerging perspectives on judgment and decision research* (pp. 125–164). New York: Cambridge University Press.

Drabman, R.S., & Thomas, M.H. (1974). Does media violence increase children's toleration of real-life aggression? *Developmental Psychology, 10*, 418–421.

Drentea, P., & Lavrakas, P.J. (2000). Over the limit: The association among health, race and development. *Social Science and Medicine, 50*, 517–529.

Dube, L., Chebat, J-C., & Morin, S. (1995). The effect of background music on consumers' desire to affiliate in buyer seller interactions. *Psychology & Marketing, 12*, 305–319.

Dudley, S.C. (1999). Consumer attitudes toward nudity in advertising. *Journal of Marketing Theory and Practice, 79*, 89–96.

Du Nann Winter, D. (2000). Some big ideas for some big problems. *American Psychologist, 55*, 516–522.

Du Nann Winter, D. (2003). Shopping for sustainability: Psychological solutions to overconsumption. In T. Kasser & A.D. Kanner (Eds.), *Psychology and consumer culture: The struggle for a good life in a materialistic world* (pp. 69–87). Washington, DC: American Psychological Association.

Dunlap, R.E., & Mertig, A.G. (1995). Global concern for the environment: Is affluence a prerequisite? *Journal of Social Issues, 51*, 121–137.

Dunn, S. (2000). Global temperature drops. In L.R. Brown, M. Renner, & B. Halweil (Eds.), *Vital signs, 2000: The environmental trends that are shaping our future* (pp. 64–65). New York: Norton.

Durkin, K. (1985a). Television and sex-role acquisition: Effects. *British Journal of Social Psychology, 24*, 191–210.

Durkin, K. (1985b). Television and sex-role acquisition: Content. *British Journal of Social Psychology, 24*, 101–113.

Dürr, H.P. (1994). Sustainable, equitable economics, the personal energy budget. In P.B. Smith, S.E. Okoye, J. de Wilde & P. Deshnkar (Eds.), *The world at the crossroads, Towards a sustainable, equitable and liveable world.* London: Earthscan.

Dutton, D.G., & Aron, A.P. (1974). Some evidence for heightened sexual attraction under conditions of high anxiety. *Journal of Personality and Social Psychology, 30*, 510–517.

Dwyer, W.O., Leeming, F.C., Cobern, M.K., Porter, B.E., & Jackson, J.M. (1993). Critical review of behavioral interventions to preserve the environment: Research since 1980. *Environment and Behavior, 25*, 275–321.

Eagly, A.H., & Chaiken, S. (1975). An attributional analysis of the effect of communicator characteristics on opinion change: The case of communicator attractiveness. *Journal of Personality and Social Psychology, 32*, 136–144.

Eagly, A.H., & Chaiken, S. (1998). Attitude structure and function. In D.T. Gilbert, S.T. Fiske & G. Lindzey (Eds.), *The handbook of social psychology* (vol. 1, 4th ed. pp. 269–322). Boston: McGraw-Hill.

Earth Policy Institute (2002). Water scarcity spreading. Retrieved 12 June 2008 from http://www.earth-policy.org/Indicators/indicator7.htm

Easterlin, R. (1995). Will raising the incomes of all increase the happiness of all? *Journal of Economic Behavior and Organization, 27*, 35–47.

Easterlin, R.A. (2001). Income and happiness: Towards an unified theory. *Economic Journal, 111*, 465–484.

Eccles, J.S. (1987). Gender roles and women's achievement-related decisions. *Psychology of Women Quarterly, 11*, 135–172.

Edell, J.A., & Burke, M.C. (1987). The power of feelings in understanding advertising effects. *Journal of Consumer Research, 14*, 421–433.

Edney, J.J. (1980). The commons problem: Alternative perspectives. *American Psychologist, 35*, 131–150.

Edwards, S., & Shackley, M. (1992). Measuring the effectiveness of retail window display as an element of the marketing mix. *International Journal of Advertising, 11*, 193–202.

Effective Advertising 8 (2006). Sydney: Advertising Federation of Australia Advertising Effectiveness Awards.

Eibl-Eibesfeldt, I. (1988). The biological foundation of aesthetics. In I. Rentschler, B. Herzberger & D. Epstein (Eds.), *Beauty and the brain: Biological aspects of aesthetics* (pp. 29–55). Basel: Birkhäuser Verlag.

Eighmey, J., & Sar, S. (2007). Harlow Gale and the origins of the psychology of advertising. *Journal of Advertising, 36*, 147–158.

Elster, J., & Loewenstein, G. (1992). Utility from memory and anticipation. In G. Loewenstein & J. Elster (Eds.), *Choice over time* (pp. 213–234). New York: Russell Sage Foundation.

Emmons, R.A. (1996). Striving and feeling: Personal goals and subjective well-being. In P.M. Gollwitzer & J.A. Bargh (Eds.), *The psychology of action* (pp. 313–337). New York: Guilford.

Engel, J.F., Kollat, D.T., & Blackwell, R.D. (1968). *Consumer behaviour.* New York: Holt, Rinehart and Winston.

Englis, B.G., & Solomon, M.R. (1995). To be and not to be: Lifestyle imagery, reference groups, and the clustering of America. *Journal of Advertising, 24*, 13–28.

Erikson, E. (1968). *Identity: Youth and crisis.* London: Faber.

Ernst, M.O., & Banks, M.S. (2002). Using visual and haptic information for discriminating objects. *Perception, 31*, (supplement), 147b.

Ernst, M.O., Banks, M.S., & Bulthoff, H.H. (2000). Touch can change visual slant perception. *Nature Neuroscience, 3*, 69–73.

Ernst & Young (1999). *The second annual Internet shopping study.* Retrieved 18 October 2000, from http://ey.com/publicate/consumer/pdf/Internetshopp.pdf

Eysenck, M.W. (1993). *Principles of cognitive psychology.* Hove: Erlbaum.

Faber, R.J. (2003). Self-control and compulsive buying. In T. Kasser & A.D. Kanner (Eds.), *Psychology and consumer culture: The struggle for a good life in a materialistic world* (pp. 169–189). Washington, DC: American Psychological Association.

Faber, R.J., & O'Guinn, T.C. (1992). A clinical screener for compulsive buying. *Journal of Consumer Research, 19*, 459–469.

Faber, R.J., O'Guinn, T.C., & Krych, R. (1987). Compulsive consumption. In M. Wallendorf & P. Anderson (Eds.), *Advances in consumer research* (pp.132–135). Provo, UT: Association for Consumer Research.

Fairchilds, C. (1998). Consumption in early modern Europe: A review article. *Comparative Studies in Society and History, 35*, 850–858.

Fallon, A.E., & Rozin, P. (1985). Sex differences in perceptions of desirable body shape. *Journal of Abnormal Psychology, 94*, 102–105.

Fazio, R.H. (1986). How do attitudes guide behaviour? In R.M. Sorrentiono & E.T. Higgins (Eds.), *Handbook of social behaviour.* New York: Guilford.

Fazio, R.H. (1989). On the power and functionality of attitudes: The role of attitude accessibility. In A.R. Ptratkanis, S. Breckler, & A.G. Greenwald (Eds.), *Attitude, structure and function* (pp. 153–179). Hillsdale, NJ: Lawrence Erlbaum Associates.

Fazio, R.H. (1990). Multiple processes by which attitudes guide behaviour: The MODE model as an integrative framework. In M.P. Zanna (Ed.), *Advances in experimental social psychology* (vol. 23, pp 75–109). New York: Academic Press.

Fazio, R.H. (1995). Attitudes as object-evaluation associations: Determinants, consequences, and correlates of attitude accessibility. In R.E. Petty & J.A. Krosnick (Eds.), *Attitude strength: Antecedents and consequences* (pp. 247–282). Mahwah, NJ: Lawrence Erlbaum Associates.

Fazio, R.H., Blaschovich, J., & Driscoll, D.M. (1992). On the functional value of attitudes: The influence of accessible attitudes upon the ease and quality of decision making. *Personality and Social Psychology Bulletin, 18,* 388–401.

Fazio, R.H., Chen, J-M., McDonel, E.C., & Sherman, S.J. (1981). Attitude accessibility, attitude–behavior consistency, and the strength of the object–evaluation association. *Journal of Experimental Social Psychology, 18,* 339–357.

Fazio, R.H., & Olson, M.A. (2003). Implicit measures in social cognition research: Their meaning and uses. *Annual Review of Psychology, 54,* 297–327.

Fazio, R.H., Sanbonmatsu, D.M., Powell, M.C., & Kardes, F.R. (1986). On the automatic activation of attitudes. *Journal of Personality and Social Psychology, 50,* 229–238.

Fazio, R.H., & Zanna, M.P. (1978). Attitudinal qualities relating to the strength of the attitude–behaviour relation. *Journal of Experimental Social Psychology, 14,* 398–408.

Feather, N.T. (1959). Subjective probability and decision under uncertainty. *Psychological Review, 66,* 150–164.

Feinberg, R.A. (1986). Credit cards as spending facilitating stimuli: A Conditioning Interpretation. *Journal of Consumer Research, 12,* 384–356.

Feldman, J.M., & Lynch, J.G. (1988). Self generated validity and other effects of measurement on belief, attitude, intention, and behavior. *Journal of Applied Psychology, 73,* 421–435.

Feldwick, P. (1990). *Advertising works 5.* Henley-on-Thames: Institute of Practitioners in Advertising, NTC Publications.

Ferguson, L.W. (1934). Preferred positions of advertisements in the *Saturday Evening Post. Journal of Applied Psychology, 18,* 749–756.

Ferguson, L.W. (1935). The importance of the mechanical features of an advertisement. *Journal of Applied Psychology, 19,* 521–526.

Fessler, D.M.T., Pillsworth, E.G., & Flamson, T.J. (2004). Angry men and disgusted women: An evolutionary approach to the influence of emotions on risk taking. *Organizational Behavior and Human Decision Processes, 95,* 107–123.

Festinger, L. (1954). A theory of social comparison processes. *Human Relations, 7,* 117–140.

Festinger, L. (1957). *A theory of cognitive dissonance.* Evanston, IL: Row and Peterson.

Festinger, L., & Carlsmith, J.M., (1959). Cognitive consequences of forced compliance. *Journal of Abnormal and Social Psychology, 58,* 203–210.

Finlay, K., Marmurek, H.H.C., & Morton, R. (2005). Priming effects in explicit and implicit memory for textual advertisements. *Applied Psychology, 54,* 442–455.

Finucane, M.L., Peters, E., & Slovic, P. (2003). Judgment and decision-making: The dance of affect and reason. In S.L. Schneider & J. Shanteau (Eds.), *Emerging perspectives on judgement and decision research* (pp. 327–364). New York: Cambridge University Press.

Fischhoff, B., Lichtenstein, S., Slovic, P., Derby, S.L., & Keeney, R.L. (1981). *Acceptable risk.* New York: Cambridge University Press.

Fishbein, M. (1963). An investigation of the relationships between beliefs about an object and the attitude toward that object. *Human Relations, 16,* 233–240.

Fishbein, M. (1967). A consideration of beliefs and their role in attitude measurement. In M. Fishbein (Ed.), *Readings in attitude theory and measurement* (pp. 257–266). New York: Wiley.

Fishbein, M., & Ajzen, I. (1975). *Belief, attitude, intention and behaviour: An introduction to theory and research.* Reading, MA: Addison-Wesley.

Fishurn, P.C. (1974). Lexicographic orders, utilities and decision rules: A survey. *Management Science, 20,* 142–147.

Flavin, C., & Dunn, S. (1999). Reinventing the energy system. In L.R. Brown, C. Flavin, H. French, J. Abramovitz, S. Dunn, G. Gardner, et al., *State of the world 1999* (pp. 22–40). New York: Norton.

Forgas, J.P., & Bower, G.H. (1987). Mood effects on person-perception judgements. *Journal of Personality and Social Psychology, 53,* 53–60.

Fox, J. (2000). The triumph of English. *Fortune,* Sept. 18, 209–212.

Fox, S. (1984). *The mirror makers.* New York: Morrow.

Foxnews (2006). *Angry students lash out at Facebook.com privacy changes.* Retrieved 9 September 2006 from http://72.14.209.104/search?q_cache:G27bD-yC8BUJ:www.foxnews.com/story/0,293

Foxx, R.M., & Hake, D.F. (1977). Gasoline conservation: A procedure for measuring and reducing the driving of college students. *Journal of Applied Behavior Analysis, 10,* 61–74.

Francis, L. (1994). Laughter the best mediation: Humor as emotional management in interaction. *Symbolic Interaction, 17,* 147–163.

Frank, R.H. (1999). *Luxury fever: Why money fails to satisfy in an era of success.* New York: Oxford University Press.

Freitas, A., Kaiser, S., Chandler, J., Hall, C., Jung-Won, K., & Hammidi, T. (1997). Appearance management as border construction: Least favourite clothing, group distancing, and identity . . . not! *Sociological Inquiry, 67,* 323–335.

Frey, B.S., Benesch, C., & Stutzer, A. (2007). Does watching TV make us happy? *Journal of Economic Psychology, 28,* 283–313.

Frey, B.S., & Stutzer, A. (2002). What can economists learn form happiness research? *Journal of Economic Literature, 40,* 402–435.

Frey, B.S., & Stutzer, A. (2004). *Economic consequences of mispredicting utility.* IEW Working Paper No. 218.

Frey, D. (1986). Recent research on selective exposure to information. In L. Berkowitz (Ed.), *Advances in experimental psychology* (vol. 19, pp. 41–80). New York: Academic Press.

Frey, D., & Rosch, M. (1984). Information seeking after decisions: The roles of novelty of information and decision reversibility. *Personality and Social Psychology Bulletin, 10,* 91–98.

Frey, K.P., & Eagly, A.H. (1993). Vividness can undermine the persuasiveness of messages. *Journal of Personality and Social Psychology, 65,* 32–44.

Fried, C.B., & Johanson, J.C. (2008). Sexual and violent media's inhibition of advertisement memory: effect or artefact? *Journal of Applied Social Psychology, 38,* 1716–1735.

Friedman, H.H., Santeramo, M.J., & Traina, A. (1978). Correlates of trustworthiness for celebrities. *Journal of the Academy of Marketing Science, 6,* 291–299.

Friedman, M.A., & Brownell, K.D. (1995). Psychological correlates of obesity: Moving to the next research generation. *Psychological Bulletin, 117,* 3–20.

Frijda, N.H. (1986). *The emotions.* Cambridge: Cambridge University Press.

Frijda, N.H. (1993). Moods, emotions episodes, and emotions. In M.L. Haviland & J.M. Haviland (Eds.), *Handbook of emotions.* New York: Guilford.

Funk, J.B. (1993). Re-evaluating the impact of video games. *Clinical Paediatrics,* February, 86–90.

Gagnon, J.P., & Osterhaus, J.T. (1985). Research note: The effectiveness of floor displays on the sales of retail products. *Journal of Retailing, 61,* 104–116.

Gao, F., & Su, L. (2007). Internet addiction among Chinese adolescents: prevalence and psychological features. *Child Care Health & Development, 33,* 275–281.

Garber, L.L., & Hyatt, E.M. (2003). Color as a tool for visual persuasion. In L.M. Scott & R. Batra (Eds.), *Persuasive imagery: A consumer response perspective* (pp. 313–336). Mahwah, NJ: Lawrence Erlbaum Associates.

Gardner, B.B., & Levy, S.J. (1955). The product and the brand. *Harvard Business Review, 5,* 33–39.

Garner, R. (2005). What's in a name? Persuasion perhaps. *Journal of Consumer Psychology, 15,* 108–116.

Geer, J.H., Judice, S., & Jackson, S. (1994). Reading times for erotic material: The pause to reflect. *The Journal of General Psychology, 121,* 345–352.

Geer, J.H., & Melton, J.S. (1997). Sexual content-induced delay with double-entendre words. *Archives of Sexual Behavior, 26,* 295–316.

Gelb, B.D., & Zinkhan, G. M. (1986). Humor and advertising effectiveness after repeated exposure to a radio commercial. *Journal of Advertising, 15,* 15–34.

Geller, E. S. (1980). Applications of behavioral analysis for litter control. In D. Glenwick & L. Jason (Eds.), *Behavioral community psychology: Progress and prospects* (pp. 254–283). New York: Praeger.

Geller, E.S. (1981). Evaluating energy conservation programs: Is verbal report enough? *Journal of Consumer Research, 8,* 331–335.

Geller, E.S. (1987). Applied behavior analysis and environmental psychology: From strange bedfellows to a productive marriage. In D. Stokols & I. Airman (Eds.), *Handbook of environmental psychology* (vol. 1, pp. 361–388). New York: Wiley.

Geller, E.S., Winnett, R.A., & Everett, P.B. (1982). *Preserving the environment: New strategies for behavior change*. New York: Pergamon.

Gerbner, G., Gross, L., Morgan, M., & Signorielli, N. (1994). Growing up with television: The cultivation perspective. In J. Bryant & D. Zillman (Eds.), *Media effects: Advances in theory and research*. Hillsdale, NJ: Lawrence Erlbaum Associates.

Geyskens, I., Gielsen, K.J.P., & Dekimpe, M.G. (2002). The marketing valuation of internet channel additions. *Journal of Marketing, 66*, 102–119.

Giner-Sorolla, R., & Chaiken, S. (1997). Selective use of heuristic and systematic processing under defence motivation. *Personality and Social Psychology Bulletin, 23*, 84–97.

Ginsburg, H.P., & Opper, S. (1988). *Piaget's theory of intellectual development*. Englewood Cliffs, NJ: Prentice Hall.

Glanzer, M., and Cunitz, A.R. (1966). Two storage mechanisms in free recall. *Journal of Verbal Learning and Verbal Behavior, 5*, 351–360.

Glick, D., Keene-Osborn, S., Gegax, T.T., Bai, M., Clemetson, L., Gordon, D., et al. (1999). Anatomy of a massacre. *Newsweek*, May, *3*, p. 24.

Godden, D.R., & Baddeley, A.D. (1975). Context-dependent memory in two natural environments: On land and underwater. *British Journal of Psychology, 66*, 325–332.

Goethals, G.R., & Nelson, R.E. (1973). Similarity in the influence process: The belief-value distinction. *Journal of Personality and Social Psychology, 25*, 117–122.

Goffman, E. (1959). *The presentation of self in everyday life*. Garden City, NY: Doubleday.

Goldberg, M.E., & Gorn, G.J. (1974). Children's reactions to television advertising: An experimental approach. *Journal of Consumer Research, 1*, 69–75.

Goldsmith, R.E., & Flynn, L.R. (1995). The domain-specific innovativeness scale: Theoretical and practical dimensions. *Proceedings of the Association of Marketing Theory and Practice*, 177–182.

Goldstein, J.H. (1994). Sex differences in toy play and use of video games. In J.H. Goldstein (Ed.), *Toys, play and child development*. Cambridge: Cambridge University Press.

Gonzales, M.H., Aronson, E., & Costanzo, M.A. (1988). Using social cognition and persuasion to promote energy conservation: A quasi-experiment. *Journal of Applied Social Psychology, 18*, 1049–1066.

Goodwin, N., Nelson, J.A., Ackerman, F., & Weisskopf, T. (2005). *Microeconomics in context*. Boston: Houghton Mifflin.

Gordon, I.E. (1989). *Theories of visual perception*. Chichester: Wiley.

Gorn, G.J. (1982). The effects of music in advertising on choice behavior: A classical conditioning approach. *Journal of Marketing, 46*, 94–101.

Gorn, G.J., Goldberg, M.E., & Basu, K. (1993). Mood, awareness and product evaluation. *Journal of Consumer Psychology, 2*, 237–256.

Gorn, G.J., Pham, M.T., & Sin, L.Y. (2001). When arousal influences ad evaluation and valence does not (and vice versa). *Journal of Consumer Psychology, 11*, 43–55.

Gosling, S.D., Ko, S.J., Morris, M.E., & Thomas, M. (2002). A room with a cue: Personality judgements based on offices and bedrooms. *Journal of Personality and Social Psychology, 82*, 379–398.

Graf, P., & Schachter, D.L. (1985). Implicit and explicit memory for new associations in normal and amnesic subjects. *Journal of Experimental Psychology: Learning, Memory, and Cognition, 11*, 501–518.

Grankvist, G. (2008). *Values and preference for ethical alternatives*. Poster presented at the XXIX International Congress of Psychology, Berlin, July.

Gray, J. (2003). *Al Qaeda and what it means to be modern*. London: Faber.

Green, H. (1992). *The uncertainty of everyday life, 1915–1945*. New York: HarperCollins Publishers Inc.

Green, L. (2007). *Advertising works 15*. IPA Effectiveness Awards 2006, Henley-on-Thames: World Advertising Research Center.

Greenfield, P.M. (1984). *Mind and the media: The effects of television, video games and computers.* Aylesbury: Fontana.

Greenfield, P.M. (1998). The cultural evolution of IQ. In U. Neisser (Ed.), *The rising curve: Long-term gains in IQ and related measures* (pp. 81–123). Washington, DC: American Psychological Association.

Greenfield, P.M., Brannon, C., & Lohr, D. (1994). Two-dimensional representation of movement through three-dimensional space: The role of video game expertise. *Journal of Applied Developmental Psychology, 15*, 87–104.

Greenwald, A.G. (1980). The totalitarian ego: Fabrication and revision of personal history. *American Psychologist, 35*, 603–618.

Greenwald, A.G., & Farnham, S.D. (2000). Using the Implicit Association Test to measure self-esteem and self-concept. *Journal of Personality and Social Psychology, 79*, 1022–1038.

Greenwald, A.G., & Leavitt, C. (1984). Audience involvement in advertising: Four levels. *Journal of Consumer Research, 11*, 581–592.

Greenwald, A.G., & Ronis, D.L. (1978). Twenty years of cognitive dissonance: Case study of the evolution of a theory. *Psychological Review, 85*, 53–57.

Gregory, W.I., Cialdini, R.B., & Carpenter, K.M. (1982). Self-relevant scenarios as mediators of likelihood estimate and compliance: Does imagining make it so? *Journal of Personality and Social Psychology, 43*, 89–99.

Grewal, D., Baker, J., Levy, M., & Voss, G.B. (2003). The effects of wait expectations and store atmosphere on patronage intentions in service-intensive retail stores. *Journal of Retailing, 79*, 259–268.

Griffin, J.G., & Broniarczyk, S.M. (2008). The slippery slope: The impact of feature alignability on search and satisfaction. Retrieved October 10, 2008 from http://www.business.ualberta.ca/MBEL/marketing_seminar_series/2008–09=SlipperySlope-paper.pdf

Griffiths, M.D. (1991). The observational analysis of adolescent gambling in UK amusement arcades. *Journal of Community and Applied Social Psychology, 1*, 309–320.

Griffiths, M.D., & Dancaster, I. (1995). The effect of type A personality on physiological arousal while playing computer games, *Addictive Behaviours, 20*, 543–548.

Gross, E.F. (2004). Adolescent Internet use: What we expect, what teens report. *Journal of Applied Developmental Psychology, 25*, 633–649.

Guest, L.P. (1955). Brand loyalty – Twelve years later. *Journal of Applied Psychology, 39*, 405–408.

Guest, L.P., & Brown, R.H. (1939). A study of the recall of radio advertising material. *Journal of Psychology, 89*, 381–387.

Gulas, C.S., & Schewe, C.D. (1994). Atmospheric segmentation: Managing store image with background music. In R. Acrol & A. Mitchell (Eds.), *Enhancing knowledge development in marketing* (pp. 325–330). Chicago: American Marketing Association.

Gunter, B., & Harrison, J. (1997). Violence in children's programs on British television. *Children and Society, 11*, 143–156.

Gustafson, B. & Yssel, J. (1994). Are advertisers practicing safe sex? *Marketing News*, March 14.

Hale, J.L., Lemieux, R., & Mongeau, P.A. (1995). Cognitive processing of fear-arousing message content. *Communication Research, 22*, 459–474.

Halliwell, E., & Dittmar, H. (2006). The role of appearance-related self-discrepancies for young adults' affect, body image, and emotional eating: A comparison of fixed-item and respondent-generated self-discrepancy measures. *Personality and Social Psychology Bulletin, 32*, 447–458.

Han, S., Lerner, J.S., & Keltner, D. (2007). Feelings and consumer decision making: The Appraisal-Tendency Framework. *Journal of Consumer Psychology, 17*, 158–168.

Han, S., & Shavitt, S. (1994). Persuasion and culture: Advertising appeals in individualistic and collectivistic societies. *Journal of Experimental Social Psychology, 30*, 326–350.

Hanley, A., & Wilhelm, M.S. (1992). Compulsive buying: An exploration into self-esteem and money attitudes. *Journal of Economic Psychology, 13*, 5–8.

Hardin, G. (1968). The tragedy of the commons. *Science, 162*, 1243–1248.

Hardin, G. (1998). Extensions of 'the tragedy of the commons'. *Science, 280*, 682–683.

Harris, J. (2001). *The effects of computer games on young children – A review of the research.* RDS Occasional paper No. 72. London: Home Office.

Harris, R.J. (1999). *A cognitive psychology of mass communication* (3rd ed.). Mahwah, NJ: Lawrence Erlbaum.

Hart, D., & Damon, W. (1986). Developmental trends in self-understanding. *Social Cognition, 4,* 388–407.

Harter, S. (2003). The development of self-representations during childhood and adolescence. In M.R. Leary & J.P. Tangney (Eds.), *Handbook of self and identity* (pp. 610–642). New York: Guilford Press.

Hartmann, T., & Klimmt, C. (2006). The influence of personality factors on computer game choice. In P. Vordereer & J. Bryant (Eds.), *Playing video games: Motives, responses, and consequences* (pp. 115–131). Mahwah, NJ: Lawrence Erlbaum Associates.

Hastak, M., & Olson, J.C. (1989). Assessing the role of brand-related cognitive responses as mediators of communication effects on cognitive structure. *Journal of Consumer Research, 15,* 444–456.

Haugtvedt, C.P., & Kasmer, J.A. (2008). Attitude change and persuasion. In C.P. Haugtvedt, P.M. Herr & F.R. Kardes (Eds.), *Handbook of consumer psychology.* New York: Lawrence Erlbaum Associates.

Haugtvedt, C.P., & Wegener, D.T. (1994). Message order effects in persuasion: An attitude strength perspective. *Journal of Consumer Research, 21,* 205–218.

Hawkins, S.A., & Hoch, S.J. (1992). Low-involvement learning: Memory without evaluation. *Journal of Consumer Research, 19,* 212–225.

Hearold, S. (1986). A synthesis of 1043 effects of television on social behavior. In G. Comstock (Ed.), *Public communications and behaviour* (vol. 1, pp. 65–133). New York: Academic Press.

Heberlein, T.A. (1975). Conservation information: The energy crisis and electricity consumption in an apartment complex. *Energy Systems and Policy, 1,* 105–117.

Hebl, M., & King, E. (2004). You are what you wear: An interactive demonstration of the self-fulfilling prophecy. *Teaching of Psychology, 31,* 260–262.

Hecker, S. (1984). Music for advertising effect. *Psychology & Marketing, 1,* 3–8.

Heckhausen, H. (1977). Achievement motivation and its constructs: A cognitive model. *Motivation and Emotion, 1,* 283–329.

Heckhausen, H. (1991). *Motivation and action.* Berlin: Springer-Verlag.

Heider, F. (1946). Attitudes and cognitive organisation. *Journal of Psychology, 21,* 107–112.

Heider, F. (1958). *The psychology of interpersonal relations.* New York: Wiley.

Held, R. (1970). Two modes of processing spatially distributed visual stimulation. In F.O. Schmidt (Ed.), *The neurosciences; Second study program,* New York: Rockefeller University Press.

Heller, M.A., (1982). Visual and tactual texture perception: Intersensory cooperation. *Perception and Psychophysics, 31,* 339–344.

Herr, P. (1989). Priming price: Prior knowledge and context effects. *Journal of Consumer Research, 16,* 67–76.

Herr, P.M., Farquhar, P.H., & Fazio, R.H. (1996). Impact on dominance and relatedness on brand extensions. *Journal of Consumer Psychology, 5,* 135–160.

Herzog, T.R. (1984). A cognitive analysis of preference for field-and-forest environments. *Landscape Research, 9,* 10–16.

Herzog, T.R., Kaplan, S., & Kaplan, R. (1982). The prediction of preference for unfamiliar urban places. *Population and Environment, 5,* 43–59.

Hess, T.M., Rosenberg, D.C., & Waters, S.J. (2001). Motivation and representational processes in adulthood: The effects of social accountability and information relevance. *Psychology and Aging, 48,* 37–44.

Higgins, E.T. (1987). Self-discrepancy: A theory relating self and affect. *Psychological Review, 94,* 319–340.

Higgins, E.T. (1989). Knowledge accessibility and activation: Subjectivity and suffering from unconscious sources. In J.S. Uleman & J.A. Bargh (Eds.), *Unintended thought* (pp. 75–123). New York: Guilford Press.

Higgins, E.T. (1998). Promotion and prevention: Regulatory focus as a motivational principle. In M.P. Zanna (Ed.), *Advances in experimental social psychology* (vol. 30, pp. 1–46). San Diego: Academic Press.

Hill, R.P., & Ward, J.C. (1989). Mood manipulation in marketing research: An examination of potential confounding effects. *Journal of Marketing Research, 26*, 97–104.

Hilles, W.S., & Kahle, L.R. (1985). Social contract and social integration in adolescent development. *Journal of Personality and Social Psychology, 49*, 1114–1121.

Hilton, M. (2007). Consumers and the state since the Second World War. *The Annals of the American Academy of Political and Social Science, 16*, 66.

Hines, J., Hungerford, H., & Tomera, A. (1987). Analysis and synthesis or research on environmental behaviour: A meta-analysis. *Journal of Environmental Education, 18*, 1–18.

Hirt, E.R., & Sherman, S.J. (1985). The role of prior knowledge in explaining hypothetical events. *Journal of Experimental Social Psychology, 21*, 519–543.

Hite, C.F., & Hite, R.E. (1995). Reliance on brand by young children. *Journal of the Market Research Society, 37*, 185–193.

Hobbs, R., & Frost, R. (2003). Measuring the acquisition of media-literacy skills. *Reading Research Quarterly, 38*, 330–355.

Hochberg, J.E. (1971). Perception I: Colour and shape. In J.W. Kling, & L.A. Riggs (Eds.), *Woodworth and Schlosberg's experimental psychology* (3rd ed). New York: Holt, Rinehart & Winston.

Hodgkinson, S., & Innes, J. (2000). The prediction of ecological and environmental belief systems: The differential contributions of social conservatism and beliefs about money. *Journal of Environmental Psychology, 20*, 285–294.

Hoegg, J., & Alba, J.W. (2008). A role for aesthetics in consumer psychology. In C.P. Haugtvedt, P.M. Herr & F.R. Kardes (Eds.), *Handbook of consumer psychology* (pp. 733–754). New York: Lawrence Erlbaum Associates.

Hogg, M.A., & Abrams, D. (1988). *Social identifications: A social psychology of intergroup relations and group processes*. London: Routledge.

Hogg, M.K., Bruce, M. & Hough, K. (1999). Female images in advertising: The implications of social comparison for marketing, *International Journal of Advertising, 18*, 445–473.

Hogg, M.K., & Fragou, A. (2003). Social comparison goals and the consumption of advertising: Towards a more contingent view of young women's consumption of advertising. *Journal of Marketing Management, 19*, 749–780.

Holbrook, M.B., & Batra, R. (1987). Assessing the role of emotions as mediators of consumer responses to advertising. *Journal of Consumer Research, 14*, 404–420.

Holden, S.J.S., & Vanhuele, M. (1999). Know the name, forget the exposure: brand familiarity versus memory of exposure context. *Psychology & Marketing, 16*, 479–496.

Hollingsworth, H.L. (1913). *Advertising and selling: Principles of appeals and responses*. New York: D. Appleton.

Holloway, S.L., & Valentine, G. (2000). Corked hats and Coronation Street: British and New Zealand children's imaginative geographies of the other. *Childhood, 7*, 335–357.

Homer-Dixon, T.F. (1991). On the threshold: Environmental changes as causes of acute conflict. *International Security, 16*, 76–116.

Homma, N. (1991). The continued relevance of cultural diversity. *Marketing and Research Today*, November, 251–259.

Hornik, J. (1992). Tactile stimulation and consumer response. *Journal of Consumer Research, 19*, 449–458.

Hothersall, D. (1984). *History of psychology*. New York: McGraw-Hill.

Hovde, H.T. (1931). Consumer preferences for small glass containers. *Journal of Applied Psychology, 15*, 346–357.

Hovland, C.I., Janis, I.L, & Kelley, H.H. (1953). *Communication and persuasion*. New Haven, CT: Yale University Press.

Hovland, C.I., & Weiss, W. (1951). The influence of source credibility on communication effectiveness. *Public Opinion Quarterly, 15*, 635–650.

Howard, G.S. (2000). Adapting human lifestyles for the 21st century. *American Psychologist, 55*, 509–515.

Hsee, C.K. (1999). Value-seeking and prediction-decision inconsistency: Why don't people take what they predict they'll like the most? *Psychonomic Bulletin and Review, 6*, 555–561.

Hsee, C.K., & Leclerc, F. (1998). Will products look more attractive when evaluated jointly or when evaluated separately? *Journal of Consumer Research, 25*, 175–186.

Hsee, C.K., Zhang, J., Yu, F., & Xi, Y. (2003). Lay rationalism and inconsistency between predicted experience and decision. *Journal of Behavioral Decision Making, 16*, 257–272.

Huberman, B.A., & Lukose, R.M. (1997). Social dilemmas and Internet congestion. *Science, 277*, 535–537.

Huesmann, L.R. (1986). Psychological processes promoting the relation between exposure to media violence and aggressive behaviour by the viewer. *Journal of Social Issues, 42*, 125–139.

Huesmann, L.R. (1988). An information processing model for the development of aggression. *Aggressive Behavior, 14*, 13–24.

Huesmann, L.R., & Miller, L.S. (1994). Long-term effects of repeated exposure to media violence in childhood. In L.R. Huesmann (Ed.), *Aggressive behaviour: Current perspectives* (pp. 153–186). New York: Plenum.

Hui, M.K., Dubé, L., & Chebat, J. (1997). The impact of music on consumers' reactions to waiting for services. *Journal of Retailing, 73*, 87–104.

Hull, C.L. (1943). *Principles of behaviour: An introduction to behaviour theory*. New York: Appleton Century.

Hull, C.L. (1952). *A behaviour system*. New Haven, CT: Yale University Press.

Huston, A.C., Donnerstein, E., Fairchild, H., Feshbach, N.D., Katz, P.A., Murray, J.P., et al., (1992). *Big world, small screen: The role of television in American society*. Lincoln, NE: University of Nebraska Press.

Hutchinson, J.W., & Eisenstein, E.M. (2008). Consumer learning and expertise. In C.P. Haugtvedt, P.M. Herr & F.R. Kardes (Eds.), *Handbook of consumer psychology* (pp. 103–132). New York: Lawrence Erlbaum Associates.

Insko, C.A. (1981). Balance theory and phenomenology. In R.E. Petty, T.M. Ostrom & T.C. Brock (Eds.), *Cognitive responses in persuasion* (pp. 309–338). Hillsdale, NJ: Lawrence Erlbaum Associates.

Insko, C.A. (1984). Balance theory, the Jordan paradigm, and the Wiest tetrahedron. In L. Berkowitz (Ed.), *Advances in experimental social psychology* (vol. 18, pp. 89–140). New York: Academic Press.

Insko, C.A., Drenan, S., Solomon, M.R., Smith, R., & Wade, T.J. (1983). Conformity as a function of the consistency of positive self-evaluation with being liked and being right. *Journal of Experimental Social Psychology, 19*, 341–358.

Irwin, A.R., & Gross, A.M. (1995). Cognitive tempo, violent video games and aggressive behaviour in young boys. *Journal of Family Violence, 10*, 337–350.

Isen, A.M. (1984). Toward understanding the role of affect in cognition. In R.S. Wyer & T.K. Srull (Eds.), *Handbook of social cognition* (vol. 3, pp. 179–236). Hillsdale, NJ: Lawrence Erlbaum Associates.

Isen, A.M., Clark, M.S., & Schwartz, M.F. (1976). Duration of the effect of good mood on helping: Footprints on the sands of time. *Journal of Personality and Social Psychology, 34*, 385–393.

Isen, A.M., Shalker, T.E., Clark, M., & Karp, L. (1978). Affect, accessibility of material in memory, and behaviour: A cognitive loop? *Journal of Personality and Social Psychology, 36*, 1–12.

Isler, L., Popper, E., & Ward, S. (1987). Children's purchase requests and parental responses: Results from a diary study. *Journal of Advertising Research, 27*, 28–39.

Iyengar, S.S., & Lepper, M.R. (2000). When choice is demotivating: Can one desire too much of a good thing? *Journal of Personality and Social Psychology, 79*, 995–1006,

Iyer, E.S. (1989). Unplanned purchasing: Knowledge of shopping environment and time pressure. *Journal of Retailing, 65*, 40–57.

Iyer, E.S., & Kashyap, R.K. (2007). Consumer recycling: role of incentives, information and social class. *Journal of Consumer Behaviour, 6*, 32–47.

Jackson, L.A., von Eye, A., Biocca, F.A., Barbatsis, G., Zhao, Y., & Fitzgerald, H.E. (2006). Does home

Internet use influence the academic performance of low-income children? *Developmental Psychology, 42*, 429–435.

Jacoby, J., & Chestnut, R. (1978). *Brand loyalty: Measurement and management.* New York: Wiley.

Jacoby, L.L., Kelley, C., Brown, J., & Jasechko, J. (1989). Becoming famous overnight: Limits on the ability to avoid unconscious influences of the past. *Journal of Personality and Social Psychology, 56,* 326–338.

James, W. ([1890] 1950). *The principles of psychology.* New York: Dover Publications.

Janis, I.L., Hovland, C.I., Field, P.B., Linton, H., Graham, E., Cohen, A.R., et al. (1959). *Personality and persuasibility.* New Haven, CT: Yale University Press.

Janiszewski, C. (1988). Preconscious processing effects: The independence of attitude formation and conscious thought. *Journal of Consumer Research, 15,* 199–209.

Janiszewski, C. (1990). The influence of print advertisement organization on affect toward a brand name. *Journal of Consumer Research, 17,* 53–65.

Jansson, C., Bristow, M., & Marlow, N. (2004). The influence of colour on visual search times in cluttered environments. *Journal of Marketing Communications, 10,* 183–193.

Jansson-Boyd, C.V., & Marlow, N. (2007). Not only in the eye of the beholder: Tactile information can affect aesthetic evaluation. *Psychology of Aesthetics, Creativity and the Arts, 1,* 170–173.

Jenkins, R. (1996). *Social identity.* London: Routledge.

Johansson, A., & Götestam, K.G. (2004). Internet addiction: characteristics of a questionnaire and prevalence in Norwegian youth (12–18 years). *Scandinavian Journal of Psychology, 45,* 223–229.

John, D.R., & Lakshmi-Ratan, R. (1992). Age differences in children's choice behaviour: The impact of available alternatives. *Journal of Marketing Research, 29,* 216–226.

John, D.R., & Sujan, M. (1990). Age differences in product categorization. *Journal of Consumer Research, 16,* 452–460.

Johnson, E.J., Moe, W., Fader, P., Bellman, S., & Lohse, G. L. (2004). On the depth and dynamics of online search behavior, *Management Science, 50,* 299–308.

Johnson, M.K., & Weisz, C. (1994). Comments on unconscious processing: Finding emotion in the cognitive stream. In P. Niedenthal & S. Kitayama (Eds.), *The heart's eye: Emotional influences in perception and attention* (pp. 145–164). San Diego: Academic Press.

Jones, E.E., & Goethals, G.R. (1971). Order effects in impression formation: Attribution context and the nature of the entity. In E.E. Jones, D.E. Kanouse, H.H. Kelley, R.E. Nisbett, S.Valins & B. Weiner (Eds.), *Attribution: Perceiving the causes of behaviour* (pp. 95–120). Morristown: General Learning Press.

Jordan, N. (1953). Behavioral forces that are a function of attitudes and behavioral organization. *Human Relations, 6,* 273–287.

Journal of Marketing (2008). Retrieved 22 June 2008 from http://www.marketingjournals.org/jm/

Jowett, G.S., & O'Donnell, V. (1986). *Persuasion and propaganda.* Beverly Hills, CA: Sage.

Judd, B.B., & Alexander, M.W. (1983). On the reduced effectiveness of some sexually suggestive ads. *Journal of the Academy of Marketing Science, 11,* 156–168.

Jungbluth, N., Tietje, O., & Scholz, R. (2000). The modular LCA: Environmental impacts of food purchases from the consumers' point of view. *International Journal of LCA, 5,* 134–142.

Kahle, L.R. & Homer, P.M. (1985). Physical attractiveness of the celebrity endorser: a social adaptation perspective. *Journal of Consumer Research, 11,* 954–961.

Kahle, L.R., Homer, P.M., O'Brien, R.M., & Boush, D.M. (1997). Maslow's hierarchy and social adaptation as alternative accounts of value structures. In L.R. Kahle & L. Chiagouris (Eds.), *Values, lifestyles, and psychographics* (pp. 111–137). Mahwah, NJ: Lawrence Erlbaum Associates.

Kahneman, D. (1973). *Attention and effort.* Englewood Cliffs, NJ; Prentice Hall.

Kahneman, D. (2002). Maps of bounded rationality: A perspective on intuitive judgment and choice. Nobel Prize lecture, December 8.

Kahneman, D., Knetsch, J. L., & Thaler, R. (1986). Fairness and the assumptions of economics. *Journal of Business, 59,* 285–300.

Kahneman, D., Slovic, P., & Tversky, A. (Eds.). (1982). *Judgement under uncertainty: Heuristics and biases*. Cambridge: Cambridge University Press.

Kahneman, D., & Tversky, A. (1982). The simulation heuristic. In D. Kahneman, P. Slovic, & A. Tversky (Eds.), *Judgment under uncertainty: Heuristics and biases* (pp. 201–208). Cambridge: Cambridge University Press.

Kambil, A., Wilson III, H.J., & Agrawal, V. (2002). Are you leaving money on the table? *The Journal of Business Strategy, 23*, 40–43.

Kang, Y., & Herr, P. (2006). Beauty and the beholder: Toward an integrative model of communication source effects. *Journal of Consumer Research, 33*, 123–130.

Kanner, A.D., & Gomes, M.E. (1995). The all-consuming self. In T. Roszak, M.E. Gomes & A.D. Kanner (Eds.). *Ecopsychology: Restoring the Earth, healing the mind.* San Francisco: Sierra Club Books.

Kanner, A.D., & Kasser, T. (2000). Stuffing our kids: Should psychologists help advertisers manipulate children? *The Clinical Psychologist, 53*, 16–20.

Kaplan, K.J., & Fishbein, M. (1969). The source of beliefs, their saliency, and prediction of attitude. *Journal of Social Psychology, 78*, 63–74.

Kaplan, S. (1987). Aesthetics, affect, and cognition: Environmental preferences from an evolutionary perspective. *Environment and Behaviour, 19*, 3–32.

Kaplan, S.J. (1983). The image of amusement arcades and differences in male and female video game playing. *Journal of Popular Culture, 16*, 93–98.

Kaptein, N.A., Theeuwes, J., & Van der Heijden, A.H.C. (1994). Search for conjunctively defined target can be selectively limited to a color-defined subset of elements. *Journal of Experimental Psychology: Human Perception and Performance, 21*, 1053–1069.

Kardes, F.R. (1994). Consumer judgement and decision processes. In R.S. Wyer & T.K. Srull (Eds.), *Handbook of social cognition* (vol. 2). Hillsdale, NJ: Lawrence Erlbaum Associates.

Karpinski, A., & Hilton, J.L. (2001). Attitudes and the implicit associations test. *Journal of Personality and Social Psychology, 81*, 774–788.

Kasser, T., & Kanner, A.D. (2003). Where is the psychology of consumer culture? In T. Kasser & A.D. Kanner (Eds.), *Psychology and consumer culture: The struggle for a good life in a materialistic world.* Washington, DC: American Psychological Association.

Kasser, T., & Ryan, R.M. (1993). A dark side of the American dream: Correlates of financial success as a central life aspiration. *Journal of Personality and Social Psychology, 65*, 410–422.

Katz, D. (1960). The functional approach to the study of attitudes. *Public Opinion Quarterly, 24*, 163–204.

Katz, D. (1967). The functional approach to the study of attitude. In M. Fishbein (Ed.), *Readings in attitude theory and measurement.* New York: Wiley.

Kausler, D.H. (1994). *Learning and memory in normal aging.* San Diego: Academic Press.

Kellaris, J.J., & Cox, A.D. (1989). The effects of background music in advertising: A reassessment. *Journal of Consumer Research, 16*, 113–118.

Keller, K.L. (1987). Memory factors in advertising: The effect of advertising retrieval cues on brand evaluations. *Journal of Consumer Research, 14*, 316–333.

Kent, R.J., & Allen, C.T. (1993). Does competitive clutter in television advertising 'interfere' with recall and recognition of brand names and ad claims? *Marketing Letters, 4*, 175–184.

Kent, R.J., & Allen, C.T. (1994). Competitive interference effects in consumer memory for advertising: The role of brand familiarity. *Journal of Marketing, 58*, 97–105.

Kestenbaum, G.I., & Weinstein, L. (1985). Personality, psychopathology and developmental issues in male adolescent video game use. *Journal of the American Academy of Child Psychiatry, 24*, 208–212.

Kids Health (2005). Overweight and obesity. Retrieved 10 October 2007 from http://www.kidshealth.org/parent/general/body/overweight_obesity.html

Kim, S., Goldstein, D., Hasher, L., & Zacks, R.T. (2005). Framing effects in younger and older adults. *Journal of Gerontology: Psychological Sciences, 60B*, 215–218.

Kimes, S.E., & Wirtz, J. (2003). Perceived fairness of revenue management in the US golf industry. *Journal of Revenue and Pricing Management, 1(4)*, 332–344.

King, K.W., & Reid, L.N. (1990). Fear arousing anti-drinking and driving PSAs: do physical injury threats influence young adults? *Current Issues and Research in Advertising, 12*, 155–175.

King, T.R. (1989). Credibility gap: More consumers find celebrity ads unpersuasive. *Wall Street Journal*, July 5, p. B5.

Kirkeby, C. (2004). First commercial television broadcast July 1, 1941. Retreived June 14, 2008 from http://www.classbrain.com/artholiday/publish/article_349.shtml

Kisielius, J., & Sternthal, B. (1986). Examining the vividness controversy: An availability-valence interpretation. *Journal of Consumer Research, 12*, 418–431.

Klebber, J.M. (1985). Physiological measures of research: A review of brain activity, electro dermal response, pupil dilation, and voice analysis methods and studies. In J. Bryant & D. Zillmann, *Media effects: Advances in theory and research*. Hillsdale, NJ: Lawrence Erlbaum Associates.

Klees, D.M., Olson, J., & Wilson, R.D. (1988). An analysis of the content and organization of children's knowledge structures. In M.J. Houston (Ed.), *Advances in consumer research* (vol. 15, pp. 153–157). Provo, UT: Association of Consumer Research.

Kleine III, R.E., Kleine, S.S., & Kernan, J.B. (1993). Mundane consumption and the self: A social-identity perspective. *Journal of Consumer Psychology, 2*, 209–235.

Kleine, S.S., Kleine III, R.E., & Allen, C.T. (1995). How is a possession 'me' or 'not me'? Characterizing types and an antecedent of material possession attachment. *Journal of Consumer Research, 22*, 327–343.

Klimmt, C. (2003). Dimensions and determinants of the enjoyment of playing digital games: A three-level model. In M. Copier & J. Raessens (Eds.), *Level up: Digital games research conference* (pp. 246–257). Utrecht: Utrecht University Press.

Klinger, E. (1975). Consequences of commitment to and disengagement from incentives, *Psychological Review, 82*, 1–25.

Knez, I., & Niedenthal, S. (2007). Lighting in digital game worlds: Effects on affect and play performance. *CyberPsychology & Behavior, 11*, 129–137.

Ko, C.H., Yen, J.Y., Yen, C.F., Lin, H.C., & Yang, M.J. (2007). Factors predictive for incidence and remission of internet addiction in young adolescents: A prospective study. *Cyberpsychology and Behavior, 10*, 545–551.

Kohlberg, L. (1969). Stages and sequence: The cognitive-developmental approach to socialization. In D.A. Goslin (Ed.), *Handbook of socialization theory and research*. Chicago: Rand McNally.

Kohlberg, L. (1976). Moral stages and moralization: The cognitive-developmental approach. In T. Lickona (Ed.), *Moral development and behaviour*. New York: Holt, Rinehart and Winston.

Koolstra, C.M., van der Voort, T.H.A., & van der Kamp, L.J. (1997). Television's impact on children's reading comprehension and decoding skills: A 3-year panel study. *Reading Research Quarterly, 32*, 128–152.

Kortenhaus, C.M., & Demarest, J. (1993). Gender role stereotyping in children's literature: An update. *Sex Roles, 28*, 219–232.

Kotler, P. (1973). Atmospherics as a marketing tool. *Journal of Retailing, 49*, 48–64.

Kreshel, P.J. (1990). John B. Watson at J. Walter Thompson: The legitimation of 'science' advertising. *Journal of Advertising, 19*, 49–59.

Krishnan, H.S., & Chakravarti, D. (2003). A process analysis of the effects of humorous advertising executions on brand claims memory. *Journal of Consumer Psychology, 13*, 230–245.

Kroeber-Riel, W. (1986). Die inneren Bilder der Konsumenten: Messung, Verhaltenswirkung, Konsequenzen für das Marketing. *Marketing.ZFP, 8*, 81–96.

Krosnick, J.A., & Abelson, R.P. (1992). The case for measuring attitude strength in surveys. In J. Tanur (Ed.), *Questions about questions* (pp. 177–203). New York: Russell Sage Foundation.

Kruglanski, A.W. (1989). *Lay epistemics and human knowledge*. New York: Penguin.

Kruglanski, A.W., & Freund, T. (1983). The freezing and unfreezing of lay inferences: Effects on impressional primacy, ethnic stereotyping, and numerical anchoring. *Journal of Experimental Social Psychology, 19*, 448–468.

Krugman, H.E. (1965). The impact of television advertising: Learning without involvement. *Public Opinion Quarterly, 29*, 349–356.

Kubey, R. (1986). Television use in everyday life: Coping with unstructured time. *Journal of Communication, 36*, 108–123.

Kubey, R., & Csikszentmihalyi, M. (2002). Television addiction is no mere metaphor. *Scientific American, 286*, 74–80.

Kumkale, G.T., & Albarracín, D. (2004). The sleeper effect in persuasion: A meta-analytic review. *Psychological Bulletin, 130*, 143–172.

Kuna, D.P. (1976). The concept of suggestion in the early history of advertising psychology. *Journal of the History of the Behavioral Sciences, 12*, 347–353.

Kunkel, D., & Gantz, W. (1992). Children's television advertising in the multi-channel environment. *Journal of Communication, 42*, 134–152.

Kunkel, D. & Roberts, D. (1991). Young minds and marketplace values: Research and policy issues in children's television advertising. *Journal of Social Issues, 47*, 57–72.

Kwak, H. (2001). Web-based chatting: consumer communications and commercial communications. Unpublished doctoral dissertation, University of Georgia, Athens.

Lambert-Pandraud, R., Laurent, G., & Lapersonne, E. (2005). Repeat purchasing of new automobiles by older consumers: Empirical evidence and interpretations. *Journal of Marketing, 69*, 97–113.

Lang, A., Newhagen, J., & Reeves, B. (1996). Negative video as structure: Emotion, attention, capacity, and memory. *Journal of Broadcasting and Electronic Media, 40*, 460–477.

Lang, T., & Heasman, M. (2004). *Food wars: The global battle for mouths, minds and markets*. London: Earthscan.

Langer, E.J. (1989). *Mindfulness*. Reading, MA: Addison-Wesley.

Langlois, J.H. (1986). From the eye of the beholder to behavioural reality: Development of social behaviours and social relations as a function of physical attractiveness. In C.P. Herman, M.P. Zanna & E.T. Higgins (Eds.), *Appearance, stigma, and social behaviour: The Ontario symposium on personality and social psychology* (vol. 3 pp. 23–51). Hillsdale, NJ: Lawrence Erlbaum Associates.

LaPiere, R. (1934). Attitudes and actions. *Social Forces, 13*, 230–237.

Laroche, M., Toffoli, R., Zhang, Q., & Pons, F. (2001). A cross-cultural study of the persuasive effect of fear appeal messages in cigarette advertising: China and Canada. *International Journal of Advertising, 20*, 297–317.

Larson, R. (2001). Commentary. In D.R. Anderson, A.C. Huston, K.L. Schmitt, D.L. Linebarger & J.C. Wright, *Early childhood television viewing and adolescent behaviour*. Monographs of the Society for Research in Child Development, 66 (1, 264).

Larson, R.W., & Verma, S. (1999). How children and adolescents spend time across the world: Work, play, and developmental opportunities. *Psychological Bulletin, 125*, 701–736.

Lasn, K. (1999). *Culture jam: The uncoiling of America*. New York: Eagle Brook.

LaTour, M.S., & Zahra, S.A. (1989). Fear appeals as advertising strategy: Should they be used? *Journal of Consumer Marketing, 6*, 61–70.

Laurenceau, J.P., Barrett, L.F., & Pietromonaco, P.R. (1998). Intimacy as an interpersonal process: The importance of self-disclosure, partner disclosure, and perceived partner responsiveness in interpersonal exchanges. *Journal of Personality and Social Psychology, 74*, 1238–1251.

Lavinsky, D. (1993). When novelty wears off soft drinks clearly will fail. *Marketing News*, March 15, *27*, No. 6, 4.

Lawlor M.A., & Prothero A. (2003). Children's understanding of television advertising intent. *Journal of Marketing Management, 17*, 411–432.

Lea, S.E.G. (1999). Credit, debt and problem debt. In P.E. Earl & S. Kemp (Eds.), *The Elgar companion to consumer research and economic psychology*. Cheltenham: Edward Elgar Publishing Limited.

Lebergott, S. (1993). *Pursuing happiness: American consumers in the twentieth century*. Princeton, NJ: Princeton University Press.

Ledoux, J. (1998). *The emotional brain*. London: Weidenfeld & Nicolson.

Lee, A.Y. (2002). Effects of implicit memory on memory-based versus stimulus-based brand choice. *Journal of Marketing Research, 39*, 440–454.

Lee, J. (2005). That figures: women buy when ads get real. Retrieved February 15, 2005 from http://

www.smh.com.au/news/business/that-figures-women-buy-when-ads-get-real/2005/10/02/1128191605206.html

Lee, J.A. (2000). Adapting Triandis' model of subjective culture and social behavior relations to consumer behavior. *Journal of Consumer Psychology, 2,* 117–126.

Lehmann, D.R. (1998). Customer reactions to variety: too much of a good thing? *Journal of the Academy of Marketing Science, 26,* 62–65.

Leith, K.P., & Baumeister, R.F. (1996). Why do bad moods increase self-defeating behaviour? Emotion, risk taking, and self-regulation. *Journal of Personality and Social Psychology, 71,* 1250–1267.

Lenhart, A., Madden, M., & Hitlin, P. (2005). *Teens and Technology: Youth are leading the transition to a fully wired and mobile nation.* Washington, DC: Pew Internet & American Life Project.

Leonard-Barton, D. (1981). The diffusion of active-residential solar energy equipment in California. In A. Shama (Ed.), *Marketing solar energy innovations* (pp. 243–257). New York: Praeger.

Lepper, M.R. (1985). Microcomputers in education. *American Psychologist, 40,* 1–18.

Lepper, M.R., Greene, D., & Nisbett, R.E. (1973). Undermining children's intrinsic interest with extrinsic reward: A test of the over-justification hypothesis. *Journal of Personality and Social Psychology, 28,* 129–137.

Lerman, D. (2003). The effect of morphemic familiarity and exposure mode on recall and recognition of brand names. *Advances in Consumer Research, 30,* 80–81.

Lerner, J.S., & Keltner, D. (2000). Beyond valence: Toward a model of emotion-specific influences on judgement and choice. *Cognition and Emotion, 14,* 473–493.

Lerner, J.S., & Keltner, D. (2001). Fear, anger, and risk. *Journal of Personality & Social Psychology, 81,* 146–159.

Lerner, J.S., & Tiedens, L.Z. (2006). Portrait of the angry decision maker: How appraisal tendencies shape anger's influence on cognition. *Journal of Behavioral Decision Making, 19,* 115–137.

Leu, D.J., Coiro, J., Castek, J., Hartman, D., Henry, L.A., & Reinking, D. (2008). Research on instruction and assessment in the new literacies of online reading comprehension. In C. Collins Block, S. Parris & P. Afflerbach (Eds.). *Comprehension instruction: Research-based best practices.* New York: Guilford Press.

Leventhal, H., Watts, J.C., & Pagano, F. (1967). Effects of fear and instructions on how to cope with danger. *Journal of Personality and Social Psychology, 6,* 313–321.

Lever, J., Frederick, D.A., & Peplau, L.A. (2006). Does size matter? Men's and women's views on penis size across the lifespan. *Psychology of Men & Masculinity, 7,* 129–143.

Levin, I.P., & Gaeth, G.J. (1988). How consumers are affected by the framing of attribute information before and after consuming the product. *Journal of Consumer Research, 15,* 374–378.

Levine, M.W. (2000). *Levine and Shefner's fundamentals of sensation and perception* (3rd ed). Oxford: Oxford University Press.

Levinson, R. M. (1975). From Olive Oil to Sweet Polly Purebred: Sex role stereotypes and televised cartoons. *Journal of Popular Culture, 9,* 561–572.

Lewin, K. (1944). *Field theory in social science.* New York: Harper.

Lewin, K. (1947). Group decision and social change. In T.M. Newcomb & E.L. Hartley (Eds.), *Reading in social psychology* (pp. 330–344). New York: Holt.

Lewin, K., Dembo, T., Festinger, L., & Sears, P.S. (1944). Level of aspiration. In M.J. Hunt (Ed.), *Personality and the behavior disorders* (pp. 333–378). New York: Ronald Press.

Lewis, M. (1990). Self-knowledge and social development in early life. In L. Pervin (Ed.), *Handbook of personality: Theory and research* (pp. 277–300). New York: Guilford Press.

Lichtenstein, M., & Srull, T.K. (1985). Conceptual and methodological issues in examining the relationship between consumer memory and judgment. In L.F. Alwitt and A.A. Mitchell (Eds.), *Psychological processes and advertising effects: Theory, research, application* (pp. 113–128). Hillsdale, NJ: Lawrence Erlbaum Associates.

Light, L.L., LaVoie, D.J., Valencia-Laver, D., Albertson Owens, S.A., & Mead, G. (1992). Direct and indirect measures for memory for modality in young and older adults. *Journal of Experimental Psychology: Learning, Memory, and Cognition, 18,* 1284–1297.

Lin, Q., & Lee, J. (2004). Consumer information search when making investment decisions. *Financial Services Review, 13,* 319–332.

Lindridge, A.M., Hogg, M.K., & Shah, M. (2004). Imagined multiple worlds: How South Asian women in Britain use family and friends to navigate the 'border crossings' between household and social contexts. *Consumption, Markets and Culture, 7,* 211–238.

Lindstrom, M (2005). Sensing opportunity: Sensory appeal. *The Marketer, 10,* 6–11.

Linz, D.G., Donnerstein, E., & Penrod, S. (1988). Effects of long-term exposure to violent and sexually degrading depictions of women. *Journal of Personality and Social Psychology, 55,* 758–768.

Locke, E.A., Shaw, K.N., Saari, L.M., & Latham, G.P. (1981). Goal setting and task performance: 1969–1980. *Psychological Bulletin, 90,* 125–152.

Loken, B., Ross, I., & Hinkle, R.L. (1986). Consumer 'confusion' of origin and brand similarity perceptions. *Journal of Public Policy and Marketing, 5,* 195–211.

Lord, C.G. (1980). Schemas and images as memory aids: Two modes of processing social information. *Journal of Personality and Social Psychology, 38,* 257–269.

Lowe, M.R., & Butryn, M.L. (2007). Hedonic hunger: A new dimension of appetite? *Physiology & Behavior, 91,* 432–439.

Luchs, M., Walker Naylor, R., Irwin, J.R., & Raghunathan, R. (2008). Do consumers expect less from ethically superior products? Presentation made at the Society for Consumer Psychology conference, New Orleans, February.

Lumsdaine, A.A., & Janis, I.L. (1953). Resistance to 'counterpropaganda' produced by one-sided and two-sided 'propaganda' presentations. *Public Opinion Quarterly, 17,* 311–318.

Luna, D., Peracchio, L.A., & de Juan, M.D. (2003). The impact of language and congruity on persuasion in multicultural e-marketing. *Journal of Consumer Psychology, 13,* 41–45.

Lundy, R.F. Jr. (2008). Gustatory hedonic value: Potential function for forebrain control of brainstem taste processing. *Neuroscience & Biobehavioral Reviews, 32,* 1601–1606.

Luomala, H.T., & Laaksonen, M. (1997). Mood-regulatory self-gifts: Development of a conceptual framework. *Journal of Economic Psychology, 18,* 407–434.

Lupton, E. (1993). *Mechanical brides: Women and machines from home to office.* New York: Cooper-Hewitt Musem.

Luthar, S.S. (2003). The culture of affluence: Psychological costs of material wealth. *Child Development, 74,* 1581–1593.

Lyle, J., & Hoffman, H.R. (1972). Explorations in patterns of television viewing by preschool-age children. In E.A. Rubinstein, G.A. Comstock & J.P. Murray (Eds.), *Television and social behavior:* Vol. 4. *Television in day-to-day life: Patterns of use* (pp. 257–273). Washington, DC: U.S. Government Printing Office.

Lynch, J.G., & Srull, T.K. (1982). Memory and attentional factors in consumer choice: Concepts and research methods. *Journal of Consumer Research, 9,* 18–37.

MacGowan, K. (1928). Profiles: The adventures of the behaviorist. *The New Yorker,* 4 (6 October), 30–32.

Machleit, K.A., & Powell Mantel, S. (2001). Emotional response and shopping satisfaction: Moderating effects of shopper attributions. *Journal of Business Research, 54,* 97–106.

MacInnis, D.J., Moorman, C., & Jaworski, B.J. (1991). Enhancing and measuring consumers' motivation, opportunity and ability to process brand information from ads. *Journal of Marketing, 55,* 32–53.

Macklin, M.C. (1996). Preschoolers' learning of brand names from visual cues. *Journal of Consumer Research, 23,* 251–261.

Magnusson, M.K., Arvola, A., Koivisto Hursti, U-K., Åberg, L., & Sjödén, P.O. (2001). Attitudes towards organic foods among Swedish consumers. *British Food Journal, 103,* 209–227.

Maheswaran, D., Mackie, D.M., & Chaiken, S. (1992). Brand name as a heuristic cue: The effects of task importance and expectancy confirmation on consumer judgments. *Journal of Consumer Psychology, 1,* 317–336.

Maio, G.R., & Olson, J.M. (1995). Relations between values, attitudes, and behavioural intentions: The moderating role of attitude function. *Journal of Experimental Social Psychology, 31,* 266–285.

Maison, D., Greenwald, A.G., & Bruin, R.H. (2004). Predictive validity of the implicit association test in studies of brands, consumer attitudes, and behaviour. *Journal of Consumer Psychology, 14*, 405–415.

Malamuth, N.M., & Donnerstein, E. (1982). The effects of aggressive-pornographic mass media stimuli. In L. Berkowitz (Ed.), *Advances in experimental social psychology* (vol. 15, pp. 104–136). New York: Academic Press.

Mandel, N., & Johnson, E.J. (2002). When web pages influence choice: Effects of visual primes on experts and novices. *Journal of Consumer Research, 29*, 235–245.

Mandel, N., Petrova, P.K., & Cialdini, R.B. (2006). Images of success and the preference for luxury brands. *Journal of Consumer Psychology, 16*, 57–69.

Mandler, G. (1975). *Mind and emotion*. New York: Wiley.

Mandler, G. (1982). The structure of value: Accounting for taste. In M.S. Clark & S.T. Fiske (Eds.), *Affect and cognition: The 17th Annual Carnegie Symposium on cognition* (pp. 3–36). Hillsdale, NJ: Lawrence Erlbaum Associates.

Mandler, G. (1984). *Mind and body: Psychology of emotion and stress*. New York: Norton.

Mano, H., & Oliver, R.L. (1993). Assessing the dimensionality and structure of the consumption experience: Evaluation, feeling and satisfaction. *Journal of Consumer Research, 13*, 418–430.

Mares, M., & Woodard, E.H. (2001). Prosocial effects on children's social interactions. In D.G. Singer & J.L. Singer (Eds.), *Handbook of children and the media* (pp. 183–205). Thousand Oaks, CA: Sage.

Marketing (2005). ITV and the consumer society. *Marketing*, 9/21/2005 Supplement, Special section, pp. 1–4.

Marsh, H.W., Kong, C.K. & Hau, K.T. (2000). Longitudinal multilevel models of the big-fish-little-pond effect on academic self concept: Counterbalancing contrast and reflected-glory effects in Hong Kong schools. *Journal of Personality and Social Psychology, 78*, 337–349.

Martin, M.C., & Gentry, N.J. (1997). Stuck in the model trap: The effects of beautiful models in ads on female pre-adolescents and adolescents. *Journal of Advertising, 26*, 19–33.

Martin, M.C., & Kennedy, P.F. (1993). Advertising and social comparison: Consequences for female preadolescents and adolescents. *Psychology & Marketing, 10*, 513–529.

Maslow, A. (1970). *Motivation and Personality* (2nd ed.). New York: Harper and Row.

Matlin, M.W. (1998). *Cognition*. Orlando, FL: Harcourt Brace.

Mattes, J., & Cantor, J. (1982). Enhancing responses to television advertisements via the transfer of residual arousal from prior programming. *Journal of Broadcasting, 26*, 553–566.

Mattoon, A.T. (2000). Paper piles up. In L.R. Brown, M. Renner & B. Halweil (Eds.), *Vital signs, 2000: The environmental trends that are shaping our future* (pp. 64–65). New York: Norton.

Mayer, J.D., Gaschke, Y.N., Braverman, D.L., & Evans, T.W. (1992). Mood-congruent judgement is a general effect. *Journal of Personality & Social Psychology, 63*, 119–132.

McAlister, A.T., & Cornwell, T.B. (2008). Preschool children's brand symbolism understanding: Links to social and cognitive development. Paper presented at the Society for Consumer Psychology Conference, New Orleans, February.

McClure, S.M., Li, J., Tomlin, D., Cypert, K.S., Montague, L.M., & Montague, P.R. (2004). Neural correlates of behavioural preference for culturally familiar drinks. *Neuron, 44*, 379–387.

McCracken, G. (1990). *Culture and consumption*. Indianapolis: Indiana University Press.

McCrary, J.W. Jr, & Hunter, W.S. (1953). Serial position curves in verbal learning. *Science, 117*, 131–134.

McGuire, W.J. (1968). Personality and susceptibility to social influence. In E.F. Borgatta & W.W. Lambert (Eds.), *Handbook of personality: Theory and research* (pp. 1130–1187). Chicago: Rand McNally.

McIlwraith, R.D. (1998). I am addicted to television: The personality, imagination, and TV watching patterns of self-identified TV addicts. *Journal of Broadcasting & Electronic Media, 42*, 371–386.

McIntyre, J.S., & Craik, F.I.M. (1987). Age differences in memory for item and source information. *Canadian Journal of Psychology, 41*, 175–192.

McKenzie-Mohr, D. (2000). Fostering sustainable behaviour through community-based social marketing. *American Psychologist, 55*, 531–537.

McNeal, J.U. (1964). *Children as consumers*. Austin, TX: Bureau of Business Research.
McNeal, J.V. (1998). Tapping the three kids' markets. *American Demographics, 20,* 36.
McSweeney, F.K., & Bierley, C. (1984). Recent developments in classical conditioning. *Journal of Consumer Research, 11,* 619–631.
Mead, G.H. (1934). *Mind, self and society*. Chicago: University of Chicago Press.
Megaw, E.D., & Richardson, J. (1979). Target uncertainty and visual scanning strategies. *Human factors, 21,* 303–316.
Mehrabian, A., & Russell, J.A. (1974). *An approach to environmental psychology*. Cambridge, MA: MIT Press.
Menon, G., & Raghubir, P. (2003). Ease of retrieval as an automatic input in judgments: A mere-accessibility framework? *Journal of Consumer Research, 30,* 230–243.
Merikle, P.M. (1988). Subliminal auditory messages: An evaluation. *Psychology & Marketing, 5,* 355–372.
Meyers-Levy, J. (1989). The influence of a brand name's association set size and word frequency on brand memory. *Journal of Consumer Research, 16,* 197–207.
Meyers-Levy, J., & Tybout, A.M. (1989). Schema congruity as a basis for product evaluation. *Journal of Consumer Research, 16,* 39–54.
Michaelidou, N., Dibb, S., & Ali, H. (2008). The effect of health, cosmetic and social antismoking information themes on adolescents' beliefs about smoking. *International Journal of Advertising, 27,* 235–250.
Michaelis, L. (2003). Sustainable consumption and greenhouse gas mitigation. *Climate Policy, 3,* 135–146.
Michon, R., Chebat, J., & Turley, L.W. (2005). Mall atmospherics: The interaction effects of the mall environment on shopping behaviour. *Journal of Business Research, 58,* 576–583.
Mikellides, B. (1990). Color and physiological arousal, *Journal of Architectural and Planning Research, 1,* 13–19.
Milgram, S. (1965). Some conditions of obedience and disobedience to authority. *Human Relations, 18,* 57–76.
Miller, G. (1956). The magical number seven, plus or minus two: Some limits on our capacity for processing information. *Psychological Review, 63,* 81–87.
Milliman, R.E. (1982). Using background music to affect the behaviour of supermarket shoppers. *Journal of Marketing, 46,* 86–91.
Milliman, R.E. (1986). The influence of background music on the behaviour of restaurant patrons. *Journal of Consumer Research, 13,* 286–289.
Mills, J., & Aronson, E. (1965). Opinion change as a function of the communicator's attractiveness and desire to influence. *Journal of Personality and Social Psychology, 1,* 173–177.
Milotic, D. (2003). The impact of fragrance on consumer choice. *Journal of Consumer Behaviour, 5,* 222–234.
Mitchell, K.J., Becker-Blease, K. & Finkelhor, D. (2005). Inventory of problematic Internet experiences encountered in clinical practice. *Professional Psychology: Research & Practice*, 36(5), 498–509.
Mitchell, T.R., Thompson, L., Peterson, E., & Cronk, R. (1997). Temporal adjustment in the evaluation of events: The 'rosy view'. *Journal of Experimental Social Psychology, 33,* 421–448.
Molnar, V., & Lamont, M. (2002). Social categorization and group identification: How African Americans shape their collective identity through consumption. In K. Green, A. McMeekin, M. Tomlinson & V. Walsh (Eds.), *An interdisciplinary approach to the study of demand and its role in innovation* (pp. 88–111). Manchester: Manchester University Press.
Montagu, A. (1986). *Touching: The human significance of the skin* (3rd ed.). New York: Harper & Row Publishers.
Montemayor, R., & Eisen, M. (1977). The development of self-conceptions from childhood to adolescence. *Developmental Psychology, 13,* 314–319.
Moon, Y. (2000). Intimate exchanges: Using computers to elicit self-disclosure from consumers. *Journal of Consumer Research, 26,* 324–340.

Moon, Y. (2003). Don't blame the computer: When self-disclosure moderates the self-serving bias. *Journal of Consumer Psychology, 13,* 125–137.

Moore, D.J., Mowen, J.C., & Reardon, R. (1994). Multiple sources in advertising appeals: When product endorsers are paid by the advertising sponsor. *Journal of the Academy of Marketing Science, 22,* 234–243.

Moore, T.E. (1992). Subliminal perception: Facts and fallacies. *Skeptical Inquirer, 16,* 273–281.

Morlock, H., Yando, T., & Nigolean, K., (1985). Motivation of video game players. *Psychological Reports, 57,* 247–250.

Morrin, M., & Ratneshwar, S. (2000). The impact of ambient scent on evaluation, attention, memory for familiar and unfamiliar brands. *Journal of Business Research, 49,* 157–165.

Morton, F.S., Zettelmeyer, F., & Silva Russo, J. (2001). Internet car retailing. *The Journal of Industrial Economics, 4,* 501–519.

Morwitz, V.G., Greenleaf, E.A., & Johnson, E.J. (1998). Divide and prosper: Consumers' reactions to partitioned prices. *Journal of Marketing Research, 35,* 453–463.

Moscovitch, M., & Wincour, G. (1992). The neuropsychology of memory and aging. In F.I.M. Craik & T.A. Salthouse (Eds.), *The handbook of aging and cognition* (pp. 315–372). Hillsdale, NJ: Lawrence Erlbaum Associates.

Moser, P.W. (1989). Double vision: Why do we never match up to our mind's ideal? *Self Magazine,* January, pp. 51–52.

Muehling, D.D. & Bozman, C.S. (1990). An examination of factors influencing effectiveness of 15-second advertisements. *International Journal of Advertising, 9,* 331–344.

Muehling, D.D., & Laczniak, R.N. (1988). Advertising's immediate and delayed influence on brand attitudes: Considerations across message-involvement levels. *Journal of Advertising, 17,* 23–43.

Muñiz, A.M., Jr., & O'Guinn, T.C. (2001). Brand community. *Journal of Consumer Research, 27,* 412–432.

Murphy, S.T., & Zajonc, R.B. (1993). Affect, cognition, and awareness: Affective priming with optimal and suboptimal stimulus exposures. *Journal of Personality and Social Psychology, 64,* 723–739.

Murray, H.A. (1951). Some basic psychological assumptions and conceptions. *Dialectica, 5,* 266–292.

Murray, K.B., & Häubl, G. (2002). The fiction of no friction: A user skills approach to cognitive lock-in. *Advances in Consumer Research, 29,* 8–9.

Murray, K.B., & Häubl, G. (2003). A human capital perspective of skill acquisition and interface loyalty. *Communications of the ACM, 46,* 272–278.

Mussweiler, T., & Förster, J. (2000). The sex-aggression link: A perception-behavior dissociation. *Journal of Personality and Social Psychology, 79,* 507–520.

Myers, D.G. (2004). *Psychology* (7th ed.). New York: Worth Publishers.

Myers, D.G., & Diener, E. (1996). The pursuit of happiness. *Scientific American,* 54–56.

Myers, E. (1985). Phenomenological analysis of the importance of special possessions: An exploratory study. In A.C. Hirschman & M.B. Holbrook (Eds.), *Advances in consumer research* (vol. 12). Provo, UT: Association for Consumer Research.

Myers-Levy, J. & Peracchio, L.A. (1995). Understanding the effects of color: How the correspondence between available and required resources affects attitudes. *Journal of Consumer Research, 22,* 121–138.

Nass, C.I., & Moon, Y. (2000). Machines and mindlessness: Social responses to computers. *Journal of Social Issues, 56,* 81–103.

Nastasi, B.K., & Clements, D.H. (1993). Motivational and social outcomes of cooperative computer education environments. *Journal of Educational Computing Research, 4,* 15–43.

National Statistics (2007). Retail sales: Slowdown in volume of sales. Retrieved 14 June 2008 from http://www.statistics.gov.uk/cci/nugget.asp?id=256

National Statistics (2008a). Consumer durables: Consumer durables ownership increases. Retrieved 5 March 2008 from http://www. statistics.gov.uk

National Statistics (2008b). Car access: 3 in 4 households have access to a car. Retrieved 5 March, 2008 from http://www. statistics.gov.uk

Nelson, J.E. (1987). Comment on humor and advertising effectiveness after repeated exposures to a radio commercial. *Journal of Advertising, 16*, 63–65.

Nelson, M.R., Brunel, F.F., Supphellen, M., & Manchanda, R.V. (2006). Effects of culture, gender, and moral obligations on responses to charity advertising across masculine and feminine cultures. *Journal of Consumer Psychology, 16*, 45–56.

Neuner, M., Raab, G., & Reisch, L.A. (2005). Compulsive buying in maturing consumer societies: An empirical re-inquiry. *Journal of Economic Psychology*, 509–522.

Nevid, J.S. (1981). Effects of brand labelling on ratings of product quality. *Perceptual and Motor Skills, 53*, 407–410.

Newell, A., & Simon, H.A. (1972). *Human problem solving.* Englewood Cliffs, NJ: Prentice Hall.

Newhouse, N. (1990). Implications of attitude and behaviour research for environmental conservation. *The Journal of Environmental Education, 22*, 26–32.

Nisbett, R.E., & Ross, L. (1980). *Human inference: Strategies and shortcomings of social judgment.* Englewood Cliffs, NJ: Prentice Hall.

Nixon, H.K. (1924). Attention and interest in advertising. *Archives of Psychology, 72*, 5–67.

Nixon, H.K. (1926). *An investigation of attention to advertisements.* New York: Columbia University Press.

Norman, K.A., & Schachter, D.L. (1997). False recognition in younger and older adults: Exploring the characteristics of illusory memories. *Memory & Cognition, 25*, 838–848.

North, A.C., & Hargreaves, D.J. (1998). The effect of music on atmosphere and purchase intentions in a cafeteria. *Journal of Applied Social Psychology, 28*, 2254–2273.

North, A.C., Hargreaves, D.J., & McKendrick, J. (1999). The influence of in-store music on wine selections. *Journal of Applied Psychology, 84*, 271–276.

Northcraft, G.B., & Neale, M.A. (1987). Experts, amateurs, and real estate: An anchoring and adjustment perspective on property pricing decisions. *Organizational Behavior and Human Decision Processes, 39*, 84–97.

Nunes, J.C., & Dreze, X. (2006). The endowed progress effect: How artificial advancement increases effort. *Journal of Consumer Research, 32*, 504–512.

Nunes, P.F., & Cespedes, F.V. (2003). The customer has escaped. *Harvard Business Review, 81*, 96–105.

Odin, Y., Odin, N., & Valette-Florence, P. (2001). Conceptual and operational aspects of brand loyalty: An empirical investigation. *Journal of Business Research, 53*, 75–84.

Ofcom (2007). Ofcom research identifies changing nature of children's programming. Retrieved 3 November 2007 from http://www.ofcom.org.uk/media/news/2007/10/nr_20071003

Ogilvie, D. (1987). The undesired self: A neglected variable in personality research. *Journal of Personality and Social Psychology, 52*, 379–385.

Okada, E.M. (2005). Justification effects on consumer choice of hedonic and utilitarian goods. *Journal of Marketing Research, 42*, 43–53.

Okagaki, L., & Frensch, P.A. (1994). Effects of video game playing on measures of spatial performance: Gender effects in late adolescence. *Journal of Applied Developmental Psychology, 15*, 33–58.

Oliver, R.L. (1994). Conceptual issues in the structural analysis of consumption emotion, satisfaction, and quality. In C.T. Allen & D.R. John (Eds.), *Advances in consumer research* (vol. 21). Provo, UT: Association for Consumer Research.

Oliver, R.L. (1996). *Satisfaction: A behavioral perspective on the consumer.* New York: McGraw-Hill.

Olsen, G.D. (2002). Salient stimuli in advertising: The effect of contrast interval length and type on recall. *Journal of Experimental Psychology: Applied, 8*, 168–179.

Ortega, B. (1993). Jewelers bet honest image, price cut and gimmicks will make sales glitter. *Wall Street Journal*, December 6, B1, B10.

Oskamp, S. (1977). *Attitudes and opinions.* Englewood Cliffs, NJ: Prentice Hall.

Oskamp, S. (2000). A sustainable future for humanity? How can psychology help? *American Psychologist, 55*, 496–508.

Packard, V. (1957). *Hidden persuaders.* New York: Penguin Books.

Padgham, C.A., & Saunders, J.E. (1975). *The perception of light and colour.* London: G. Bell & Sons Ltd.

Palmeri, T.J. & Gauthier, I. (2004). Visual object understanding. *Nature Reviews Neuroscience, 5,* 291–303.

Parasuraman, R. (1986). Vigilance, monitoring and search. In K.R. Boff, L. Kaufman & J.P. Thomas (Eds.), *Handbook of perception and human performance.* New York: Wiley.

Park, D.C., Royal, D., Dudley, W., & Morrell, R. (1988). Forgetting of pictures over a long retention interval in old and young adults. *Psychology and Aging, 3,* 94–95.

Park, D.C., Smith, A.D., Morrell, R.W., Puglisi, J.T., & Dudley, W.N. (1990). Effects of contextual integration on recall of pictures in older adults. *Journal of Gerontology: Psychological Sciences, 45,* 52–58.

Pavelchak, M.A., Antil, J.H., & Munch, J.M. (1988). The Super Bowl: An investigation into the relationship among program context, emotional experience, and ad recall. *Journal of Consumer Research, 15,* 360–367.

Pavlov, I.P. (1927). *Conditioned reflexes.* London: Clarendon Press.

Payne, J.W., Bettman, J.R. & Johnson, E.J. (1992). Behavioral decision research: A constructive processing perspective. *Annual Review of Psychology, 43,* 87–131.

Payne, J.W., Bettman, J.R., & Johnson, E.J. (1993). *The adaptive decision maker.* Sydney: Cambridge University Press.

Peck, J. (1999). Extraction of haptic properties: Individual characteristics and stimulus characteristics. Unpublished doctoral dissertation, University of Minnesota.

Peck, J., & Childers, T. (2003a). To have and to hold: The influence of haptic information on product judgements. *Journal of Marketing, 67,* 35–48.

Peck, J., & Childers, T. (2003b). Individual differences in haptic information processing: The 'need for touch scale'. *Journal of Consumer Research, 30,* 430–442.

Peracchio, L.A., & Tybout, A.M. (1996). The moderating role of prior knowledge in schema-based product evaluation. *Journal of Consumer Research, 23,* 177–193.

Peters, E., & Slovic, P. (2000). The springs of action: Affective and analytical information processing in choice. *Personality and Social Psychology Bulletin, 26,* 1465–1475.

Peterson, H.C. (1939). *Propaganda for war: The campaign against American neutrality, 1914–1917.* Norman: University of Oklahoma Press.

Petty, R.E. (1995). Attitude change. In A. Tesser (Ed.), *Advanced social psychology* (pp. 195–255). New York: McGraw-Hill.

Petty, R.E., & Cacioppo, J.T. (1981). *Attitudes and persuasion: Classic and contemporary approaches.* Dubuque: Wm. C. Brown.

Petty, R.E., & Cacioppo, J.T. (1986a). The elaboration likelihood model of persuasion. *Advances in Experimental Social Psychology, 19,* 123–205.

Petty, R.E., & Cacioppo, J.T. (1986b). *Communication and persuasion: Central and peripheral routes to attitude change.* New York: Springer Verlag.

Petty, R.E., & Krosnick, J.A. (1995). *Attitude strength: Antecedents and consequences.* Mahwah, NJ: Lawrence Erlbaum Associates.

Petty, R.E., & Wegener, D. (1998). Attitude change: Multiple roles for persuasion variables. In D.T. Gilbert, S.T. Fiske & G. Lindzey (Eds.), *The handbook of social psychology* (4th ed., vol. 2, pp. 323–390). New York: McGraw-Hill.

Pham, M.T. (1998). Representativeness, relevance, and the use of feelings in decision-making. *Journal of Consumer Research, 25,* 144–159.

Pham, M.T., & Avnet, T. (2004). Ideals and oughts and the weighting of affect versus substance in persuasion. *Journal of Consumer Research, 30,* 503–518.

Phillips, H., & Bradshaw, R. (1993). How customers actually shop: Customer interaction at the point of sale. *Journal of Market Research, 35,* 51–62.

Piaget, J. (1932). *The moral judgement of the child.* Harmondsworth: Penguin.

Piaget, J. (1936). *The origin of intelligence in the child.* London: Routledge & Kegan Paul.

Piaget, J. (1951). *Play, dreams, and imitation in childhood.* London: Routledge & Kegan Paul.

Pieters, R.G.M. (1991). Changing garbage disposal patterns of consumers: Motivation, ability, and performance. *Journal of Public Policy and Marketing, 10,* 59–76.

Pinto, M.B., & Leonidas, L. (1994). The impact of office characteristics on satisfaction with medical care: A 'before and after' study. *Health Marketing Quarterly, 12*, 43–54.

Platt, J. (1973). Social traps. *American Psychologist, 28*, 641–651.

Plummer, J.T. (1985). How personality makes a difference. *Journal of Advertising Research, 24*, 27–31.

Poffenberger, A.T. (1925). *Psychology in advertising.* New York: A.W. Shaw.

Poffenberger, A.T. (1927). *Applied psychology: Its principles and methods.* New York: D. Appleton.

Pollay, R.W. (1983). Measuring the cultural values manifest in advertising. In J.H. Leigh, & C.R. Martin (Eds.), *Current issues and research in advertising* (pp.71–92). Ann Arbor: University of Michigan Press.

Potter, W.J. (1991). The linearity assumption in cultivation research. *Human Communication Research, 17*, 562–583.

Povinelli, D.J. (1994). A theory of mind is in the head, not the heart. *Behavioral and Brain Sciences, 17*, 573–574.

Pratkanis, A.R. (1992). The cargi-cult science of subliminal persuasion. *Skeptical Inquirer, 16*, 260–272.

Pratkanis, A.R., Greenwald, A.G., Leippe, M.R. & Baumgardner, M.H. (1988). In search of reliable persuasion effects: III. The sleeper effect is dead. Long live the sleeper effect. *Journal of Personality and Social Psychology, 54*, 203–218.

Premack, D. (1959). Toward empirical behaviour laws: I. Positive reinforcement. *Psychological Review, 66*, 219–233.

Priester, J., Nayakankuppam, D., Fleming, M.A., & Godek, J. (2004). The A2SC2 model: The influence of attitudes and attitude strength on consideration and choice. *Journal of Consumer Research, 30*, 574–587.

Priester, J.R., & Petty, R.E. (1995). Source attributions and persuasion: Perceived honesty as a determinant of message scrutiny. *Personality and Social Psychology Bulletin, 21*, 637–654.

Priester, J.R., & Petty, R.E. (2003). The influence of spokesperson trustworthiness on message elaboration, attitude strength, and advertising effectiveness. *Journal of Consumer Psychology, 13*, 408–421.

Provenzo, E.F. (1991). *Video kids: Making sense of Nintendo.* Cambridge, MA: Harvard University Press.

Qrius (2005). *Jongeren 2005.* Amsterdam: Qrius.

Raacke, J.R., & Bonds-Raacke, J. (2008). MySpace and Facebook: Applying the uses and gratifications theory to exploring friend-networking sites. *CyberPsychology & Behavior, 11*, 169–174.

Raghunathan, R., & Pham, M.T. (1999). All negative moods are not equal: Motivational influences of anxiety and sadness on decision making. *Organizational Behavior and Human Decision Processes, 79*, 56–77.

Raghunathan, R., & Trope, Y. (2002). Walking the tightrope between feeling good and being accurate: Mood as a resource in processing persuasive messages. *Journal of Personality and Social Psychology, 83*, 521–525.

Ratchford, B.T. (2001). The economics of consumer knowledge. *Journal of Consumer Research*, 27.

Ray, M.L., & Wilkie, W.L. (1970). Fear: The potential of an appeal neglected by marketing. *Journal of Marketing, 34*, 54–62.

Reeves, B., & Nass, C.I. (1996). *The media equation.* Cambridge: Cambridge University Press.

Regan, D.T., & Fazio, R.H. (1977). On the consistency of attitudes and behaviour: Look to the method of attitude formation. *Journal of Experimental Social Psychology, 13*, 38–45.

Reichel, D.A., & Geller, E.S. (1980). Group vs. individual contingencies to conserve transportation energy. Paper presented at the Southeastern Psychological Association meeting, Washington, DC.

Reichert, T., & Alvaro, E. (2001). The effects of sexual information on ad and brand processing and recall. *Southwestern Mass Communication Journal, 17*, 9–17.

Reichert, T., Heckler, S.E., & Jackson, S. (2001). The effects of sexual social marketing appeals on cognitive processing and persuasion. *Journal of Advertising, 30*, 13–27.

Reingen, P.H. (1982). Test of a list procedure for inducing compliance with a request to donate money. *Journal of Applied Psychology, 67*, 110–118.

Rhodes, N., & Wood, W. (1992). Self-esteem and intelligence affect influenceability: The mediating role of message reception. *Psychological Bulletin, 111*, 156–171.

Rice, M.L., Huston, A.C., Truglio, R.T., & Wright, J.C. (1990). Words from Sesame Street: Learning vocabulary while viewing. *Developmental Psychology, 26*, 421–428.

Richins, M.L. (1991). Social comparison and the idealized images of advertising. *Journal of Consumer Research, 18*, 71–83.

Richins, M.L. (1994). Special possessions and the expression of material values. *Journal of Consumer Research, 21*, 522–533.

Richins, M.L. (1997). Measuring emotions in the consumption experience. *Journal of Consumer Research, 24*, 127–146.

Richins, M.L., & Dawson, S. (1992). A consumer values orientation for materialism and its measurement: Scale development and validation. *Journal of Consumer Research, 19*, 303–316.

Rindfleisch, A., Burroughs, J.E., & Denton, F. (1997). Family structure, materialism, and compulsive consumption. *Journal of Consumer Research, 23*, 312–325.

Roberts, D.F., Foehr, U.G., Rideout, U.T., & Brodie, M. (1999). *Kids and the media at the new millennium*. Menlo Park, CA: Kaiser Family Foundation.

Robertson, T.S., & Rossiter, J.R. (1974). Children and commercial persuasion: An attribution theory analysis. *Journal of Consumer Research, 1*, 13–20.

Rochberg-Halton, E. (1984). Object relations, role models and cultivation of the self. *Environment and Behavior, 16*, 335–368.

Roche, J. (1994). *The international cotton trade*. Cambridge: Woodhead Publishing Limited.

Rock, I. (1986). The description and analysis of object and event perception. In K.R. Boff, L. Kaufman & J.P. Thomas (Eds.), *Handbook of perception and human performance* (vol. 2, pp. 33–1 to 33–71). New York: Wiley.

Roehm, M.L. (2001). Instrumental vs. vocal versions of popular music in advertising. *Journal of Advertising Research, 41*, 49–58.

Rogers, R. (1983). Cognitive and physiological processes in fear appeals and attitude change: A revised theory of protection motivation. In J.T. Cacioppo & R.E. Petty (Eds.), *Social psychophysiology: A sourcebook* (pp. 153–176). New York: Guilford Press.

Rogers, W.A., & Fisk, A.D. (2000). Human factors. In F.I.M. Craik & T.A. Salthhouse (Eds.), *The handbook of aging and cognition* (2nd ed., pp. 559–591). Mahwah, NJ: Erlbaum.

Roggeveen, A.B., Kingstone, A., & Enns, J.T. (2003). Symmetry relations influence target-distractor comparison in visual search, *Journal of Vision, 3*, 229.

Rokeach, M. (1973). *The nature of human values*. New York: Free Press.

Roodman, D.M. (1999). Building a sustainable society. In L.R. Brown & C. Flavin (Eds.), *State of the world, 1999* (pp. 169–188). New York: Norton.

Rook, K.S. (1986). Encouraging preventive behaviour for distant and proximal health threats: Effects of vivid versus abstract information. *Journal of Gerontology, 41*, 526–534.

Rose, P. (2007). Mediators of the association between narcissism and compulsive buying: The roles of materialism and compulsive control. *Psychology of Addictive Behaviors, 21*, 576–581.

Rosenkoetter, L.J., Rosenkoetter, S.E., Ozretich, R.A., & Acock, A.C. (2004). Mitigating the harmful effects of violent television. *Journal of Applied Developmental Psychology, 25*, 25–47.

Rosenthal, R., & Jacobson, L.F. (1968). *Pygmalion in the classroom*. New York: Holt, Rinehart & Winston.

Roskos-Ewoldsen, D.R., & Fazio, R.H. (1992). On the orienting value of attitudes: Attitude accessibility as a determinant of an object's attraction of visual attention. *Journal of Personality and Social Psychology, 63*, 198–211.

Ross, R.P., Campbell, T., Wright, J.C., Huston, A.C., Rice, M.L., & Turk, P. (1984). When celebrities talk, children listen: An experimental analysis of children's responses to TV ads with celebrity endorsement. *Journal of Applied Developmental Psychology, 5*, 185–202.

Ross, W.T., & Creyer, E.H. (1992). Making inferences about missing information: The effects of existing information. *Journal of Consumer Research, 19*, 14–25.

Rossiter, J., & Percy, L. (1997). *Advertising, communications and promotion management.* New York: McGraw-Hill.

Rossiter, J.R. (1976). Visual and verbal memory in children's product information utilization. In B.B. Anderson (Ed.), *Advances in consumer research* (vol. 3, pp. 572–576). Ann Arbor, MI: Association for Consumer Research.

Roth, I. (1986). An introduction to object perception. In I. Roth & J.P. Frisby (Eds.), *Perception and representation: A cognitive approach.* Milton Keynes: Open University Press.

Rothschild, M.L., & Gaidis, W.C. (2002). Behavioral learning theory: Its relevance to marketing and promotions. In G.R. Foxall (Ed.), *Consumer behaviour analysis: Critical perspectives on business and management* (pp. 82–91). London: Routledge.

Rubin, A.M. (1978). Child and adolescent television use and political socialization. *Journalism Quarterly, 55,* 125–129.

Ruiter, R.A.C., Abraham, C., & Kok, G. (2001). Scary warnings and rational precautions: A review of the psychology of fear appeals. *Psychology and Health, 16,* 613–630.

Ruskin, G. (1999). Why they whine: How corporations pry on our children. *Mothering, 97,* 41–50.

Ryan, B., Jr. (1991). *It works! How investment spending in advertising pays off.* New York: American Association of Advertising Agencies.

Salovey, P., & Birnbaum, D. (1989). Influence of mood on health-related cognitions. *Journal of Personality and Social Psychology, 57,* 539–551.

Salthouse, T.A. (1996). The processing-speed theory of adult age differences in cognition. *Psychological Review, 103,* 403–428.

Schachtel, E.G. (1959). *Metamorphosis,* New York: Basic Books.

Schachter, S. (1951). Deviation, rejection and communication. *Journal of Abnormal and Social Psychology, 46,* 190–207.

Schaie, K.W. (2005). *Developmental influences on adult intelligence: The Seattle longitudinal study.* New York: Oxford University Press.

Schau, H., & Gilly, M. (2003). We are what we post: Self-presentation in personal Web space. *Journal of Consumer Research, 30,* 385–404.

Schechter, D. (2000). Eye on the media: Television finds new ways to beam violence at us. *Newsday,* May 10, p. A46.

Scherhorn, G., Reisch, L.A., & Raab, G. (1990). Addictive buying in West Germany: An empirical study. *Journal of Consumer Policy, 13,* 355–387.

Schlosser, A.E. (2003). Computers as situational cues: Implications for consumers' product cognitions and attitudes. *Journal of Consumer Psychology, 13,* 103–112.

Schlosser, A.E., Barnett-White, T., & Lloyd, S.M. (2006). Converting web site visitors into buyers: how web site investments increase consumer trusting beliefs and online purchase intentions. *Journal of Marketing, 70,* 2.

Schmitt, K.L., Anderson, D.R., & Collins, P.A. (1999). Form and content: Looking at visual features of television. *Developmental Psychology, 35,* 1156–1167.

Schneider, D. (1997). The rising seas. *Scientific American, 276,* 112–117.

Schoenbachler, D.D., & Whittler, T.E. (1996). Adolescent processing of social and physical threat communications. *Journal of Advertising, 25,* 37–54.

Schuller, R.A., Smith, V.L., & Olson, J.M. (1994). Jurors' decisions in trials of battered women who kill: The role of prior beliefs and expert testimony. *Journal of Applied Social Psychology, 24,* 316–337.

Schultz, D.P., & Schultz, S.E. (2004). *A history of modern psychology.* Belmont, CA: Wadsworth.

Schutte, N.S., Malouff, J.M., Post-Gorden, J.C. & Rodasta, A.L. (1988). Effects of playing video games on children's aggressive and other behaviours. *Journal of Applied Social Psychology, 18,* 454–460.

Schwartz, B. (2004). *The paradox of choice: Why more is less.* New York: HarperCollins.

Schwartz, B., Ward, A., Monterosso, J., Lyubomirsky, S., White, K., & Lehman, D.R. (2002). Maximizing versus satisficing: Happiness is a matter of choice. *Journal of Personality and Social Psychology, 83,* 1178–1197.

Schwartz, N., & Kurz, E. (1989). What's in a picture? The impact of face-ism on trait attribution. *European Journal of Social Psychology, 19,* 311–316.

Schwartz, S.H. (1992). Universals in the content and structure of values: Theoretical advances and empirical tests in 20 countries. In M.P. Zanna (Ed.), *Advances in experimental social psychology* (vol. 25, pp. 1–65). San Diego: Academic Press.

Schwartz, S.H., & Bilsky, W. (1987). Toward a universal psychological structure of human values. *Journal of Personality and Social Psychology, 53,* 550–562.

Schwarz, N. (1990). Feelings as information: Informational and motivational functions of affective states. In E.T. Higgins & R. Sorrentino (Eds.), *Handbook of motivation and cognition: Foundations of social behaviour* (vol. 2, pp. 527–561). New York: Guilford Press.

Schwarz, N. (2001). Feelings as information: Implications for affective influences on information processing. In L.L. Martin & G.L. Clore (Eds.), *Theories of mood and cognition: A user's guidebook* (pp. 159–179). Mahwah, NJ: Erlbaum.

Schwarz, N. (2004). Metacognitive experiences in consumer judgment and decision making. *Journal of Consumer Psychology, 14,* 332–348.

Schwarz, N., Bless, H., Strack, F., Klumpp, G., Rittenauerschatka, H., & Simons, A. (1991). Ease of retrieval as information: Another look at the availability heuristic. *Journal of Personality and Social Psychology, 61,* 195–202.

Schwarz, N., & Clore, G.L. (1983). Mood, misattribution and judgments of well-being: Informative and directive functions of affective states. *Journal of Personality and Social Psychology, 45,* 513–523.

Schwarz, N., & Clore, G.L. (1996). Feelings and phenomenal experiences. In E.T. Higgins & A.W. Kruglanski (Eds.), *Social psychology: Handbook of basic principles* (pp. 433–465). New York: Guilford Press.

Schwarz, N., & Vaughn, L.A. (2002). The availability heuristic revisited: Ease of recall and content of recall as distinct sources of information. In T. Gilovich, D.W. Griffin & D. Kahneman (Eds.), *Heuristics and biases: The psychology of intuitive judgment* (pp. 103–119). Cambridge: Cambridge University Press.

Scott, C., Klein, D.M., & Bryant, J. (1990). Consumer response to humor in advertising: A series of field studies using behavioural observation. *Journal of Consumer Research, 16,* 498–501.

Scott, W.D. (1903). *Theory of advertising.* Boston: Small, Maynard, & Co.

Sedikides C., & Brewer, M. (Eds.), (2001). *Individual self, relational self, collective self.* New York: Psychology Press.

Sedikides, C., Gregg, A.P., Cisek, S., & Hart, C.M. (2007). The I that buys: Narcissists as consumers. *Journal of Consumer Psychology, 17,* 254–257.

Shah, A.K., & Oppenheimer, D.M. (2008). Heuristics made easy: An effort-reduction framework. *Psychological Bulletin, 134,* 207–222.

Shammas, C. (1990). *The preindustrial consumer in England and America.* Oxford: Basil Blackwell.

Shapiro, S., Lindsey, C., & Krishnan, H.S., (2006). Intentional forgetting as a facilitator for recalling new product attributes. *Journal of Experimental Psychology: Applied, 12,* 251–263.

Shavitt, S. (1990). The role of attitude objects in attitude functions. *Journal of Experimental Social Psychology, 26,* 124–148.

Shavitt, S., Lee, A.Y., & Johnson, T.P. (2008). Cross-cultural consumer psychology. In C.P. Haugtvedt, P.M. Herr & F.R. Kardes (Eds.), *Handbook of consumer psychology* (pp. 1103–1132). New York: Lawrence Erlbaum Associates.

Shavitt, S., Swan, S., Lowrey, T.M., & Wänke, M. (1994). The interaction of endorser attractiveness and involvement in persuasion depends on the goal that guides message processing. *Journal of Consumer Psychology, 3,* 137–162.

Sheehan, M.O. (2001). Making better transportation choices. In L.R. Brown, C. Flavin & H. French (Eds.), *State of the world, 2001: A Worldwatch Institute report on progress toward a sustainable society* (pp. 103–122). New York: Norton.

Sherman, S.J., Zehner, K.S., Johnson, J., & Hirt, E.R. (1983). Social explanation: The role of timing, set and recall on subjective likelihood estimates. *Journal of Personality and Social Psychology, 44,* 1127–1143.

Sheth, J.N., & Sisodia, R.S. (1999). Revisiting marketing's lawlike generalizations. *Journal of Academy of Marketing Science, 27*, 71–87.

Shiv, B., Carmon, Z., & Ariely, D. (2005). Placebo effects of marketing actions: Consumers may get what they pay for. *Journal of Marketing Research, 42*, 383–393.

Signorielli, N. (1984). The measurement of violence in television programming: Violence indices. In J.R. Dominic & J.E. Fletcher (Eds.), *Broadcasting research methods.* Boston: Allyn and Bacon.

Signorielli, N. (1991). *A sourcebook on children and television.* New York: Greenwood.

Signorielli, N., & Lears, M. (1992). Children, television, and conceptions about chores: Attitudes and behaviours. *Sex Roles, 27*, 157–170.

Singer, D.G., Singer, J.L., & Zuckerman, D.M. (1990). *The parents' guide: Use TV to your child's advantage.* Reston: Acropolis.

Siomos, K.E., Dafouli, E.D., Braimiotis, D.A., Mouzas, O.D., & Angelopoulos, N.V. (2008). Internet addiction among Greek adolescent students. *Cyberpsychology & Behavior, 11*, 653–657.

Skinner, B.F. (1953). *Science and human behavior.* New York: Free Press.

Skowronski, J.J., & Carlston, D.E. (1987). Social judgement and social memory: The role of cue diagnosticity in negativity, positivity, and extremity biases. *Journal of Personality and Social Psychology*, 52, 689–699.

Skurnik, I., Yoon, C., Park, D.C., & Schwarz, N. (2005). How warnings about false claims become recommendations. *Journal of Consumer Research, 31*, 713–724.

Smith, A.D., Park, D.C., Cherry, K., & Berkovsky, K. (1990). Age differences in memory for concrete and abstract pictures. *Journal of Gerontology: Psychological Sciences, 45*, P205–P209.

Smith, E.R., Fazio, R.H., & Cejka, M.A. (1996). Accessible attitudes influence categorization of multiply categorizable objects. *Journal of Personality and Social Psychology, 71*, 888–898.

Smith, G.H., & Engle, R. (1968). Influence of a female model on perceived characteristics of an automobile. *Proceedings of the 76th Annual Convention of the American Psychological Association, 3*, 681–682.

Smith, K.H., & Stutts, M.A. (2003). Effects of short-term cosmetic versus long-term health fear appeals in anti-smoking advertisements on the smoking behaviour of adolescents. *Journal of Consumer Behaviour, 3*, 157–177.

Smith, M.B., Bruner, J.S., & White, R.W. (1956). *Opinions and personality.* New York: Wiley.

Smith, R.E., & Swinyard, W.R. (1983). Attitude-behavior consistency: The impact of product trial versus advertising. *Journal of Marketing Research, 20*, 257–267.

Smith, S.M., & Shaffer, D.R. (1991). Celerity and cajolery: Rapid speech may promote or inhibit persuasion through its impact on message elaboration, *Personality and Social Psychology Bulletin, 17*, 663–669.

Smith, S.M., & Shaffer, D.R. (1995). Speed of speech and persuasion: Evidence for multiple effects. *Personality and Social Psychology Bulletin, 21*, 1051–1060.

Smith, S.M., & Shaffer, D.R. (2000). Vividness can undermine or enhance message: The moderating role of vividness congruency. *Personality and Social Psychology Bulletin, 26*, 769–779.

Snyder, M. (1974). Self-monitoring of expressive behaviour. *Journal of Personality and Social Psychology, 30*, 526–537.

Snyder, M. (1979). Self-monitoring processes. In L. Berkowitz (Ed.), *Advances in experimental social psychology* (vol. 12, pp. 86–131). New York: Academic Press.

Snyder, M., & DeBono, K.G. (1985). Appeals to images and claims about quality: Understanding the psychology of advertising. *Journal of Personality and Social Psychology, 49*, 586–597.

Snyder, M., & DeBono, K.G. (1989). Understanding the functions of attitudes: Lessons for personality and social behaviour. In A.R. Pratkanis, S.J. Breckler & A.G. Greenwald (Eds.), *Attitude structure and function* (pp. 339–359). Hillsdale, NJ: Lawrence Erlbaum Associates.

Snyder, M.L., Stephan, W.G., & Rosenfield, D. (1978). Attributional egotism. In J.H. Harvey, W. Ickes & R.F. Kidd (Eds.), *New directions in attribution research* (vol. 2, pp. 91–120). Hillsdale, NJ: Lawrence Erlbaum Associates.

Solomon, M.R. (1983). The role of products as social stimuli: A symbolic interactionism perspective. *Journal of Consumer Research, 10*, 319–329.

Solomon, M.R., Drenan, S., & Insko, C.A. (1981). Popular induction: When is consensus information informative? *Journal of Personality, 49,* 212–224.

Soper, W.B., & Miller, M.J. (1983). Junk time junkies: An emerging addiction among students. *School Counsellor, 31,* 40–43.

Spangenberg, E.R., Crowley, A.E., & Henderson, P.W. (1996). Improving the store environment: Do olfactory cues affect evaluations and behaviours? *Journal of Marketing, 60,* 67–80.

Speck, P.S. (1991). The humorous ads. In. J.H. Leigh & C.R. Martin, Jr. (Eds.), *Current issues and research in advertising.* (pp. 1–44). Ann Arbor, MI: University of Michigan Press.

Sperling, G. (1960). The information available in brief visual presentations. *Psychological Monographs, 74,* 1–29.

Spotts, H.E., Weinberger, M.G., & Parsons, A.L. (1997). Assessing the use and impact of humor on advertising effectiveness: A contingency approach. *Journal of Advertising, 26,* 17–32.

Sprott, D.E., & Shimp, T.A. (2004). Using product sampling to augment the perceived quality of store brands. *Journal of Retailing, 80,* 305–315.

Srull, T.K. (1983). Affect and memory: The impact of affective reactions in advertising on the representation of product information in memory. In R.P. Bagozzi & A. Tybout (Eds.), *Advances in consumer research* (vol. 10). Ann Arbor, MI: Association for Consumer Research.

Srull, T.K. (1984). The effects of subjective affective states on memory and judgment. In T.C. Kinnear (Ed.), *Advances in consumer research* (Vol. 11). Provo, UT: Association for Consumer Research.

Starch, D. (1914). *Advertising: Its principles, practice and technique.* New York: Scott, Foresman.

Starch, D. (1923). *Principles of advertising,* New York: McGraw-Hill.

Statistics Norway (2007). Survey of consumer expenditure 2004–2006. Retrieved 10 June 2008 from http://www.ssb.no/fbu_en

Stern, B., & Resnik, A. (1978). Children's understanding of a televised commercial disclaimer. In S. Jain (Ed.), *Research frontiers in marketing: Dialogues and directions* (pp. 332–336). Chicago: American Marketing Association.

Stern, P.C. (2000). Psychology, sustainability, and the science of human–environment interactions. *American Psychologist, 55,* 523–530.

Stern, P.C., Dietz, T., Ruttan, V.W., Socolow, R.H., & Sweeney, J.L. (1997). *Environmentally significant consumption.* Washington, DC: National Academy Press.

Sternthal, B., & Craig, C.S. (1982). *Consumer behaviour: An information processing perspective.* Englewood Cliffs, NJ: Prentice-Hall.

Stone, M., Hobbs, M., & Khaleeli, M. (2002). Multichannel customer management: The benefits and challenges. *Journal of Database Marketing, 10,* 39–52.

Strahan, E.J., Spencer, S.J., & Zanna, M.P. (2002). Subliminal priming and persuasion: Striking while the iron is hot. *Journal of Experimental Social Psychology, 38,* 556–568.

Stunkard, A., Sorensen, T., & Schulsinger, F. (1980). Use of the Danish Adoption Register for the study of obesity and thinness. In S. Kety (Ed.), *The genetics of neurological and psychiatric disorders* (pp. 115–120). New York: Raven Press.

Suls, J., & Wheeler, L. (Eds.), (2000). *Handbook of social comparison: Theory and research.* New York: Kluwer/Plenum.

Sum, S., Mathews, R.M., Hughes, I., & Campbell, A. (2008). Internet use and loneliness in older adults. *CyberPsychology & Behavior, 11,* 208–211.

Supphellen, M., & Nelson, M.R. (2001). Developing, exploring, and validating a typology of private philanthropic decision making. *Journal of Economic Psychology, 22,* 573–603.

Swann, W.B., & Miller, L.C. (1982). Why never forgetting a face matters: Visual imagery and social memory. *Journal of Personality and Social Psychology, 43,* 457–480.

Sweeney, J.C., & Wyber, F. (2002). The role of cognitions and emotions in the music-approach-avoidance behaviour relationship. *The Journal of Services Marketing, 16,* 51–69.

Syme, G.J., Seligman, C., Kantola, S.J., & Macpherson, D.K. (1987). Evaluating a television campaign to promote petrol conservation. *Environment and Behavior, 19,* 444–461.

Tajfel, H. (1981). *Human groups and social categories: Studies in social psychology.* Cambridge: Cambridge University Press.

Tajfel, H., & Wilkes, A.L. (1963). Classification and quantitative judgement. *British Journal of Psychology, 54,* 101–114.

Tanner, C., & Jungbluth, N. (2003). Evidence for the coincidence effect in environmental judgments: Why isn't it easy to correctly identify environmentally friendly food products? *Journal of Experimental Psychology: Applied, 9,* 3–11.

Tatzel, M. (2003). The art of buying: Coming to terms with money and materialism. *Journal of Happiness Studies, 4,* 405–435.

Taylor, S.E., & Thompson, S.C. (1982). Stalking the elusive 'vividness' effect. *Psychological Review, 89,* 155–181.

Thayer, S.E., & Ray, S. (2006). Online communication preferences across age, gender, and duration of Internet use. *CyberPsychology & Behavior, 9,* 432–40.

The Information Centre (2006). Statistics on obesity, physical activity and diet: England, 2006. Retrieved 12 January 2008 from http://www.ic.nhs.uk/webfiles/publications/opan06/OPAN%20bulletin%20finalv2.pdf

Theus, K.T. (1994). Subliminal advertising and the psychology of processing unconscious stimuli: A review. *Psychology & Marketing, 11,* 271–290.

Thøgersen, J. (1993). Wasteful food consumption: Trends in food and packaging waste. In W.F. van Raaij & G. Bamossy (Eds.), *European Advances in Consumer Research 1* (pp. 434–439). Provo, UT: Association for Consumer Research.

Thompson, J.K., Heinberg, L.J., Altabe, M., & Tantleff-Dunn, S. (1999). *Exacting beauty: Theory, assessment and treatment of body image disturbance.* Washington, DC: American Psychological Association.

Tietje, B., & Brunel, F. (2005). Towards a unified theory of implicit consumer brand cognitions. In F.R. Kardes, P.M. Herr & J. Natel (Eds.), *Applying social cognition consumer-focused strategy.* Mahwah, NJ: Erlbaum.

Tinsley, B.R. (2002). *How children learn to be healthy.* New York: Cambridge University Press.

Tipper, S.P. & Driver, J. (2000). Negative priming between pictures and words in a selective attention task: Evidence for semantic processing of ignored stimuli. In M.S. Gazzaniga (Ed.), *Cognitive neuroscience: A reader* (pp 176–187). Maiden, MA: Blackwell Publishers Inc.

Tolman, E.C. (1932). *Purposive behaviour in animals and men.* New York: Century Books.

Tom, G. (1990). Marketing with music. *Journal of Consumer Marketing, 7,* 49–53.

Trappey, C. (1996). A meta-analysis of consumer choice and subliminal advertising. *Psychology & Marketing, 13,* 517–530.

Trope, Y., & Pomerantz, E.M. (1998). Resolving conflicts among self-evaluative motives: Positive experiences as a resource for overcoming defensiveness. *Motivation and Emotion, 22,* 53–72.

Tulving, E. (1972). Episodic and semantic memory. In E. Tulving & W. Donaldson (Eds.), *Organisation of memory.* London: Academic Press.

Tulving, E. (1983). Synergistic ecphory in recall and recognition. *Canadian Journal of Psychology, 36,* 130–147.

Tulving, E., & Psotka, J. (1971). Retroactive inhibition in free recall: Inaccessibility of information available in the memory store. *Journal of Experimental Psychology, 87,* 1–8.

Tulving, E., & Thomson, D.M. (1973). Encoding specificity and retrieval processes in episodic memory. *Psychological Review, 80,* 352–373.

Tun, P.A., Wingfield, A., Rosen, M.J., & Blanchard, L.S. (1998). Response latencies for false memories: Association, discrimination, and normal aging. *Psychology and Aging, 14,* 230–241.

Turley, L.W., & Milliman, R.E. (2000). Atmospheric effects on shopping behaviour: A review of the experimental evidence. *Journal of Business Research, 49,* 193–211.

Tversky, A. (1972). Elimination by aspects: A theory of choice. *Psychological Review, 79,* 281–299.

Tversky, A., & Kahneman, D. (1973). Availability: A heuristic for judging frequency and probability. *Cognitive Psychology, 5,* 207–232.

Tversky, A., & Kahneman, D. (1974). Judgement under uncertainty: Heuristics and biases. *Science, 185,* 1124–1131.

Tversky, A., & Kahneman, D. (1982). Causal schemas in judgments under uncertainty. In D. Kahneman, P. Slovic & A. Tversky (Eds.), *Judgment under uncertainty: Heuristics and biases* (pp. 117–128). New York: Cambridge University Press.

Tversky, A., & Kahneman, D. (1983). Extensional versus intuitive reasoning: the conjunction fallacy in probability judgement. *Psychological Review, 90*, 293–315.

Twedt, D.W. (1965). Consumer psychology. *Annual Review of Psychology, 16*, 265–294.

United Nations (1998). *Human Development Report.* New York: Oxford University Press.

Unnava, H.R., & Burnkrant, R.E. (1991). Effects of repeating varied ad executions on brand name memory. *Journal of Marketing Research, 28*, 406–416.

Valkenburg P.M., & Peter, J. (2007). Preadolescents' and adolescents' online communication and their closeness to friends. *Developmental Psychology, 43*, 267–277.

Valkenburg, P.M., Peter, J., & Schouten A.P. (2006). Friend networking sites and their relationship to adolescents' well-being and social self-esteem. *CyberPsychology & Behavior, 9*, 584–590.

Van Boven, L. (2005). Experientialism, materialism, and the pursuit of happiness. *Review of General Psychology, 9*, 132–142.

Van Boven, L., Campbell, M.C., & Gilovich, T. (2008). Social costs of materialism: On stereotypes and impressions of materialistic versus experiential pursuits. Paper presented at the Conference for Society for Consumer Psychology, New Orleans, February.

Van Boven, L., & Gilovich, T. (2003). To do or to have? That is the question. *Journal of Personality and Social Psychology, 85*, 1193–1202.

Van den Broek, P. (1997). Discovering the element of the universe: The development of event comprehension from childhood to adulthood. In P. Van den Broek, P. Bauer & T. Bourg (Eds.), *Developmental spans in event comprehension: Bridging fictional and actual events* (pp. 321–342). Mahwah, NJ: Erlbaum.

Van den Broek, P., Lorch, E.P., & Thurlow, R. (1996). Children's and adults' memory for television stories: The role of causal factors, story-grammar categories, and hierarchical level. *Child Development, 67*, 3010–3028.

VanRullen, R., & Thorpe, S.J. (2001). Is it a bird? Is it a plane? Ultra-rapid visual categorisation of natural and artifactual objects. *Perception, 30*, 655–668.

Verhoef, P.C., Neslin, S.A., & Vroomen, B. (2007). Multichannel customer managements: Understanding the research-shopper phenomenon. *International Journal of Research in Marketing, 24*, 129–148.

Verplanken, B., & Aarts, H. (1999). Habit, attitude, and planned behaviour: Is habit an empty construct or an interesting case of automaticity? *European Review of Social Psychology, 10*, 101–134.

Verplanken, B., Hofstee, G., & Janssen, H.J.W. (1998). Accessibility of affective versus cognitive components of attitudes. *European Journal of Social Psychology, 28*, 23–35.

Victor, C., Scambler, S., Bond, J., & Bowling, A. (2000). Being alone in later life: Loneliness, social isolation and living alone. *Review of Clinical Gerontology, 10*, 407–417.

Vignoles, V.L., Regalia, C., Manzi, C., Golledge, J., & Scabini, E. (2006). Beyond self-esteem: The influence of multiple motives on identity construction. *Journal of Personality and Social Psychology, 90*, 308–333.

Vorkinn, M., & Riese, H. (2001). Environmental concern in a local context: The significance of place attachment. *Environment & Behavior, 33*, 249–263.

Wachtel, P. (1967). Conceptions of broad and narrow ability. *Psychological Bulletin, 68*, 417–429.

Wachtel, P.L (1983). *The poverty of affluence: A psychological portrait of the American way of life.* New York: Free Press.

Wackernagel, M., & Rees, W. (1996). *Our ecological footprint: Reducing human impact on the earth.* Philadelphia, PA: New Society.

Walker, J.M. (1979). Energy demand behavior in a master-meter apartment complex: An experimental analysis. *Journal of Applied Psychology, 64*, 190–196.

Wall, G. (1995). General versus specific environmental concern: A Western Canadian case. *Environment and Behavior, 27*, 294–316.

Wänke, M., Bohner, G., & Jurkowitsch, A. (1997). There are many reasons to drive a BMW – surely you know one: Ease of argument generation influences brand attitudes. *Journal of Consumer Research, 24*, 70–77.

Ward, S. (1972). Children's reactions to commercials. *Journal of Advertising Research, 12*, 37–45.

Ward, S., Wackman, D.B., & Wartella, E. (1977). *How children learn to buy*. Beverly Hills, CA: Sage Publications.

Wärneryd, K-E. (1999). Katona, George. In P.E. Earl & S. Kemp (Eds.), *The Elgar companion to consumer research and economic psychology*. Cheltenham: Edward Elgar Publishing Limited.

Warrington, E.K., & Shallice, T. (1972). Neuropsychological evidence of visual storage in short-term memory tasks. *Quarterly Journal of Experimental Psychology, 24*, 30–40.

Watson, J.B. (1913). Psychology as the behaviorist views it. *Psychological Review, 20*, 158–177.

Watson, J.B. (1919). *Psychology from the standpoint of a behaviorist*. Philadelphia, PA: Lippincott.

Watson, J.B. & Rayner, R. (1920). Conditioned emotional reactions. *Journal of Experimental Psychology, 3*, 1–14.

Watson, J.J. (2003). The relationship of materialism to spending tendencies, savings, and debt. *Journal of Economic Psychology, 24*, 723–739.

Weaver, J.B. & Laird, E.A. (1995). Mood management during the menstrual-cycle through selective exposure to television. *Journalism & Mass Communication Quarterly, 72*, 139–146.

Wegener, D.M., Petty, R.E., & Smith, S.M. (1995). Positive mood can increase or decrease message scrutiny: The hedonic contingency view of mood and message processing. *Journal of Personality and Social Psychology, 69*, 5–15.

Weinberger, M.G., & Campbell, L. (1991). The use and impact of humor in radio advertising. *Journal of Advertising Research, 31*, 44–52.

Weinberger, M.G., & Gulas, C.S. (1992). The impact of humor in advertising: A review. *Journal of Advertising, 21*, 35–59.

Weinberger, M.G., Spotts, H.E., Campbell, L., & Parsons, A.L. (1995). The use of humor in different advertising media. *Journal of Advertising Research, 35*, 44–56.

Weinstein, C.S. (1991). The classroom as a social context for learning. *Annual Review of Psychology, 42*, 493–525.

Weir, W. (1984). Another look at subliminal 'facts'. *Advertising Age*, 15 October, p. 46.

Weiss, J., & Brown, P. (1977). Self-insight error in the explanation of mood. Unpublished manuscript, Harvard University.

Wells, W.D. (Ed.), (1997). *Measuring advertising effectiveness*. Mahwah, NJ: Erlbaum.

Wenzel, B.M. (1979). Obituary: Albert Theodore Poffenberger (1885–1977). *American Psychologist, 34*, 88–90.

Wertheimer, M. (1923). Principles of perceptual organisation. In D.C. Beardslee & M. Wertheimer (Eds.), *Readings in Perception*. Princeton, NJ: Van Nostrand.

Westbrook, R.A., & Oliver, R.L. (1991). The dimensionality of consumption emotion patterns and consumer satisfaction. *Journal of Consumer Research, 18*, 84–91.

Wheeler, L. (1991). A brief history of social comparison theory. In J. Suls & T.A. Wills (Eds.), *Social comparison: Contemporary theory and research* (pp. 3–21). Hillsdale, NJ: Lawrence Erlbaum Associates.

Wickens, C.D. (1992). *Engineering psychology and human performance* (2nd ed.). New York: HarperCollins.

Wickens, C.D., & Hollands, J.G. (2000). *Engineering psychology and human performance* (3rd ed.). Upper Saddle River, NJ: Prentice Hall Inc.

Wickens, D.D. (1972). Characteristics of word encoding. In A.W. Melton & E. Martin (eds.), *Coding processes in human memory* (pp. 191–215). Washington, DC: Winston/Wiley.

Wicklund, R.A., & Gollwitzer, P.M. (1982). *Symbolic self-completion*. Hillsdale, NJ: Lawrence Erlbaum Associates.

Wigfield, A., & Eccles, J. S. (2000). Expectancy – value theory of motivation. *Contemporary Educational Psychology, 25*, 68–81.

Wilk, R. (1997). A critique of desire: Distaste and dislike in consumer behaviour. *Consumption, Markets & Culture, 1*, 175–196.

Wilkinson, J.B., Mason, J., & Paksoy, C.H. (1982). Assessing the impact of short-term supermarket strategy variables. *Journal of Marketing Research, 14*, 72–86.

Wills, T.A. (1981). Downward comparison principles in social psychology. *Psychological Bulletin, 90*, 245–271.

Wilson, J.R., & Wilson, S.L.R. (1998). *Mass media/mass culture* (4th ed.). New York: McGraw-Hill.

Wilson, T.D., & Brekke, N.C. (1994). Mental contamination and mental correction: Unwanted influences on judgements and evaluations. *Psychological Bulletin, 116*, 117–142.

Wilson, T.D., Houston, C.E., & Meyers, J.M. (1998). Choose your poison: Effects of lay beliefs about mental processes on attitude change. *Social Cognition, 16*, 1124–1132.

Wilson, T.D., Lindsey, S., & Schooler, T.Y. (2000). A model of dual attitudes. *Psychological Review, 107*, 101–126.

Wimmer, H., & Perner, J. (1983). Beliefs about beliefs: representations and constraining fuction of wrong beliefs in young children's understanding of deception. *Cognition, 13*, 103–128.

Winell, M. (1987). Personal goals: The key to self-direction in adulthood. In M.E. Ford & D.H. Ford (Eds.), *Humans as self-constructing living systems: Putting the framework to work* (pp. 261–287). Hillsdale, NJ: Lawrence Erlbaum Associates.

Winkel, M., Novak, D.M., & Hopson, H. (1987). Personality factors, subject gender and the effects of aggressive video games on aggression in adolescents. *Journal of Research in Personality, 21*, 211–223.

Winkler, J.R., & Bromberg, W. (1939). *The mind explorers*. New York: Reynald and Hitchcock, Advertising Publications, Inc.

Wolak, J., Mitchell, K.J., & Finkelhor, D. (2003). Escaping or connecting? Characteristics of youth who form close online relationships. *Journal of Adolescence, 26*, 105–119.

Wolf, N., & Feldman, E., (1991). *Plastics: America's packaging dilemma*. Environmental Action Coalition. Washington, DC: Island Press.

Wood, J.V. (1989). Theory and research concerning social comparisons of personal attributes. *Psychological Bulletin, 106*, 231–248.

Wood, S.L., & Bettman, J.R. (2007). Predicting happiness: How normative feeling rules influence (and even reverses) durability bias. *Journal of Consumer Psychology, 17*, 188–201.

Worldwatch Institute (2004). *State of the world 2004: Consumption by the numbers*. Retrieved 16 June 2008 from http://www.worldwatch.org/node/1783

Wright, J.C., Huston, A.C., Alvarez, M., Truglio, R., Fitch, M., & Piemyat, S. (1995). Perceived television reality and children's emotional and cognitive responses to its social content. *Journal of Applied Developmental Psychology, 16*, 231–251.

Wright, J.C., Huston, A.C., Murphy, K.C., St. Peters, M., Pinon, M., Scantlin, R., et al. (2001). The relations of early television viewing to school readiness and vocabulary of children from low-income families: The early window project. *Child Development, 72*, 1347–1366.

Wyer, R.S. (2004). *Social comprehension and judgment: The role of situation models, narratives, and implicit theories*. Mahwah, NJ: Erlbaum.

Yalch, R.F. (1991). Memory in a jingle jungle: Music as a mnemonic device in communicating advertising slogans. *Journal of Applied Psychology, 76*, 268–275.

Yalch, R.F., & Spangenberg, E.R. (2000). The effects of music in a retail setting on real and perceived shopping times. *Journal of Business Research, 49*, 139–147.

Yang, B., & Lester, D. (2004). Attitudes toward buying online. *CyberPsychology & Behavior, 7*, 85–91.

Yankelovich Partners & Harris Interactive (2001). Business-to-Business media study: Final report. Retrieved 22 September 2002 from http://www.americanbusinessmedia.com/images/abm/pdfs/resources/yankelovich_fullreport.pdf

Yeung, C.W.M., & Wyer, R.S. (2004). Affect, appraisal and consumer judgements. *Journal of Consumer Research, 31*, 412–424.

Yoon, C., Lee, M.P., & Danziger, S. (2007). The effects of optimal time of day on persuasion processes in older adults. *Psychology & Marketing, 5,* 475–495.

Young, K.S. (1996). Internet addiction: The emergence of a new clinical disorder. Paper presented at the 104th annual convention of the American Psychological Association, Toronto.

Yurchisin, J., & Johnson, K.P.P. (2004). Compulsive buying behaviour and its relationship to perceived social status associated with buying, materialism, self-esteem, and apparel-product involvement. *Family and Consumer Sciences Research Journal, 32,* 291–314.

Zahavi, A. (1975). Mate selection – A selection for a handicap. *Journal of Theoretical Biology, 53,* 205–214.

Zaichkowsky, J.L. (1985). Measuring the involvement construct in marketing. *Journal of Consumer Research, 12,* 341–352.

Zajonc, R.B. (2000). Feeling and thinking: Closing the debate of the independence of affect. In J.P. Forgas (Ed.), *Feeling and thinking: The role of affect in social cognition.* New York: Cambridge University Press.

Zajonc, R.B., & Markus, H. (1982). Affective and cognitive factors in preferences. *Journal of Consumer Research, 9,* 123–131.

Zanna, M.P., & Rempel, J.K. (1988). Attitudes: A new look at an old concept. In D. Bar-Tal & A.W. Kruglanski (Eds.), *The social psychology of attitudes* (pp. 315–334). New York: Cambridge University Press.

Zauberman, G. (2002). Lock-in over time: Time preferences, prediction accuracy and the information cost structure. *Advances in Consumer Research, 29,* 9–10.

Zhang, Y., & Gelb, B. (1996). Matching advertising appeals to culture: The influence of products' use conditions. *Journal of Advertising, 25,* 29–46.

Zhang, Y., & Zinkhan, G.M. (2006). Responses to humorous ads. *Journal of Advertising, 35,* 113–127.

Zhu, R., & Meyers-Levy, J. (2005). Distinguishing between the meanings of music: When background music affects product perceptions. *Journal of Marketing Research, 42,* 333–345.

Zill, N., Davies, E., & Daly, M. (1994). *Viewing of Sesame Street by preschool children in the United States and its relationship to school readiness.* Rockville: Westat.

Zillmann, D. (1971). Excitation transfer in communication-mediated aggressive behaviour. *Journal of Experimental Social Psychology, 7,* 419–434.

Zillmann, D. (1978). Attribution and misattribution of excitatory reactions. In J.H. Harvey, W. Ickes & R.F. Kidd (Eds.), *New directions in attribution research* (vol. 2, pp. 335–368). Hillsdale, NJ: Lawrence Erlbaum Associates.

Zillmann, D., & Bryant, J. (1984). Effects of massive exposure to pornography. In N.M. Malamuth & E. Donnerstein (Eds.), *Pornography and sexual aggression* (pp. 115–138). New York: Academic Press.

Zinkhan, G.M., Kwak, H., Morrison, M., & Peters, C.O. (2003). Web-based chatting: Consumer communication in cyberspace. *Journal of Consumer Psychology, 13,* 17–27.

Zinkhan, G., Kwak, H., & Pitt, L. (2001). Global and cultural perspectives on web-based chatting: An exploratory study. In P. Tidwell & T. Muller (Eds.), *Asia Pacific advances in consumer research* (vol. 4, pp. 243–250). Valdosta: Association for Consumer Research.

Zuckerman, M. (1994). *Behavioral expression and biosocial bases of sensation seeking.* New York: Cambridge University Press.

Zuckerman, M. (2000). Are you a risk-taker? *Psychology Today* (Nov/Dec), 54–87.

찾아보기

ㄱ

가산 차이 휴리스틱 165
가용성 휴리스틱 160
각성 54
각성 이론 150
간섭 24
감각 44
감각기관 44
감각기억 18
감각운동기 194
감정 80
강화 28
강화물 39
개인적 관련성 58
개인주의 문화 134
개입-일관성 휴리스틱 164
게슈탈트 44
게슈탈트 심리학 45
결합과 분리 휴리스틱 166
고전적 조건형성 127
고전적 조건화 30
고정관념 204
고차적 조건화 32
공유지의 비극 237
공포 소구 광고 128
과각성 54
관성적 소비 172
관여 14, 26
관찰학습 39
광고 배치 131
광고심리학 8
광고음악 127
광고효과 9
구매시점 광고 2
구매의사결정 18
구성주의 7
구체적 조작기 194
권위 휴리스틱 165
균형 이론 102, 147
근접성의 법칙 45
기대가치 모형 97
기대가치 이론 146
기분 80
기억 17
기준점-조정 휴리스틱 162

ㄴ

남성 문화권 134
내적 동기 141
노드 18

ㄷ

단기기억 18
대리학습 38
대중적인 과학주의 167
대표성 휴리스틱 159
도구적 학습 33
동기 요인 2
동기 이론 141
동조 휴리스틱 164

ㅁ

마이스페이스 187
망각 24, 25
매슬로의 욕구 위계설 142
멘들러의 정서 이론 91
명시기억 25
명시적 태도 98

모델링 233
모방행동 198
목표 140
무조건반응(UR) 30
무조건자극(US) 30
문화변용 151
문화적 차이 133
물질주의 213
물질주의적 가치 지향(MVO) 213, 215
미각 52
미학 52

ㅂ

반응-시간법 21, 40
배양효과 108
보상 39
부분 강화 34, 40
부적 강화 33, 34
부적 처벌 33, 34
부호화 18, 40
부호화 특수성 원리 24
분위기 87
브랜드 연상 172
브랜드 충성도 171
브랜드 커뮤니티 174
블라인드 맛 테스트 52
비일치향 50

ㅅ

사전편찬식 휴리스틱 165
사회적 범주화 63
사회적 비교 64
사회적 유효성 휴리스틱 164
사회적 정체성 이론 69
사회학습 38
사회학습 이론 39
상징적 상호작용주의 67
상징주의 205
상호성 휴리스틱 164
생생한 자극 115
서베이 14
선택적 노출 가설103
선택적 주의 82
선택 휴리스틱 165
설득 휴리스틱 163
성격 13
성과 기대 145
성적 소구 광고 126
소거 30, 40
소비자심리학회 15
소셜 네트워킹 201
소셜 인터넷 소비자 186
속성 제거 휴리스틱 165
쇼크 전략 129
쇼핑 만족감 90
쇼핑 중독자 214
수면자효과 121
순서효과 20, 40
순행 간섭 24, 40
스키니 역할 모델 207
스키마 75, 118
시각 48
시각적 형태(iconic rote memory) 37
시뮬레이션 휴리스틱 162
실제 자아 75
심리적 웰빙 189

ㅇ

아이덴티티 59
암묵기억 25
암묵적 태도 98
역하 광고 132
역할 모델 234
역행 간섭 25, 40
연속 강화 34, 40
연합망 21
연합학습 30
온라인 채팅 186
외적 동기 141

욕구 138
위험의 감수 87
유관 관리 236
유머 124
유사성의 법칙 45
음악 89
의무적 자아 75
의미기억 23, 40
의사결정 2, 84
이상적 자아 68, 75
인센티브 147
인적 자본 모형 181
인지도식 40
인지발달 이론 193
인지학습 35
인출 18, 40
인터넷 177
인터넷 소비 179
인터넷 의사결정 183
일치향 50
일화기억 23, 40

ㅈ

자극 통제 관리 236
자기노출 185
자기본위적 편향 185
자기애 71
자기지각 63
자기지각 이론 97
자기충족적 예언 72
자선 광고 133
자아 7
자아불일치 이론 75
자아효능감 이론 145
자연향 50
자전적 광고 219
자존감 234
장기기억(LTM) 18
재활용 230
저장 18, 40
전개념기 194
전경-배경의 원리 45
전조작기 194
접근성 169
접근-진단 모형 169
정교화 123
정교화 가능성 모형 117, 154
정보 탐색 180
정서 79, 80, 82
정서 반응의 측정 81
정서의 설득 이론 90
정적 강화 33, 34, 152
정적 처벌 33, 34
정체감 2
정체성 61
제품 범주화 205
조건반응(CR) 30
조건자극(CS) 30
조작적 33
조작적 조건화 33
주변향 50
주의 2, 7, 35, 43, 82, 114, 115
중다기억장치 모형 19
중심화 194
지각 2, 43
지속가능한 소비 229
직관기 194
진단성 169
진화심리학자 216
질맨의 정서 이론 92
집합주의 문화 134, 173

ㅊ

처벌 39
청각 49
청각적 형태(echonic rote memory) 37
청킹 20, 40
초두효과 20, 130
초점주의 54, 59
촉각 51

최신효과 20, 130
추동 28, 139
추동 감소 이론 144
충동구매 214, 223
친환경적인 소비 235
친환경 제품 232

ㅋ
컴퓨터 게임 203

ㅌ
탈감각화 198, 207
탈억제 198, 207
탐색 182
태도 117
태도와 행동 123
태도형성 2
태도효과 13

ㅍ
페이스북 187
페이시즘 110
평가성향 모형 86
폐쇄성의 법칙 45
포컬 포인트 47
폭력성 203
프라이밍효과 23, 40, 170
프래그난츠의 법칙 59

ㅎ
학습 17
행동주의 11
행동학습 30
행복 209
헥하우젠의 기대가치 모형 146
현저한 자극 116
형식적 조작기 194
호감-동의 휴리스틱 163
호감 휴리스틱 165
회상 82, 83
효능감 145
후각 50
휴리스틱 57, 158
흥분 전이 92
희소성 휴리스틱 164

기타
HSM 모형 103
IAT 검사 98
TV 폭력 4, 198

역자소개

양병화

강원대학교 심리학과 교수
중앙대학교 심리학과 졸업
동대학원 석사 및 박사학위
전 미시간대학교 NQRC 연구원
소비자광고심리학회 학술위원장
광고학회 및 소비자학회 이사
현 소비자광고심리학회 상임이사
인사조직학회 상임이사
광고학회 편집위원
미국마케팅학회 회원

• 주요 저서

조사와 통계분석(2014), 다변량 데이터 분석법의 이해(2006), 고객가치 관리와 고객마케팅 전략(공역, 2006) 등

• 주요 논문

「The integrated mobile advertising model: The effects of technology and emotion-based evaluations」(2013), 「서비스 충성도와 불평행동에 대한 전환장벽의 매개효과와 성격특질의 조절효과」(2013), 「소비자의 성격특질에 따른 모바일 광고의 수용성 연구: 지각된 효율성의 조절효과」(2012), 「Individual differences and sales performance : A distal proximal mediation model of self-efficacy, conscientiousness, and extraversion」(2011) 등 다수

김재휘

중앙대학교 심리학과 교수
중앙대학교 심리학과 졸업
도쿄대학교 사회심리학 석사 및 박사학위
전 LG애드 마케팅 및 R&D 팀장
소비자광고심리학회 회장
광고학회 및 사회심리학회 편집위원장
현 한국심리학회 수석부회장
소비자학회 부회장
광고학회 및 마케팅학회 상임이사
일본사회심리학회, 일본광고학회, 일본소비자행동연구학회 회원

• 주요 저서

설득심리이론(2013), 광고심리학(공저, 2008), 인간행동과 심리학(공저, 2005) 등
인터넷이 바꾸는 소비행동(일본 공저, 2008)

• 주요 논문

「심리적 소유가 선택행동에 미치는 영향」(2014), 「소셜 네트워크의 확산적 광고효과와 사회적 영향력에 관한 연구」(2013), 「소셜 미디어를 활용한 공공캠페인 커뮤니케이션 전략」(2012), 「위선유도에 의한 인지부조화의 설득효과」(2011) 등 100여 편

이병관

광운대학교 산업심리학과 소비자광고심리 전공 교수
서울대학교 심리학과 졸업
동대학원 심리학 석사학위
텍사스대학교(오스틴) 광고학 석사 및 박사학위
전 소비자광고심리학회 학술위원장
소비자광고심리학회 편집위원장
한국심리학회 정보이사
현 소비자광고심리학회 상임이사
소비자학회 상임이사
광고학회 편집위원
소비자학회 편집위원

• 주요 저서

광고심리학(공저, 2008)

• 주요논문

「인출용이성과 도덕적 정체감이 기부의도에 미치는 효과」(2014), 「The Effect of Country of Origin Fit on Consumer Product Evaluation in Cross-Border Strategic Brand Alliance」(2013), 「소비자 정보처리 과정과 선호 형성에 미치는 자기 해석과 속성의 정렬 가능성의 효과 연구」(2013), 「공익광고의 프레이밍 효과에 관한 연구 : 메타분석」(2012), 「The Impact of Product Knowledge on Consumer Product Memory and Evaluation in the Competitive Ad Context : The Item Specific Relational Perspective」(2011), 「소비자의 정신적 조작과 시간적 거리감이 비교 광고에서 제품 태도와 행동의도에 미치는 효과 연구」(2011) 등 다수